E-Commerce-Strategien für produzierende Unternehmen

Lizenz zum Wissen.

Sichern Sie sich umfassendes Wirtschaftswissen mit Sofortzugriff auf tausende Fachbücher und Fachzeitschriften aus den Bereichen: Management, Finance & Controlling, Business IT, Marketing, Public Relations, Vertrieb und Banking.

Exklusiv für Leser von Springer-Fachbüchern: Testen Sie Springer für Professionals 30 Tage unverbindlich. Nutzen Sie dazu im Bestellverlauf Ihren persönlichen Aktionscode C0005407 auf
www.springerprofessional.de/buchkunden/

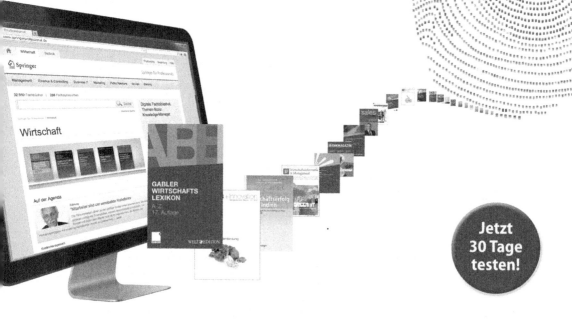

Springer für Professionals.
Digitale Fachbibliothek. Themen-Scout. Knowledge-Manager.

- Zugriff auf tausende von Fachbüchern und Fachzeitschriften
- Selektion, Komprimierung und Verknüpfung relevanter Themen durch Fachredaktionen
- Tools zur persönlichen Wissensorganisation und Vernetzung

www.entschieden-intelligenter.de

Springer für Professionals

Markus Fost

E-Commerce-Strategien für produzierende Unternehmen

Mit stationären Handelsstrukturen am Wachstum partizipieren

Markus Fost
FOSTEC Trade & Consulting
Schlierbach
Deutschland

ISBN 978-3-658-04987-4   ISBN 978-3-658-04988-1 (eBook)
DOI 10.1007/978-3-658-04988-1

Die Deutsche Nationalbibliothek verzeichnet diese Publikation in der Deutschen Nationalbibliografie; detaillierte bibliografische Daten sind im Internet über http://dnb.d-nb.de abrufbar.

Springer Gabler
© Springer Fachmedien Wiesbaden 2014
Das Werk einschließlich aller seiner Teile ist urheberrechtlich geschützt. Jede Verwertung, die nicht ausdrücklich vom Urheberrechtsgesetz zugelassen ist, bedarf der vorherigen Zustimmung des Verlags. Das gilt insbesondere für Vervielfältigungen, Bearbeitungen, Übersetzungen, Mikroverfilmungen und die Einspeicherung und Verarbeitung in elektronischen Systemen.

Die Wiedergabe von Gebrauchsnamen, Handelsnamen, Warenbezeichnungen usw. in diesem Werk berechtigt auch ohne besondere Kennzeichnung nicht zu der Annahme, dass solche Namen im Sinne der Warenzeichen- und Markenschutz-Gesetzgebung als frei zu betrachten wären und daher von jedermann benutzt werden dürften.

Gedruckt auf säurefreiem und chlorfrei gebleichtem Papier

Springer Gabler ist eine Marke von Springer DE. Springer DE ist Teil der Fachverlagsgruppe Springer Science+Business Media
www.springer-gabler.de

Geleitwort

Unternehmen mit einer stationären Handelsstruktur stehen heute nicht mehr vor der Qual der Wahl, E-Commerce ergänzend zu den bisherigen Aktivitäten einzusetzen oder nicht – Nein! Die Zeiten von Wahlmöglichkeiten sind längst vorbei. Entweder stellt sich heute auch ein produzierendes Unternehmen dem Wettbewerb und integriert auf strategisch optimale Art und Weise E-Commerce in den Unternehmensalltag, oder aber es ist fraglich, wie lange und in welcher Qualität das Unternehmen noch am Markt teilnehmen wird. Und unter diesem Druck in der Branche die richtige Strategie zu finden, ist wahrhaftig eine große Herausforderung. Das vorliegende Buch leistet hierbei Hilfestellungen.

Markus Fost trägt aktuelle, relevante Erkenntnisse zum E-Commerce systematisch zusammen und bereitet sie gut lesbar und verständlich für Unternehmer und Interessierte auf. Untersuchungsschwerpunkt sind produzierende Unternehmen, die aktuell eine primär stationär geprägte Handelsstruktur aufweisen. Auf der Grundlage von umfassenden Literaturrecherchen und qualitativen Experteninterviews entwickelt er ein mehrdimensionales Strategiemodell für den E-Commerce, aus dem Entscheider Handlungsoptionen für produzierende Unternehmen bzw. Hersteller ableiten können.

Der diesem Buch zugrunde liegende ganzheitliche Ansatz bietet somit produzierenden Unternehmen eine Möglichkeit, Licht in das bisweilen undurchsichtige Labyrinth von E-Commerce-Strategielösungen zu bringen. Bisher besteht oft die Gefahr, dass sich Unternehmen bereits in der Strategiephase in eine längerfristige nachteilige Abhängigkeit durch eine ausgewählte E-Commerce-Agentur oder ein gewähltes Shopsystem begeben, das nur schwer angepasst und verändert werden kann, wenn sich die unternehmerischen Rahmenbedingungen ändern. Der in diesem Werk entwickelte Strategierahmen kann Managern dabei helfen, ihre eigene strategische Option von Handlungsmöglichkeiten nach einer Art Baukastensystem selbst zusammenzustellen, zu bewerten und zu analysieren.

Markus Fost ist eine bereichernde Darstellung der aktuellen Situation für produzierende Unternehmen gelungen, und die bislang „konventionelle Brille" kann nun in eine

„individuell handhabbare lösungsorientierte Brille" verwandelt werden. Ich wünsche daher dem Buch eine weite Verbreitung und seinen Lesern vielfältige Anregungen, neuartige Einsichten und „gute Entscheidungen".

Professor Dr. Barbara Kreis-Engelhardt
Hochschule für Wirtschaft und Umwelt Nürtingen-Geislingen

Vorwort

Das Buch „E-Commerce-Strategien für produzierende Unternehmen" entstand aus einer Masterthesis, die ich im Rahmen des MBA Kooperationsstudiengangs Management & Finance der Hochschule für Wirtschaft und Umwelt (HfWU) Nürtingen-Geislingen und der Dualen Hochschule Baden Württemberg (DHBW) Stuttgart verfasst habe.

Seit Jahren beschäftige ich mich bereits mit E-Commerce-Fragestellungen. Die Fokussierung auf produzierende Unternehmen mit einer stationären Handelsstruktur entstand aus einem beruflichen Kontext heraus. Da dieses Thema gegenwärtig stark im Trend liegt und sich die Wissenschaft den Spezifika produzierender Unternehmen aus einem stationären Handelsumfeld bislang kaum genähert hat, reizte es mich, diese aus einer möglichst ganzheitlichen Perspektive zu betrachten, um sie besser zu verstehen und verständlich zu machen. Welche Bedeutung und welche Chancen hat E-Commerce für den stationären Handel? Wo liegen die Risiken? Ist es möglich, eine Art Handlungsanleitung zu entwerfen, in der wichtige Strategien gebündelt sind, die Unternehmen mit verschiedenen Ausgangsbedingungen flexibel nutzen können? Vor dem Hintergrund dieser Fragen entwickelte sich das Ziel, ein erstes, mehrdimensionales Strategiemodell auf der Basis aktueller theoretischer und empirischer Erkenntnisse zu entwerfen, das zudem einen Nutzen für die Praxis in sich birgt. Es bietet Unternehmen, die sich in Bezug auf den E-Commerce in verschiedenen Ausgangssituationen befinden, Antworten und ermöglicht durch seinen modularen Charakter eine stufenweise Implementierung in die Praxis.

Mein Dank gebührt Frau Angela Meffert vom Springer Gabler Verlag für die gute Zusammenarbeit sowie Frau Dr. Claudia Pauli-Magnus für die kritische und schnelle Durchsicht des Manuskripts und die wertvollen Anregungen. Dank schulde ich auch meiner Betreuerin der ursprünglichen Masterthesis, Frau Professor Dr. Barbara Kreis-Engelhardt für die Unterstützung bei der Gliederung. Bedanken möchte ich mich auch bei Herrn Professor Dr. Jörg S. Heinzelmann für seine wertvollen Anregungen in zahlreichen fachlichen Gesprächen. Nicht zuletzt gilt mein Dank den Teilnehmern der Experteninterviews, Herrn Professor Dr. Gerrit Heinemann, Herrn Professor Dr. Dirk Morschett, Herrn Dr. Georg Wittmann und Herrn Marcus Diekmann, die mir im Rahmen der Interviews jeweils mehrere Stunden mit ihrer fachlichen Expertise zur Verfügung standen. Ohne meine Partnerin, Frau Saba Kakavand, M. Sc., die mir während der gesamten Schreibphase trotz meiner beruflichen Doppelbelastung den Rücken frei gehalten hat, wäre das Buch nicht so reibungslos und zügig fertig geworden, wofür ich ihr ganz besonders danken möchte.

Alle geschlechtsbezogen erscheinenden Formulierungen im Folgenden gelten ohne jegliche Einschränkung für beide Geschlechter gleichwertig.

Es war mir ein besonderes Anliegen, die aktuell relevanten Erkenntnisse zum E-Commerce für produzierende Unternehmen systematisch zusammenzutragen, um Unternehmenslenkern und Managern aus der Praxis ein benutzerfreundliches Werk an die Hand zu geben. Sollten Sie Anregungen haben, wie ich diesem Anspruch noch besser gerecht werden kann, freue ich mich über Feedback.

Schlierbach, im Frühjahr 2014 　　　　　　　　　　　　　　　　　　　　Markus Fost

Inhaltsverzeichnis

1	**Einleitung**	1
	1.1 Problemstellung	2
	1.2 Zielsetzung des Buches	3
	1.3 Aufbau des Buches	3
	Literatur	5
2	**Grundlagen und Wachstumsgründe von E-Commerce**	7
	2.1 Begriffsdefinition, Abgrenzungen und Zusammenhänge	7
	2.1.1 E-Business	8
	2.1.2 E-Commerce	8
	2.2 Wesentliche Akteure des E-Commerce	17
	2.3 Betriebstypen des E-Commerce	19
	2.4 E-Commerce aus Sicht der Neuen Institutionenökonomie	21
	2.4.1 Transaktionskostenansatz im E-Commerce	22
	2.4.2 Verringerung der Transaktionskosten durch E-Commerce	22
	2.4.3 Bilaterale Transaktionskostensenkung durch E-Commerce-Portale	25
	2.4.4 Attraktivitätsgewinn des marktlichen Koordinationsmechanismus	27
	2.5 Gründe für das weitere Wachstum von E-Commerce	28
	Literatur	30
3	**Handelsstrukturen von produzierenden Unternehmen**	33
	3.1 Begriffsdefinition produzierender Unternehmen	33
	3.1.1 Produzierende Unternehmen mit Direktvertrieb (B2C)	34
	3.1.2 Produzierende Unternehmen mit indirektem Vertrieb (B2B)	36
	3.2 Wesen des stationären Handels	36
	3.2.1 Gegenwärtige Herausforderungen des stationären Handels	37
	3.2.2 Digitale Zukunft des stationären Handels	39
	3.3 Moderne Handelsstrukturen	40
	3.3.1 Multi-Channel-Handel	41
	3.3.2 Cross-Channel-Handel	41

	3.3.3	Omni-Channel-Handel	42
	3.3.4	No-Line-Handel – Die Betriebsform der Zukunft	43
3.4	Die Evolution der Markenhersteller im E-Commerce		46
3.5	Herausforderungen für produzierende Unternehmen		49
	Literatur		50

4 Komponenten einer E-Commerce-Strategie für produzierende Unternehmen ... 53

4.1	Thesen zu den zentralen Aspekten einer E-Commerce-Strategie		53
4.2	Überprüfung der Thesen		55
	4.2.1	Empirische Untersuchungsgrundlagen	56
	4.2.2	Ergebnisse zur Überprüfung der Thesen	56
4.3	Strategische Komponenten im E-Commerce		59
	4.3.1	Sortimentspolitik im E-Commerce	59
	4.3.2	Preispolitik im E-Commerce	61
	4.3.3	Umgang mit Marktplätzen und Pure-Playern	63
	4.3.4	Mögliche E-Commerce-Betriebstypen für produzierende Unternehmen	69
	4.3.5	IT-Systemlandschaft für produzierende Unternehmen	72
	4.3.6	Suchmaschinenoptimierter (SEO) Content	74
	4.3.7	E-Commerce-Organisationseinheit bei produzierenden Unternehmen	76
	4.3.8	Distributionsstrategie: omnipräsent vs. selektiv	78
Literatur			80

5 Entwicklung eines E-Commerce-Strategiemodells für produzierende Unternehmen ... 83

5.1	Optionen hinsichtlich des Online-Markenauftritts		83
5.2	E-Commerce-Strategiemodell für produzierende Unternehmen		86
	5.2.1	Definition der Anwendungsbereiche des Modells	87
	5.2.2	Entwicklung und Erläuterung des Strategiemodells	87
	5.2.3	Zusammenfassung des E-Commerce-Strategiemodells	106
	5.2.4	Handelsverträgliche E-Commerce-Strategie	107
	5.2.5	Kritische Würdigung des Strategiemodells	110
Literatur			111

6 Modellierung der E-Commerce-Strategie für produzierende Unternehmen mit einer stationären Handelsstruktur ... 113

6.1	Übergeordnete strategische Rahmenbedingungen		113
	6.1.1	Marktorientierter Ansatz (Market-Based-Approach)	114
	6.1.2	Ressourcenbasierter Ansatz (Resource-Based-Approach)	117

		6.1.3	Komplementarität von markt- und ressourcenorientiertem Ansatz 118
		6.1.4	Einflussdeterminanten auf das Strategiemodell 119
	6.2	Entwicklung einer exemplarischen E-Commerce-Strategie 121
		6.2.1	Modularer Aufbau zur Sicherung der Zukunftsfähigkeit 122
		6.2.2	Restriktionen zur Sicherung der Handelsverträglichkeit 123
		6.2.3	Grobkonzeption einer E-Commerce-Strategie 124
		6.2.4	Feinkonzeption einer möglichen E-Commerce-Strategie 127
	6.3	SWOT-Analyse der entwickelten E-Commerce-Strategie 132
	Literatur 134

7 Experteninterviews 135
   7.1 Experteninterview mit Prof. Gerrit Heinemann 135
   7.2 Experteninterview mit Prof. Dirk Morschett 143
   7.3 Experteninterview mit Dr. Georg Wittmann 151
   7.4 Experteninterview mit Marcus Diekmann 159

8 Kritische Würdigung und Ausblick 169
   Literatur 171

Abkürzungsverzeichnis

AGB	Allgemeine Geschäftsbedingungen
B2B	Business-to-Business
B2C	Business-to-Consumer
bzw.	beziehungsweise
CAGR	Compound Annual Growth Rate (durchschnittliches jährliches Wachstum)
CAPEX	Capital Expenditure (Investitionsausgaben für langfristige Anlagegüter)
CC	CommerceConnector (https://www.commerce-connector.com)
CMS	Content-Management-System
d. h.	das heißt
EDI	Electronic-Data-Interchange
ERP	Enterprise Resource Planning System (Bezeichnung für ein Warenwirtschaftssystem)
FC	Forecast (Prognose; Vorhersage)
ggf.	gegebenenfalls
HS	Händlersuche
HTML	Hypertext Markup Language
i. d. R.	in der Regel
i. e. S.	im engeren Sinne
insb.	Insbesondere
IT	Informationstechnik
IuK	Informations- und Kommunikationstechnik
i. w. S	im weiteren Sinne
KMU	Kleinere und mittlere Unternehmen
LBS	Location Based Services
LTE	Long-Term-Evolution (4G Mobilfunkstandard)
MAM	Media-Asset-Management System
Mio.	Million(en)
Mrd.	Milliarde(n)
NFC	Near-Field-Communication
NIÖ	Neue Institutionenökonomik
OEM	Original-Equipment-Manufacturer (Originalausrüstungshersteller)
OPEX	Operational Expenditure (laufende Betriebskosten)

OTA	Over-the-air deliveries (Elektronische Belieferung)
PC	Personal Computer
P. d. H.	Provisionierung des Handels
PIM	Product-Information-Management System
QR-Code	Quick-Response-Code
RFID	Radio-frequency identification
ROPO	Research Online – Purchase Offline
SEM	Search-Engine-Marketing (Suchmaschinenmarketing)
SEO	Search-Engine-Optimization (Suchmaschinenoptimierung)
SS	Shopsystem (i. e. S. Online-Shopsystem)
TP	Transaktionsportal
TV	Television/Fernsehgerät
UK	United Kingdom (Vereinigtes Königreich)
UMTS	Universal Mobile Telecommunication System (3G Mobilfunkstandard)
USP	Unique Selling Proposition
UVP	unverbindlicher Verkaufspreis (des Herstellers)
u. v. m.	und vieles mehr
vgl.	vergleiche
vs.	versus (gegenübergestellt)
z. B.	zum Beispiel
zzgl.	zuzüglich

Einleitung 1

Zahlreiche Branchen kennzeichnet ein langsames Wachstum oder sie verspüren gar eine Stagnation im stationären Handel. Die Umsatzzuwächse ergeben sich vor allem aus dem Wachstumsmotor des Handels – dem E-Commerce. Dennoch schaffen es aktuell nur wenige Hersteller, die Chancen, die der E-Commerce-Kanal bietet, so zu nutzen, dass sie bestmöglich am Wachstum partizipieren können. Ein Hauptgrund hierfür ist die historisch enge Beziehung vieler produzierender Unternehmen[1] zum stationären Handel.

Laut den Erhebungen des Handelsverbands Deutschland hat sich der Online-Umsatz im B2C-Segment (Business-to-Consumer) in den letzten Jahren in Deutschland verzehnfacht. *Prof. Dr. Gerrit Heinemann* vom eWeb-Research-Center prognostiziert dort für das Jahr 2020 einen Online-Anteil von 20 % aller Einkäufe (vgl. Diekmann et al. 2012, S. 8).

Durch die Kanalverschiebung gerät der stationäre Handel zunehmend unter Druck, denn er verliert stetig Marktanteile an den E-Commerce-Handel. In diesem Zusammenhang findet im stationären Handel eine Gegenwehr statt. So wird Herstellern, die eine offensive E-Commerce-Strategie verfolgen, mit der Auslistung gedroht. Dies führt unter anderem dazu, dass zahlreiche Produktionsunternehmen den E-Commerce-Kanal bisher nur passiv bedienen oder gar ausschließen. Neben den ungenutzten Chancen birgt dieses Vorgehen die Gefahr, in den kommenden Jahren signifikant Marktanteile an Konkurrenten zu verlieren, die eine bessere E-Commerce-Strategie verfolgen.

Produzierende Unternehmen stehen hinsichtlich einer guten E-Commerce-Strategie vor großen Herausforderungen. So werden E-Commerce-Absatzkanäle ceteris paribus aufgrund ihrer günstigeren Kostenstruktur im Vergleich zum stationären Handel grundsätzlich niedrigere Verkaufspreise anbieten können. Ohne eine Differenzierung der Konditionen, beispielsweise durch selektive Vertriebsformen des produzierenden Unternehmens, kann der stationäre Handel nicht wettbewerbsfähig bleiben. Durch die technischen

---

[1] Die Begriffe „produzierende Unternehmen" und „Hersteller" werden im vorliegenden Buch synonym verwendet.

Möglichkeiten, die beispielsweise Smartphones in Verbindung mit dem mobilen Internet und einer Barcode-Scan-Applikation heutzutage bieten, wird eine zunehmende Preistransparenz auch im stationären Handel allgegenwärtig. Halten seine Preise dem Vergleich im Internet nicht stand, so kommt es trotz der Beratungsleistung des stationären Händlers zum Kaufabschluss über das Internet. Es ist davon auszugehen, dass sich der stationäre Handel zunehmend auf produzierende Unternehmen konzentriert, die ihm Unterstützung (z. B. durch Schulungen oder fachliche Begleitung) bei dem durch die Kanalverschiebung ausgelösten Veränderungsprozess bieten, um dadurch trotz der Wettbewerbsintensivierung durch den E-Commerce wettbewerbsfähig zu bleiben.

1.1 Problemstellung

Produzierende Unternehmen außerhalb der Lebensmittelbranche ohne E-Commerce-Vertriebskanal werden sich nicht mehr langfristig behaupten können. Die Beschaffung von Gebrauchs- und Konsumgütern erfolgt zunehmend über das Internet. Der Grund hierfür liegt vorwiegend in der Veränderung der Lebensgewohnheiten der Bevölkerung. Die Informationsbeschaffung erfolgt heute zum Großteil über das Internet – zu Lasten der klassischen Printmedien, die zunehmend in die Insolvenz getrieben werden. Die technische Entwicklung moderner, mobiler Endgeräte wie Tablet-PCs und Smartphones führt dazu, dass zunehmend auch Produktinformationen über das Internet eingeholt werden. So werden Erfahrungen von Kunden, die das jeweilige Produkt bereits erworben und in Form von Rezensionen bewertet haben, für glaubwürdiger gehalten als die Empfehlung eines Verkäufers im stationären Handel, der vielleicht provisions- oder margengetrieben agiert. Produzierende Unternehmen, deren Produkte in Suchmaschinen nicht in Verbindung mit der produktspezifischen Problemlösung auffindbar sind, werden es schwer haben, am Markt zu überleben. Hersteller müssen ihre Produktbeschreibungen so ausarbeiten, dass diese in Suchmaschinen wie Google, Yahoo, Bing etc. zu einem möglichst guten Page-Ranking führen. In diesem Zusammenhang ist Search-Engine-Optimization (SEO) ein wichtiges Stichwort. Der Wettbewerb um die obersten Platzierungen, die vergleichbar mit 1a-Lagen eines stationären Händlers sind, wird immer härter und kostenintensiver. Der Grund für diese Entwicklung liegt darin, dass kein Umfeld dynamischer ist als das der Net-Economy. Hersteller benötigen demnach nicht nur eine E-Commerce-Strategie, sondern müssen diese kontinuierlich ausbauen, verbessern und erweitern. Die digitale Auffindbarkeit eines Produktes ist nicht nur eminent wichtig für seinen Absatz, sondern auch ein immer wichtiger werdender Bestandteil des Markenprofils. Vor allem Markenhersteller sind in der Pflicht, die Möglichkeiten des E-Commerce zu nutzen. Gemäß einer Studie der *GfK* lag der E-Commerce-Umsatzanteil im Produktsegment „Technik" bereits im Jahr 2010 bei 43,7 %, gefolgt von Mode mit 23,4 % und Hartwaren mit 32,9 % (vgl. Statista 2010). Diese Entwicklung zeigt, dass Unternehmen, die sich nicht pro-aktiv mit E-Commerce-Themen auseinandergesetzt haben, bereits seit einigen Jahren Marktanteile verloren haben. Es ist ferner davon auszugehen, dass der E-Commerce-Trend zu einer branchenübergreifenden Neusortierung der Marktanteile der jeweiligen produzierenden Unternehmen führen wird.

1.2 Zielsetzung des Buches

Im vorliegenden Buch sollen aktuelle, relevante Erkenntnisse zum E-Commerce systematisch zusammengetragen und aufbereitet werden. Es richtet sich an Unternehmenslenker und Manager aus diversen Bereichen (z. B. aus dem Vertrieb, Marketing, Business-Development etc.). Im Fokus stehen dabei produzierende Unternehmen, die momentan eine primär stationär geprägte Handelsstruktur aufweisen.

Ziel ist es, auf der Grundlage einer umfassenden Literaturrecherche und qualitativer Experteninterviews ein mehrdimensionales Strategiemodell für den E-Commerce zu entwickeln, aus dem Handlungsoptionen für produzierende Unternehmen bzw. Hersteller abgeleitet werden können.

Um dieser Zielsetzung gerecht werden zu können, werden theoretische und qualitative Forschungsmethoden – basierend auf Literaturrecherchen und der Auswertung von Experteninterviews – angewendet.

1.3 Aufbau des Buches

In den Kapiteln 2 bis 4 werden Basisüberlegungen angestellt. Es folgen ein theoretisches Modell (Kap. 5) und die praktische Anwendung (Kap. 6). Abbildung 1.1 stellt den Aufbau des Buches dar. Sie zeigt den ganzheitlichen Ansatz, den der Autor verfolgt – von grundlegenden Basisüberlegungen hin zur Entwicklung eines Strategiemodells, das im Anschluss in die praktische Anwendung überführt wird.

Im Rahmen der Basisüberlegungen werden zunächst die Grundlagen des E-Commerce sowie Gründe für das weitere Wachstum dargelegt (Kap. 2). Dabei werden die unterschiedlichen Reifegrade einzelner Branchen hinsichtlich der E-Commerce-Nutzung dargestellt. Das Buch betrachtet E-Commerce aus Sicht der modernen Institutionenökonomie und leitet daraus Implikationen für Kunden und Lieferanten ab.

Anschließend werden Handelsstrukturen produzierender Unternehmen mit einer stationären Ausprägung untersucht und moderne Handelsstrukturen in Deutschland dargestellt, innerhalb derer sich der stationäre und E-Commerce-Handel zu einem Gesamtkonzept (das als No-Line-Handel bezeichnet wird) vereinen lässt (Kap. 3). Dies ist erforderlich, um einerseits den Wandel, in dem sich der stationäre Handel befindet, zu beleuchten, andererseits, um Möglichkeiten aufzuzeigen, wie er sich positionieren kann, um sich den gegenwärtigen Anforderungen anzupassen.

Kapitel 4 zeigt die Charakteristika einer E-Commerce-Strategie für Produzenten auf. Hierzu werden aus den Erkenntnissen der Literaturrecherche Thesen zu den Komponenten von E-Commerce-Strategien abgeleitet und im Rahmen von Experteninterviews suk-

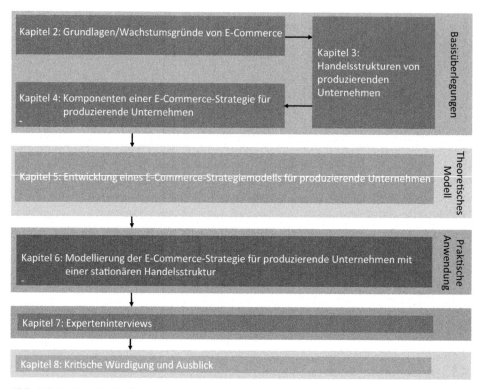

Abb. 1.1 Aufbau des Buches

zessive überprüft. Außerdem werden auf der Grundlage der Experteninterviews zentrale Strategien produzierender Unternehmen für die Entwicklung von E-Commerce formuliert. Die möglichen Szenarien zur Entwicklung von E-Commerce-Geschäftsmodellen stellen die Grundlage für die Ableitung eines Strategiemodells für Produzenten dar.

Die Entwicklung dieses theoretischen Modells findet im Rahmen von Kap. 5 statt. Es fußt auf den Erkenntnissen aus den vorangehenden Kapiteln. Insbesondere fließen dort auch die Aussagen aus den Experteninterviews mit ein. Aus dem Strategiemodell werden Handlungsoptionen für produzierende Unternehmen bzw. Hersteller abgeleitet und in einer Strategiematrix veranschaulicht. Das so entwickelte Strategiemodell wird hinsichtlich seiner Anwendungsbereiche erläutert und einer kritischen Würdigung unterzogen.

In Kap. 6 erfolgt die praktische Anwendung der gewonnenen Erkenntnisse aus dem theoretischen Modell. Hierzu bedarf es zunächst einer strukturierten Erhebung der Ausgangssituation eines produzierenden Unternehmens. Anschließend wird die Internationalisierungsstrategie festgelegt und der Weg des Kunden zum Produkt des Unternehmens (Customer Journey) analysiert. Die eigentliche Modellierung einer E-Commerce-Strategie beginnt mit der Konzeption einer Grobstruktur, es folgt die Feinkonzeption. Die so festgelegte Strategie muss sich zunächst einer weitreichenden Bewertung unterziehen. Abschließend erfolgt eine Validierung mittels einer Pilotphase vor dem globalen Rollout, die als iterative Optimierungsschleife der Strategie dient.

In Kap. 7 finden sich die Experteninterviews in voller Länge. Kap. 8 dient der abschließenden Diskussion des entwickelten Modells und einem Ausblick.

Literatur

Diekmann, M., Grab, H., & Bomm, S. (2012). *eCommerce lohnt sich nicht*. Gescher: Shopmacher.

Statista GmbH (2010). Umsatzanteile im E-Commerce im Bereich NonFood von Januar bis September 2009 und 2010. http://de.statista.com/statistik/daten/studie/168379/umfrage/umsatzanteile-im-e-commerce-im-bereich-nonfood. Zugegriffen: 23. Nov. 2013.

Grundlagen und Wachstumsgründe von E-Commerce

2

Unternehmen, die auf E-Commerce setzen, machen deutlich, dass sie die Zukunft verstehen.
(John Chambers (*1949), CEO Cisco Systems, Inc.)

Kapitel 2 stellt Grundlagenwissen dar und erläutert die Wachstumsgründe des E-Commerce als Bestandteil der Basisüberlegungen für das theoretische Strategiemodell (siehe Abb. 2.1 in Abschn. 1.3). Im Rahmen dieses Kapitels werden zunächst die Begrifflichkeiten innerhalb der Net-Economy definiert (Abschn. 2.1), bevor die wesentlichen Akteure innerhalb des E-Commerce dargestellt werden (Abschn. 2.2). Abschn. 2.3 zeigt die Betriebstypen im E-Commerce auf. Im Anschluss wird E-Commerce aus Sicht der Institutionenökonomie beleuchtet (Abschn. 2.4). Gründe für das weitere Wachstum von E-Commerce werden im Rahmen von Abschn. 2.5 behandelt.

2.1 Begriffsdefinition, Abgrenzungen und Zusammenhänge

Die Begriffe E-Commerce und E-Business sind vielfältig und werden sowohl in den Medien als auch in der Wissenschaft häufig verwendet, jedoch oftmals diffus und ungenau eingesetzt (vgl. Opuchlik 2005 S. 15). Der folgende Abschnitt vermittelt eine Übersicht über die wichtigsten Terminologien und deren Unterschiede und Zusammenhänge.

Während E-Business einen großen Bereich innerhalb der Internetökonomie darstellt und durch den Einsatz von E-Technologien gekennzeichnet ist, fokussiert sich E-Commerce auf elektronisch unterstützte Transaktionsprozesse, wie sie im Online-Handel ausgeübt werden. Folglich ist die Begrifflichkeit E-Commerce als Äquivalent zum Online-Handel zu verstehen (vgl. Fost 2013, S. 10). Abbildung 2.1 verdeutlicht die Positionierung von E-Commerce als Bestandteil des E-Business (vgl. Witz 2001, S. 6).

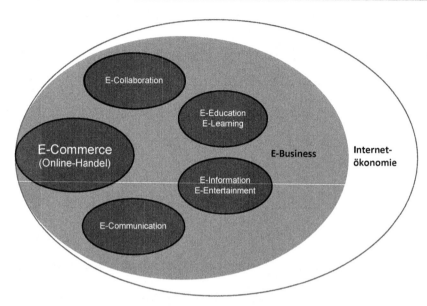

Abb. 2.1 Positionierung von E-Commerce innerhalb der Internetökonomie. (Quelle: in Anlehnung an Wirtz 2001, S. 6)

2.1.1 E-Business

Der Begriff des Electronic-Business (E-Business) wird in der Literatur unterschiedlich gehandhabt. Anhand der in Tab. 2.1 aufgelisteten Definitionen kann das Spektrum an Definitionen verdeutlicht werden.

Hieraus wird eine treffende Definition gewählt, die den Begriff E-Business exakt definiert, jedoch nicht zu weit fasst. Aus Autorensicht handelt es sich hierbei um die Definition von Weiber (2002, S. 10):

▶ **E-Business** „E-Business ist die Gesamtheit der aufeinander abgestimmten Verfahrensweisen, die durch den Einsatz von E-Technologien eine ressourcensparende Koordination und Integration von Geschäfts-, Kommunikations- und Transaktionsprozessen auf der Markt- und der Unternehmensebene mit dem Ziel der Effizienz und Effektivitätssteigerung im Wettbewerb ermöglicht."

2.1.2 E-Commerce

Der Begriff Electronic-Commerce (E-Commerce) ist auch unter den Begriffen Online-Handel, Web-Commerce, Internet-Commerce, Digital-Commerce oder auch Virtueller Handel bekannt (vgl. Opuchlik 2005, S. 20). Analog zum E-Business existieren auch zum E-Commerce zahlreiche Begriffsdefinitionen. Ein Auszug der existenten Definitionen findet sich in Tab. 2.2 wieder.

Tab. 2.1 Begriffsdefinition von Electronic Business (E-Business). (Quelle: Opuchlik 2005, S. 17)

Quelle	Jahr	Definition
Kauffels, Franz-Joachim	1999	(…) Unterstützung der Wertschöpfung im Unternehmen durch die Methoden der verteilten Datenverarbeitung
Kersten, Wolfgang von	2001	Electronic Business ist ein Überbegriff für die strategischen Informations- und Kommunikationstechnologien zur Erreichung der Unternehmensziele einschließlich der entsprechenden Ausgestaltung und Neuordnung von Geschäftsprozessen
Holler, Eberhard	2001	(…) alle geschäftlich relevanten Vorgänge, die über Telekommunikationsnetze abgewickelt werden
Schildhauer, Thomas	2002	E-Business umfasst alle Aktivitäten von Marktteilnehmern und Organisationen, deren Ziel es ist, aus digitaler Transaktion und Kommunikation wirtschaftlichen Nutzen zu ziehen
Electronic Commerce Info Net – ECIN	2005	Die Anbahnung und Abwicklung von geschäftlichen Transaktionen auf elektronischem Wege. Der Begriff E-Business (…) beschreibt dabei nicht nur die Prozesse, die über das Internet angestoßen werden, sondern bezieht auch alle Produkte und Dienstleistungen, die zur Herleitung dieser Prozesse erforderlich sind, in die Begriffsbildung ein
IBM	2005	Die Transaktion von Geschäftsvorgängen über ein elektronisches Medium wie das Internet

Aus Autorensicht handelt es sich bei der folgenden Definition von Weiber (2002, S. 10, um eine der treffendsten Definitionen, die den E-Commerce-Begriff in unmissverständlicher Weise abgrenzt.

▶ **E-Commerce** „Bei Fokussierung der Transaktionsprozesse wird die Summe der Möglichkeiten zur Umsatzgenerierung über E-Technologien und die Nutzung des Internets als neue Distributionsplattform als Electronic Commerce bezeichnet. Nach diesem Verständnis ist der E-Commerce dem E-Business untergeordnet, da er ‚nur' auf die Unterstützung der Transaktionsprozesse (Kaufprozesse) zwischen zwei Marktpartnern auf elektronischen Märkten abzielt."

Die E-Commerce-Umsätze in Deutschland stiegen gemäß einer Studie des *Handelsverbands Deutschland (HDE)* von 1,25 Mrd. € im Jahr 1999 auf 29,5 Mrd. € im Jahr 2012 (vgl. Statista GmbH 2013). Für das Jahr 2013 prognostiziert der *HDE* 33,1 Mrd. €, was einem Wachstum von 12 % gegenüber dem Vorjahr entspricht. Betrachtet man den Umsatzverlauf in Abb. 2.2, so wird deutlich, dass die E-Commerce-Umsätze in Deutschland stetig gewachsen sind. Die jährliche Wachstumsrate (CAGR) im Zeitraum von 1999 – FC2013 betrug 76,5 %. Dies untermauert E-Commerce als den zentralen Wachstumsmotor des gesamten Handels. Im Non-Food-Bereich deckt er heutzutage sämtliche Produktbereiche ab. Dennoch zeigt die Marktstudie der 1.000 größten Online-Shops für physische und digitale Güter, die jährlich vom *EHI Retail Institute* in Zusammenarbeit mit *Statista* durch-

Tab. 2.2 Begriffsdefinition von Electronic Commerce (E-Commerce). (Quelle: Opuchlik 2005, S. 21)

Quelle	Jahr	Definition
Wirtz, Bernd	2001	Electronic Commerce beinhaltet die elektronische Unterstützung von Aktivitäten, die in direktem Zusammenhang mit dem Kauf und Verkauf von Gütern und Dienstleistungen via elektronische Netze in Verbindung stehen
Holler, Eberhard	2001	E-Commerce i. e. S. befasst sich mit dem Kauf und Verkauf von Produkten und Dienstleistungen über elektronische Netze
Schröder, Kirsten und Kersten, Wolfgang	2002	E-Commerce steht für elektronischen Handel oder Einkaufsmöglichkeiten via Internet
Merz, Michael	2002	Unterstützung von Handelsaktivitäten über Kommunikationsnetze
Neuburger, Rahild	2003	Elektronische Unterstützung bzw. Abwicklung von Geschäftstransaktionen zwischen Unternehmen und seinen Kunden
Electronic Commerce Info Net – ECIN	2005	Der wohl am weitesten verbreitete Begriff für den elektronischen Handel. Im Gegensatz zum E-Business beschreibt der E-Commerce im strengen Sinne nur diejenigen Prozesse bzw. Erträge, die unmittelbar aus oder über das Internet angestoßen werden. Hierzu zählen dann Dienstleistungen ebenso wie die vielschichtigen Transaktionen innerhalb des Zwischenhandels
Electronic Commerce Info Net – ECIN	2005	E-Commerce ist ein Teilbereich des E-Business und der Oberbegriff für alle Arten von Transaktionen über elektronische Medien. Das Hauptmedium für E-Commerce ist das Internet, aber auch Standards wie EDI über firmeneigene Netze können für E-Commerce verwendet werden. Kauf-/Verkaufsaktivitäten bilden die Hauptbestandteile des E-Commerce. Weitere Transaktionsbereiche umfassen Behörden- und Bankgeschäfte

geführt wird, dass Güter wie Textilien, Schuhe, Unterhaltungselektronik, Koffer, Taschen, Hobby-Freizeitartikel etc. eine besonders hohe Abdeckung seitens der Online-Händler in Deutschland erfahren. Dies lässt auf eine dementsprechend hohe Nachfrage seitens der Konsumenten rückschließen.

Abbildung 2.3 zeigt die Abdeckung der Produktsegmente durch deutsche Online-Shops.

Betrachtet man die Umsatzverteilung der Hauptproduktsegmente im E-Commerce (siehe Abb. 2.4), so spiegeln sich dort mit Ausnahme des Produktbereichs Medikamente im Wesentlichen die in Abb. 2.3 gezeigten Produktsegmente in ähnlicher Reihenfolge wider. Dies indiziert eine effiziente Marktallokation, sofern nicht politische oder (wie bei Medikamenten) gesetzliche Restriktionen vorherrschen.

2012 erwirtschafteten 36,7 % (Vorjahr 36,6 %) die Generalisten, wozu auch der unangefochtene Marktführer *Amazon.de* zählt, den größten Umsatzanteil in Höhe von 9,3 Mrd. €

2.1 Begriffsdefinition, Abgrenzungen und Zusammenhänge

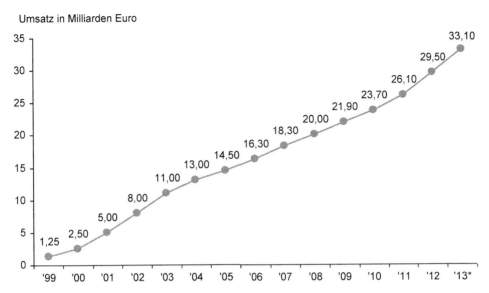

Abb. 2.2 E-Commerce Umsatz in Deutschland 1999– FC2013. (Quelle: Statista GmbH 01.06.2013)

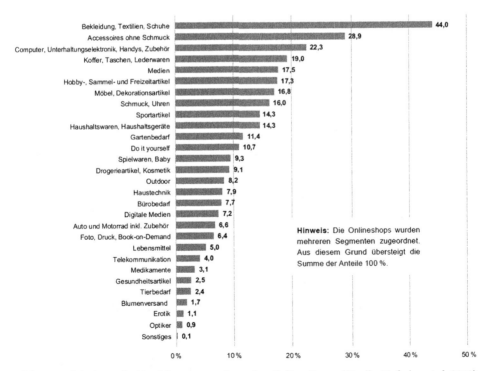

Abb. 2.3 Abdeckung der Produktsegmente deutscher Online-Shops. (Quelle: Hofacker et al. 2012)

Segment	E-Commerce-Umsatz 2011 (in Mio. €)	Anteil (in Prozent)
Generalist	9.331,1	36,7
Bekleidung, Textilien, Schuhe	4.763,7	18,8
Computer, Unterhaltungselektronik, Handys, Zubehör	3.429,9	13,5
Medikamente	754,4	3,0
Möbel, Dekorationsartikel	726,6	2,9
Hobby-, Sammel- und Freizeitartikel	673,3	2,7
Spielwaren, Baby	654,1	2,6
Digitale Medien (Software, Musik, Video, Games)	649,1	2,6
Auto und Motorrad inkl. Zubehör	595,1	2,3
Medien (Bücher, CD, Blue Ray, Software)	546,1	2,1
Sportartikel	507,3	2,0
Bürobedarf	432,4	1,7
Foto, Druck, Book-on-Demand	358,2	1,4
DIY (Do it yourself, Bastelbedarf)	290,5	1,1
Haustechnik	272,3	1,1
Outdoor	249,5	1,0
Drogerieartikel, Kosmetik	201,3	0,8
Tierbedarf	200,6	0,8
Lebensmittel	147,7	0,6
Haushaltswaren, Haushaltsgeräte (Weiße Ware)	130,4	0,5
Blumenversand	105,9	0,4
Schmuck, Uhren	96,0	0,4
Koffer, Taschen, Lederwaren	66,6	0,3
Gartenbedarf	66,5	0,3
Optiker	57,6	0,2
Erotik	51,6	0,2
Accessoires ohne Schmuck (z. B. Handtaschen, Gürtel)	34,7	0,1
Sonstiges	10,0	0,0
Gesundheitsartikel	5,1	0,0
Gesamt	**25.407,8**	**100,0**

Abb. 2.4 E-Commerce Umsatzverteilung Produktsegmente. (Quelle: Hofacker et al. 2012)

(Vorjahr 8,3 Mrd. €). Wie im Vorjahr folgte das Produktsegment „Bekleidung, Textilien, Schuhe" an der zweiten Stelle mit 18,8 % (Vorjahr 16,7 %), gefolgt vom Produktsegment „Computer, Unterhaltungselektronik, Handy, Zubehör" mit 13,5 % (Vorjahr 16,3 %). (Vgl. Hofacker et al. 2012, S. 33)

Hinsichtlich der Marktkonzentration lässt sich auch im E-Commerce das statistische Phänomen der Pareto-Verteilung feststellen. Hochrechnungen des *Statistischen Bundesamtes* ergaben, dass im Jahr 2010 etwa 150.000 Online-Shops in Deutschland existierten (vgl. Groß 10.03.2010).

Berücksichtigt man die Tatsache, dass die Top 500 Online-Shops in Deutschland 87,3 % des gesamten E-Commerce-Umsatzes realisieren, so wird deutlich, dass für die übrigen 145.500 Online-Shops lediglich 12,7 % des deutschen E-Commerce-Umsatzes verbleiben (siehe Abb. 2.5). Dies entspricht einem durchschnittlichen Umsatz von 22.192 € je Online-Shop.

2.1 Begriffsdefinition, Abgrenzungen und Zusammenhänge

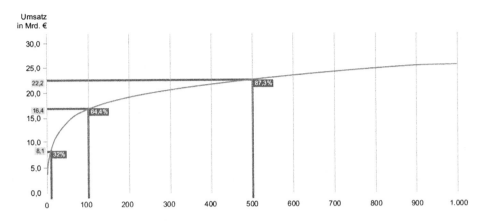

Abb. 2.5 Marktkonzentration der Top 1.000 Online-Shops in Deutschland. (Quelle: Hofacker et al. 2012)

2.1.2.1 Mobile Commerce (M-Commerce)

Ein Grund für das zunehmende Wachstum des E-Commerce-Geschäftsfeldes ist der Mobile-Commerce-Boom, ausgelöst durch Hightech-Smartphones und Tablet-PCs der vierten Generation, die inzwischen sowohl im privaten als auch im geschäftlichen Bereich zur Standardausrüstung gehören. Laut einer Studie von PricewaterhouseCoopers (PwC) verwendeten im Jahr 2012 bereits 24 % der Deutschen ein Smartphone für den Online-Kauf (19 % benutzten einen Tablet-PC). In China hingegen verwendeten 2012 bereits 61 % ihr Smartphone und 58 % einen Tablet-PC für den Online-Kauf. Die Volkswirtschaften USA und UK liegen dazwischen (siehe Abb. 2.6).

Auch die Entwicklung mobiler Suchanfragen verdeutlicht, dass Mobile-Commerce stark wächst. Mobile Endgeräte werden bereits bald das Notebook und den PC als primäres Gerät für die Nutzung des Internets ablösen (vgl. Heinemann 2012, S. 1). Bereits heute sind mehr als 1 Mrd. UMTS-Nutzer weltweit vorhanden. Prognosen der Investmentbank *Morgan Stanley* zufolge soll es bereits im Jahr 2014 mehr mobile Internet-Nutzer geben als Desktop-Nutzer (vgl. Heinemann 2012, S. 1). Die UMTS-Lizenzen wurden im Jahr 2000 für mehr als 50 Mrd. € an sechs Lizenznehmer versteigert. Die Markteinführung durch die vier größten Mobilfunkbetreiber *Telekom*, *Vodafone*, *Telefonica O2* und *E-Plus* erfolgte im Jahr 2004. Seither ist es möglich, neben multimedialen Diensten wie Videotelefonie auch M-Commerce-Kanäle von jeglichem Ort, der eine Netzabdeckung aufweist, zu nutzen. Bereits 2012 wurde der Mobilfunkstandard der vierten Generation (4G) vorgestellt, der auch unter dem Namen LTE bekannt ist und mobil Datenübertragungsraten von bis zu

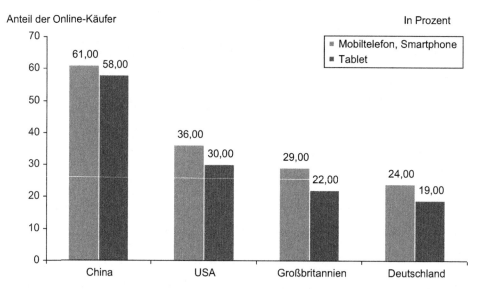

Abb. 2.6 Anteil der Online-Einkäufer nach genutzten mobilen Endgeräten in ausgewählten Ländern weltweit 2012. (Quelle: PwC 2012)

300 Mbit/s im Download und 75 Mbit/s im Upload zulässt. Durch die zunehmend schneller werdenden Netze und die rasante Innovationsrate der Kommunikationsgerätehersteller lassen sich für den Nutzer immer bessere mobile Services konzipieren. Während die meisten Online-Shops mittels HTML5-Standard bereits für mobile Endgeräte optimiert sind, gibt es im Bereich der „Location Based Services" (LBS) noch viel Potenzial. Damit verbunden sind beispielsweise Rabattangebote, mit denen der Kunde, der in der Nähe ist, in den stationären Laden gelockt werden soll.

Darüber hinaus ermöglicht M-Commerce eine neue Dimension an Preistransparenz durch lokale Preisvergleichsmöglichkeiten mittels eines im Smartphone integrierten Barcode- oder QR-Code-Scanners sowie einer unmittelbaren Belieferung digitaler Leistungen, die auch als OTA-Lieferungen bezeichnet werden (vgl. Heinemann 2012, S. 1). Unter dem Begriff „Cross-Technology-Plattform" wird die vernetzte Nutzung von Location Based Services, Transparent Pricing, Deep Discounts, Immediate Gratification and Mobile Payments (vgl. BV Capital/eVenture 2011) verstanden. Der renommierte E-Commerce-Experte *Prof. Dr. Gerrit Heinemann* von der Hochschule Niederrhein sieht den Schlüssel des Erfolgs in der Kombination von sozialem, lokalem und mobilem Netz, um den gesamten Handel neu zu definieren (vgl. Heinemann 2012, S. 1).

2.1.2.2 Generation M-Commerce: Digital Natives

Der Begriff Generation M-Commerce ist gleichzusetzen mit den sogenannten *Digital Natives*. Damit werden Personen bezeichnet, die mit digitalen Technologien wie Computern, dem Internet, Mobiltelefonen und MP3-Playern aufgewachsen sind. Diese nach

1980–1985 geborene Generation ist es von Kindesalter an gewohnt, elektronische Kommunikationskanäle zu nutzen, und weist ein gänzlich anderes Kommunikationsverhalten auf als ihre älteren Mitmenschen.

In dieser Generation werden Social Media, wie z. B. Facebook, als Hauptkommunikationskanal genutzt. Selbst die als modern geltenden E-Mails werden von den Digital Natives primär durch Instant Messenger, die einen Live Chat ermöglichen, ersetzt. Die Generation M-Commerce informiert sich vor dem Kauf eines Produktes online und empfindet Kundenrezensionen im Internet als ehrlicher im Vergleich zur Beratung eines oftmals provisionsgetriebenen Verkäufers im stationären Handel. Für Digital Natives ist es selbstverständlich, E-Commerce- und M-Commerce-Kanäle für die Befriedigung ihrer Konsumnachfrage zu nutzen. Von Herstellern wird erwartet, dass im Internet nicht nur weitreichende Informationen zu den Produkten bereitgestellt werden, sondern darüber hinaus eine bidirektionale Kommunikationsmöglichkeit in Form von Blogs, Foren oder Live-Chats zur Verfügung steht.

Als Antonym existiert der Begriff der *Digital Immigrants*. Hiermit sind Personen gemeint, welche die digitalen Technologien erst im Erwachsenenalter kennengelernt haben.

Der Autor vertritt die These, dass der Tsunami (vgl. Heinemann 2012, S. 1) der Digital Natives noch bevorsteht und dass er die Kanalverschiebung im Handel maßgeblich beschleunigen wird. So werden die Digital Natives in den kommenden fünf bis zehn Jahren die Entscheiderpositionen in den jeweiligen Unternehmen besetzen und neben den elektronischen Kommunikationskanälen auch vorwiegend elektronische Transaktionssysteme einsetzen. Unternehmen sind insofern gezwungen, sich an die Digital Natives anzupassen. Von der notwendigen Adaption sind sämtliche Unternehmensbereiche betroffen, vor allem aber HR, Marketing und Vertrieb. Digital Natives schätzen Flexibilität hinsichtlich der Arbeitszeit sowie der Prozessstrukturen (vgl. Neef et al. 18.05.2009).

In diesem Zusammenhang ist es naheliegend, dass sich Digital Natives nicht gerne von Ladenöffnungszeiten beschränken lassen und E-Commerce bzw. M-Commerce auch als Convenience-Faktor sehen, um eine Bestellung effizient in wenigen Sekunden von unterwegs auszulösen, die Lieferung am darauffolgenden Tag entgegenzunehmen und um bei Serviceanfragen eine unmittelbare Antwort zu erhalten. Mit diesem rasanten Tempo müssen Unternehmen Schritt halten, um zu bestehen.

2.1.2.3 Vom Mobile Commerce zum No-Line-Commerce

Dass Mobile Commerce Chancen für den stationären Handel bietet, wurde bereits in Abschn. 2.1.2.1 erwähnt. Aktuellen Untersuchungen zufolge bereiten 51 % der Deutschen einen Kauf in einem stationären Geschäft generell im Internet vor (vgl. Bruce 2012, S. 50 ff.). Dieser Trend wird als „ROPO" (Research Online – Purchase Offline) bezeichnet. Händler und auch Hersteller, die ihren Kundenstrom nicht online ohne Medienbruch zum Kaufabschluss führen, haben das Nachsehen und nutzen die natürliche Online-Besuchsfrequenz nicht optimal aus, um dadurch Conversions zu erzielen. Mobile Commerce bietet dem stationären Handel technische Innovationen mit einer völlig neuen Form der Kundenorientierung, die der vom Konsumenten geforderten Multi-Optionalität Rechnung

Abb. 2.7 Bevorzugter Einkaufskanal verschiedener Warenkategorien. (Quelle: PwC 2012)

trägt (vgl. Heinemann 2012, S. 78). So lassen sich durch mobile Online-Marketingaktionen Kunden gezielt in die stationären Läden lenken. Der amerikanische Elektronikhändler *BestBuy* hat seine stationären Filialen bereits derart aufgerüstet, dass sich zentimetergenau verfolgen lässt, wo ein Konsument im Geschäft steht, sodass dieser sofort Werbung auf das Smartphone erhält, die auf den Ort, die Zeit, die Person und teilweise sogar auf das entsprechende Regal zugeschnitten ist (vgl. Heinemann 2012, S. 78). Beispielsweise erhalten Kunden einen Gutschein für ein bestimmtes Geschäft und bekommen die Verfügbarkeit des Artikels in einem umliegenden Laden direkt angezeigt. Durch die Navigationsfunktion bringen die Smartphones die Kunden so in die Filialen (vgl. Diekmann et al. 2012, S. 51 ff.).

Der Studie von *PricewaterhouseCoopers* (PwC) zufolge (siehe Abb. 2.7) wird der Online-Einkaufskanal bei bestimmten Warengruppen (wie Elektronik und Computer, Bücher, Filme und Musik) dem stationären Einkaufskanal bereits bevorzugt. Letzterer wird gegenüber dem Online-Einkaufskanal bei Lebensmitteln, Möbel- und Haushaltswaren präferiert. Die Studie verdeutlicht außerdem, dass der Schlüssel des Erfolges aus Händler- und Herstellersicht nur über kundenorientierte Multi-Channel-Strategien (in Abschn. 3.3.1 dargestellt) führen kann (vgl. PwC 2012).

E-Commerce-Experten sind sich hingegen einig, dass der Trend inzwischen in Richtung No-Line-Systeme geht. Der No-Line-Handel stellt laut Prof. Dr. Gerrit Heinemann die höchste Evolutionsstufe des Multi-Channel-Handels dar, weil aus der Kundenperspektive keine Trennung mehr zwischen Online- und Offline-Kanälen stattfindet. Beide Welten werden in sogenannten No-Line-Systemen verschmolzen (vgl. Heinemann 2013b, S. 7). Im Rahmen von Abschn. 3.3.4 wird darauf ausführlicher eingegangen.

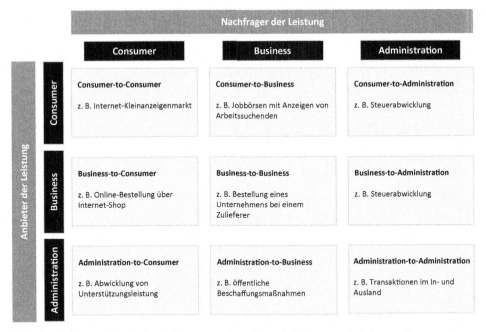

Abb. 2.8 Akteur-Portfolio des E-Commerce. (Quelle: in Anlehnung an Königs 2004)

2.2 Wesentliche Akteure des E-Commerce

Zu den Akteuren im Rahmen des E-Commerce-/Online-Handels zählen grundsätzlich die nachfolgenden Akteure:

- Consumer (Privatpersonen)
- Business (Unternehmen)
- Administration (öffentliche Institutionen, insb. Verwaltungen)

Aus den in Abb. 2.8 dargestellten Akteuren ergeben sich nachfolgende Konstellationen:

- Business-to-Business (B2B)
- Business-to-Consumer (B2C)
- Business-to-Administration (B2A)
- Administration-to-Business (A2B)
- Administration-to-Customer (A2C)
- Administration-to-Administration (A2A)
- Customer-to-Business (C2B)

	B2B	B2C
Auftragsvolumen, durchschn.	$75.000	$75
Zielgruppe	Firmen und Mitarbeiter	Konsumenten (über Handel)
Preisstruktur	lfr. Verträge, Auktionen, Katalogverkäufe	Haupts. Katalog, Festpreis
Entscheidungsprozess	Mehrere Verantwortliche, Betriebswirtsch. Kriterien	Einzelner Konsument
Beschleunigungsfaktoren	Nachfrageorientiert und Bestandsorientiert	Impulskäufe; Werbung; Mund-zu-Mund-Propaganda
Auswahlkriterien	Wert(schöpfung), Partnerschaft	Marke, Mund-zu-Mund-Propaganda, Preis, Werbung
Fulfillment	Verfügbarkeit und Lieferdaten wichtig	Lieferdaten weniger wichtig
Zahlungsverkehr	Urspr. Kreditkarten, komplexe Zahlungsverkehrs-Systeme	Alle Konsumenten-Kreditkarten
Infrastruktur	Dynamischer Katalog; Workflowsysteme	Internetzugang

Abb. 2.9 Typische Unterscheidungsmerkmale B2B und B2C. (Quelle: Dyckerhoff 2001, S. 7)

- Customer-to-Customer (C2C)
- Customer-to-Administration (C2A)

Nicht alle Konstellationen sind im Rahmen dieses Buches von praktischer Relevanz. Im Folgenden werden lediglich die beiden Bereiche Business-to-Business (B2B) und Business-to-Customer (B2C) behandelt. Diese beiden Bereiche stellen auch den Hauptumsatz innerhalb des in Abb. 2.9 gezeigten Akteur-Portfolios. Während die Zielgruppe der B2B-Akteure aus Firmen und Mitarbeitern besteht, fokussiert sich der B2C-Bereich auf Konsumenten im Online-Handel (vgl. Fost 2013, S. 10 ff.). Abbildung 2.9 zeigt die wesentlichen Unterscheidungsmerkmale zwischen B2B und B2C auf.

Produzierende Unternehmen mit einer stationären Handelsstruktur bewegen sich i. d. R. vorwiegend bzw. ausschließlich im B2B-Handel. Doch auch wenn sich ein Unternehmen einer exklusiven B2B verschrieben hat, ist es im Rahmen der Entwicklung einer E-Commerce-Strategie erforderlich, den Endkunden näher an den Hersteller zu positionieren und eine direkte Kommunikation aufzubauen, um auf diese Weise einerseits die Prozesshoheit zu erlangen, andererseits Endanwenderinformationen ohne eine Verwässerung durch den Handel zu erhalten. Diese Thematik wird im Rahmen von Kap. 3 näher behandelt.

2.3 Betriebstypen des E-Commerce

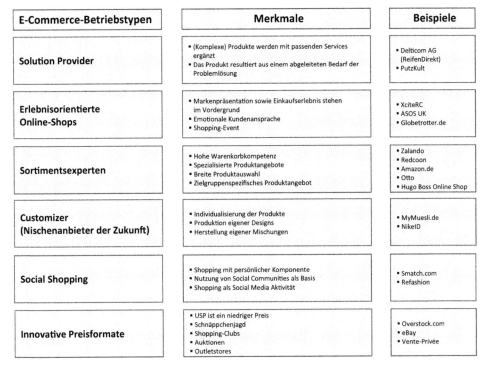

Abb. 2.10 E-Commerce-Betriebstypen. (Quelle: in Anlehnung an Morschett 01.12.2010)

2.3 Betriebstypen des E-Commerce

Anstatt generell von E-Commerce zu sprechen, ist heutzutage eine differenziertere Betrachtung notwendig, da sich mittlerweile eine Vielzahl an Betriebstypen herauskristallisiert hat, deren Merkmale in Abb. 2.10 charakterisiert werden und die nachfolgend vorgestellt werden (vgl. Diekmann et al. 2012, S. 59).

- **Solution Provider**
  Bislang findet man nur wenige Online-Geschäftsmodelle für komplexere Produkte, bei denen der Kunde eine Problemlösung erwerben kann, bei welcher das gelieferte Produkt durch erweiterte Services angereichert wird. Ein Beispiel hierfür ist die *DELTICOM AG* als Reifen-Online-Händler (www.reifendirekt.de). Dort kann sich der Kunde die Reifen direkt zur Montage-Werkstatt liefern lassen, sofern er die Reifen nicht selbst montieren möchte. Dieser Montageservice wird bereits zu Fixpreisen auf dem Online-Shop angezeigt. Es ist davon auszugehen, dass sich solche Geschäftsmodelle auch in anderen Branchen durchsetzen werden.

- **Erlebnisorientierte Online-Shops**
Bei erlebnisorientierten Online-Shops steht das Einkaufserlebnis im Vordergrund. Ziel ist es, den Kunden durch eine emotionale Ansprache an die Marke zu binden (vgl. Morschett 01.12.2010, S. 17). Ein erlebnisorientierter Online-Shop beinhaltet Videos von Produkten, ausführliche Berichte und Trendreports. Die Produktberatung erfolgt in multimedialer Form und ist direkt mit dem Produktverkauf verbunden.
- **Sortimentsexperten**
Sortimentsexperten stehen für Warenkompetenz sowie eine sehr breite Produktauswahl. Aktuell handelt es sich hierbei um die wichtigste Gruppe der On-line-Shops, die bereits in sich sehr differenziert ist (vgl. Diekmann et al. 2012, S: 59). Zunehmend mehr Online-Shops entwickeln sich zu virtuellen Kaufhäusern mit einem sehr breiten und tiefen Sortiment. Hierzu gehören z. B. *Amazon.de, Otto.de, Neckermann.de* u. v. m. Aufgrund der relativ hohen Setup-Kosten einer E-Commerce-Lösung sowie der überproportionalen Skaleneffekte, die durch die Produktportfolioerweiterung in einem Shop entstehen, wird dieser Betriebstyp von vielen Anbietern präferiert.
- **Customizer**
Vor allem Hersteller, die Produkte direkt über das Internet vertreiben, haben zunehmend das Thema Customizing aufgegriffen. Ein erfolgreiches Beispiel hierfür ist *Nike* mit *NikeID*, wo es dem Kunden ermöglicht wird, Produkte zu designen bzw. zu individualisieren. Es ist davon auszugehen, dass Customizer weiterhin Nischen bleiben werden, sich jedoch künftig auf weitere Bereiche ausdehnen (vgl. Morschett 01.12.2010, S. 18).
- **Social-Shopping**
Dieser Betriebstyp basiert auf den sozialen Bedürfnissen der Konsumenten. Kern des Social-Shopping-Betriebstyps ist es, z. B. gemeinsam mit einer Freundin auf Facebook einkaufen zu können. So werden die Artikel, die sich eine Kundin ansieht im „Chat'n'Shop" Fenster auch der Freundin angezeigt – und umgekehrt (vgl. Diekmann et al. 2012, S. 60).
- **Innovative Preisformate**
Der Betriebstyp der innovativen Preisformate ist vor allem in den letzten fünf Jahren entstanden. Die USP (Unique Selling Proposition) liegt bei diesem Betriebstyp auf der besonderen Art, Preisvorteile zu erteilen und Schnäppchen zu machen. Ein solches Preisformat sind beispielsweise Online-Shopping-Clubs wie *Vente-Privée*, die in Kooperation mit Markenherstellern auf deren Überbestände und Auslaufartikel bis zu 70 % Rabatt anbieten. Der Verkauf erfolgt in drei bis fünf Tagen in einem geschlossenen Shop, sodass die Preise nicht von Suchmaschinen (wie z. B. *Google*) erfasst werden und die Marke des Herstellers beschädigen.

Tab. 2.3 Koordinationsformen der NIÖ. (Quelle: Anlehnung an Schwickert 1998)

Koordinationsform	Organisation	Allokation via	Verträge
Markt	Markt(platz)	Preise	Situativ, spontan
Kooperation	Kooperation	Vereinbarungen	Relational
Hierarchie	Unternehmen	Anweisungen	Formal, fest

2.4 E-Commerce aus Sicht der Neuen Institutionenökonomie

Eine wesentliche Ausprägung der neuen Institutionenökonomie (NIÖ) ist die Kostspieligkeit von Transaktionen (vgl. Richter und Furubotn 1996, S. 45). Transaktionskosten sind wegen ihrer absoluten und relativen Höhe nicht zu vernachlässigen. Richter und Furubotn (1996, S. 45) führen Schätzungen an, nach denen in modernen Marktwirtschaften Transaktionskosten 50 bis 60 % des Nettosozialprodukts erreichen.

Innerhalb von Organisationen (Unternehmen) können Transaktionen hierarchisch oder marktlich koordiniert werden. Eine intermediäre Zwischenform stellt die Kooperation dar. Tabelle 2.3 veranschaulicht die existenten Koordinationsformen.

Hinsichtlich Unternehmens- und Markttransaktionskosten wird jeweils zwischen fixen und variablen Kosten unterschieden. Variable Unternehmenstransaktionskosten entstehen durch die Ausübung und Durchsetzung bestehender Rechte zum Zweck des Betreibens eines Unternehmens (vgl. Schwickert 1998, S. 11 ff.). Diese Kosten werden primär durch Informationsgewinnung, -auswertung und -verwertung verursacht – beispielsweise durch die Disposition eines Unternehmens aufgrund bestehender Arbeitsverträge sowie durch physische Komponenten von Wertschöpfungsaktivitäten, wie die unternehmensinterne Übertragung von Leistungen (z. B. durch Transport- oder Liegezeitkosten) (vgl. Schwickert 1998, S. 12). Variable Markttransaktionskosten hingegen entstehen bei der Übertragung von Rechten in Märkten als sogenannte Nutzungskosten des Marktes.

Zu den fixen Transaktionskosten gehören Kostenarten, die im Rahmen der Errichtung bzw. Bereitstellung des institutionellen Umfeldes und der institutionellen Arrangements entstehen, wie beispielsweise Kosten zur Firmengründung, Personalverwaltung, IT-Investitionen, Aufwendungen für das Gebäude etc. (vgl. Schwickert 1998, S. 4)

Um eine Markttransaktion durchführen zu können, ist es zunächst erforderlich, einen geeigneten Partner zu suchen, von dem man die gewünschte Leistung beziehen kann *(Informations- und Selektionsphase)*. Anschließend sind Verhandlungen notwendig, die zu einem Vertragsabschluss führen, um sicherzustellen, dass die gewünschten Bedingungen eingehalten werden *(Vereinbarungsphase)*. Diese Aktivitäten beanspruchen Ressourcen und verursachen damit variable Markttransaktionskosten (vgl. Schwickert 1998, S. 4).

Erst nach Abschluss der Vertragsverhandlungen kann die eigentliche *Abwicklungsphase* (z. B. die Zustellung einer gewünschten Maschine) erfolgen. Eventuell erfolgen in der

Abb. 2.11 Phasen der Transaktionssequenz. (Quelle: in Anlehnung an Schwickert 1998)

Nachvertragsphase noch Verhandlungen über Vertragsmodifikationen, z. B. über Konditionen, Wartungsverträge etc. (siehe Abb. 2.11).

2.4.1 Transaktionskostenansatz im E-Commerce

Ähnlich wie bei analogen Märkten lassen sich auch für elektronische Märkte sämtliche geschäftliche Aktivitäten mit den Phasen der Transaktionsabfolge erklären (siehe Abb. 2.12). Die Phasen wurden bereits im Abschn. 2.4 erläutert. Den in Abb. 2.13 dargestellten Phasen werden die darin anfallenden Kostenarten zugeordnet und wiederum um Instrumente ergänzt, die unter dem E-Commerce-Einflussbereich stehen. Diese unterstützen elektronische Märkte und können im Vergleich zu analogen Märkten in bestimmten Phasen der Transaktionssequenz kostensenkende Wirkungen entfalten (vgl. Schwickert 1998, S. 168). Daraus resultiert markttheoretisch eine Verschiebung der marktlichen Koordinationsinstitutionen in Richtung vollkommener Märkte (vgl. Paschelke und Roselieb 2002, S. 168). Im weiteren Sinne trägt E-Commerce in Verbindung mit seinen IuK-Systemen (Informations- und Kommunikationstechnik) also dazu bei, vollkommenere Märkte zu schaffen und Transaktionskosten zu senken. Dies wird im folgenden Abschn. 2.4.2 näher dargestellt und erläutert.

2.4.2 Verringerung der Transaktionskosten durch E-Commerce

Eine Transaktionssequenz verursacht bei den Geschäftspartnern besonders dann einen beträchtlichen Aufwand, wenn die Kommunikation über analoge Medien erfolgt und beispielsweise Bestellungen und Rechnungen in Papierform, per Telefon oder Telefax übermittelt werden und Produktkataloge sowie Preislisten in Papierform vorgehalten und ausgetauscht werden müssen (vgl. Schwickert 1998, S. 27). Der in Abb. 2.12 dargestellte E-Commerce-Einflussbereich trägt wie folgt dazu bei, marktliche Transaktionskosten zu senken.

2.4 E-Commerce aus Sicht der Neuen Institutionenökonomie

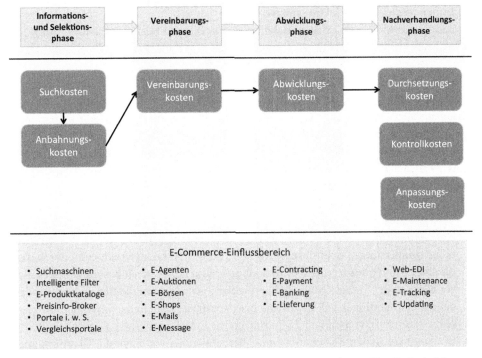

Abb. 2.12 Phase, Kosten und E-Commerce Instrumente einer Transaktion. (Quelle: in Anlehnung an Schwickert 1998)

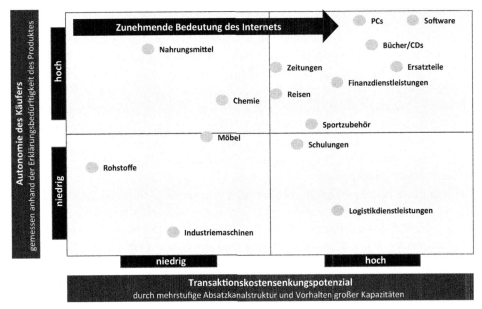

Abb. 2.13 Bedeutung des Internets nach Branchen/Produktkategorien. (Quelle: in Anlehnung an Leberling 2012)

- **Informations- und Selektionsphase**
  Ausgehend von einem existenten Bedarf für ein Produkt oder eine Dienstleistung, fällt in dieser Phase Aufwand für die Suche nach einem geeigneten Partner bzw. Anbieter an.

  Mittels elektronischer Suchmaschinen wie z. B. *Google* lassen sich potenzielle Anbieter rasch ausfindig machen, denn die meisten stellen heutzutage ihr Angebot in Form von elektronischen Produktkatalogen zur Verfügung. Intelligente Produktfilter helfen durch die Eingabe von bestimmten Merkmalen dabei, das passende Produkt zu finden. Preisinformationsbroker und Vergleichsportale tragen sowohl zu einer erhöhten Preistransparenz als auch zur Allokation des Preisoptimums bei. Insgesamt reduzieren die genannten E-Commerce-Einflussbereiche die Such- und Anbahnungskosten erheblich.

- **Vereinbarungsphase**
  Steht die Leistungsauswahl fest, erfolgt die Vereinbarungsphase. In dieser Transaktionssequenz unterstützen elektronische Agenten, Börsen, Auktionen und Shops durch standardisierte und transparentere Abwicklungsverfahren. Die Vereinbarungskosten sinken vor allem ab der zweiten Nutzung überproportional, da dann die Abwicklungsmodalitäten und Konditionen i. d. R. bekannt bzw. vereinbart sind. In der Vereinbarungsphase selbst unterstützen moderne IuK-Techniken wie E-Mail und E-Message bei der effizienten, kostengünstigen Kommunikation. Hierbei können vor allem die Überbringungszeiten der Nachrichten im Vergleich zu analogen Kommunikationskanälen massiv verkürzt werden.

- **Abwicklungsphase**
  Während der Abwicklungsphase unterstützen beispielsweise E-Contracting-Technologien, worunter die komplette elektronische Abbildung des Vertragsprozesses zu verstehen ist. So bietet das E-Contracting eine kostengünstige und für die Vertragspartner jederzeit zugriffsbereite Möglichkeit der Vertragsdokumentation (vgl. o. V. o. J.). E-Payment-Anbieter ermöglichen eine effiziente und sichere Zahlungsabwicklung unter standardisierten und transparenten Bedingungen für beide Vertragsparteien. Darüber hinaus ermöglicht E-Banking eine schnellere und effizientere Abwicklung von Bankgeschäfte, ohne an bestimmte Orte oder Öffnungszeiten der Banken gebunden zu sein. Die E-Lieferung ermöglicht bei digitalen Medien (z. B. E-Books, Tonträger, Dokumente etc.) eine elektronische Auslieferung bestimmter Güter und Dienstleistungen.

- **Nachverhandlungsphase**
  Auch in der Nachverhandlungsphase tragen E-Commerce-Technologien dazu bei, die Durchsetzungs-, Kontroll- und Anpassungskosten nachhaltig zu senken. So können in marktlichen Beziehungen Web-EDI-Technologien (Electronic-Data-Interchange) eingesetzt werden, um sämtliche Transaktionsdaten (wie Bestellungen, Lagerbestände, Rechnungen etc.) interorganisational auszutauschen. Dieser Austausch erfordert zwar einen gewissen Anpassungsaufwand der Schnittstellen, ermöglicht anschließend jedoch die vollautomatische Kommunikation der Systeme zwischen bi- und multilateralen Organisationen. Mittels E-Maintenancing lassen sich beispielsweise bestimmte

Service- und Wartungsintervalle anstoßen. E-Tracking ermöglicht die lückenlose Nachverfolgung von Warenströmen, während E-Updating vor allem digitale Güter (wie Software, E-Books etc.) mit Aktualisierungen versorgt.

Während moderne IuK-Technologien sowohl bei hierarchischen als auch marktlichen Koordinationsformen zur Transaktionskostenreduktion beitragen, sind es vor allem die in Abb. 2.13 dargestellten E-Commerce-Einflussbereiche, die signifikant zur Senkung der variablen Markttransaktionskosten beitragen und damit die marktliche Koordinationsform (in Abschn. 2.4.4 dargestellt) attraktiver gestalten (vgl. Schwickert 1998, S. 25). Hierbei ist zu berücksichtigen, dass Branchen und Produktkategorien ein unterschiedlich hohes Potenzial zur Markttransaktionskostensenkung aufweisen (siehe Abb. 2.13).

So ist es nicht verwunderlich, dass Produkte wie Software, Bücher, CDs und Zeitungen ein wesentlich höheres Markttransaktionskostensenkungspotenzial aufweisen als beispielsweise Rohstoffe und Industriemaschinen, da bei letzteren Produkten der Unterstützungsgrad der E-Commerce-Einflussbereiche innerhalb der in Abb. 2.13 dargestellten Transaktionsphasen wesentlich geringer ist als bei den Erstgenannten.

2.4.3 Bilaterale Transaktionskostensenkung durch E-Commerce-Portale

Unter einem E-Commerce-Portal oder Online-Marktplatz versteht man eine Internet-Plattform, die es den Teilnehmern ermöglicht, ihre Geschäfte effizienter abzuwickeln (vgl. WEBAGENCY 2009). Ein solches E-Commerce-Portal bietet sowohl für den angebundenen Hersteller bzw. Händler als auch für den Kunden Transaktionskostenvorteile. Der *Amazon Marketplace* dient als Beispiel für ein Portal, das sämtliche in Abb. 2.13 dargestellten E-Commerce-Einflussbereiche in der jeweiligen Transaktionssequenz in einer Plattform vereint. Die daraus resultierenden marktlichen Potenziale zur Transaktionskostensenkung wurden bereits in Abschn. 2.4.3 aufgezeigt.

Transaktionskosten entstehen bei der Koordination wirtschaftlicher Aktivitäten. Hayeck sieht das grundsätzliche Problem dieser Koordination in der ungleichen Verteilung von Informationen (vgl. Paschelke und Roselieb 2002, S. 169). Im Folgenden wird am System der Marktinformationen (Abb. 2.15) aufgezeigt, welche bilateralen Transaktionskostenpotenziale bei E-Commerce-Portalen in Bezug auf die Verringerung der Informationskosten bestehen. Roselieb unterscheidet in seinem System der Marktinformationen (Abb. 2.14) zwischen den Akteuren von Marktprozessen sowie den jeweiligen Initiatoren von Vorgängen der Informationsübertragung, wobei die Informationsbeschaffung informationsökonomisch als Screening und die Informationsübertragung als Signaling zu verstehen ist (vgl. Paschelke und Roselieb 2002, S. 171). In beiden Bereichen unterstützen E-Commerce-Portale sowohl die Anbieter- als auch die Nachfragerseite. Feld 1 in Abb. 2.14 ist für Unternehmen insofern von Bedeutung, als Nachfrager von der Leistung des Produktes überzeugt werden müssen (vgl. Paschelke und Roselieb 2002, S. 172). Ein E-Commerce-Portal stellt in deren Frontend eine homogene Produktdarstellung mit

Aktive Rolle		Passive Rolle	
		Nachfrager	Anbieter
Anbieter	beschafft Informationen über ...	• Marktforschung • Konsumentenforschung	• Konkurrenz Forschung • Spionage • Kollusion
	überträgt Informationen an ...	• Produktqualität • Werbung • Reputation • Garantien **1**	• Bluffen • Falsche Signale • Kollusion
Nachfrager	beschafft Informationen über ...	• Mitläufertum • Imitation • Referenzen **2**	• Preisvergleiche • Qualitätsvergleiche • Shopping **4**
	überträgt Informationen an ...	• Meinungsführung • Demonstrativer Konsum **3**	• Signale der Zahlungsfähigkeit • Zuverlässigkeit **5**

Abb. 2.14 System der Marktinformationen. (Quelle: in Anlehnung an Paschelke und Roselieb 2002)

standardisierten Mindestinformationen bereit und vermeidet so die Aussendung falscher Signale. Dadurch wird die Informationsasymmetrie zu den Nachfragern vermindert.

Die Felder 2 und 3 werden durch E-Commerce-Portale neu definiert, indem die Möglichkeit geschaffen wird, auf einer globalen Ebene mit Gleichgesinnten Informationen auszutauschen, Trends aufzuspüren und zu kreieren (vgl. Paschelke und Roselieb 2002, S. 173). Vor allem Produktbewertungen in Form von Rezensionen werden von Nachfrager zu Nachfrager als ehrlicher und authentischer wahrgenommen als von Anbieter zu Nachfrager. Dies trägt dazu bei, die Unsicherheit der Nachfrager zu reduzieren. E-Commerce-Portale und Marktplätze ermöglichen es, opportunistisches Verhalten eines Anbieters rasch aufzudecken und entsprechend zu sanktionieren. Feld 4 beinhaltet die Suchkostenansätze (Screening) der Informationsökonomie, wonach ein Nachfrager so lange nach Preis- oder Qualitätsinformationen sucht, bis die Grenzkosten seiner Suchzeit dem Grenznutzen entsprechen (vgl. Paschelke und Roselieb 2002, S. 173). Mussten in analogen Märkten Nachfrager intensive Forschungen anstellen, um eine Vergleichbarkeit der Angebote herzustellen, so sorgen E-Commerce-Portale dafür, dass der Trade-off zwischen Informationsreichhaltigkeit und Reichweite[1] geringer wird. Der Nachfrager kann zeit- und ortsungebunden eine gezielte Suche durchführen und die Suchzeit dadurch erheblich minimieren (vgl. Paschelke und Roselieb 2002, S. 174). Feld 5 zeigt die Informationsübertragung (Signaling) der Nachfrager an den Anbieter. Diesem Bereich kommt hinsichtlich der

---

[1] Reichweite sei hier definiert als Anzahl der Personen, die von einem bestimmten Ort aus Informationen austauschen.

2.4 E-Commerce aus Sicht der Neuen Institutionenökonomie

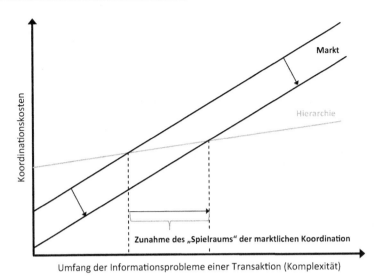

Abb. 2.15 Auswirkung einer Markttransaktionskostensenkung. (Quelle: in Anlehnung an Roselieb 2002)

Markttransaktionskostensenkung des Anbieters bzw. des E-Commerce-Portalbetreibers eine besonders hohe Bedeutung hinzu. Opportunistisch handelnde Nachfrager können identifiziert und ggf. auch sanktioniert werden, indem der Portalbetreiber diesen (z. B. bei schlechter Bonität) ausschließlich Zahlungsmodalitäten mit niedriger Ausfallwahrscheinlichkeit anbietet oder die mangelhafte Zahlungsmoral an Auskunfteien übermittelt, was volkswirtschaftlich zu einer höheren Markteffizienz führt.

2.4.4 Attraktivitätsgewinn des marktlichen Koordinationsmechanismus

Die Transaktionskosten werden durch E-Commerce-Technologien insbesondere in Bezug auf die Informationssammlung und Preisvereinbarung signifikant gesenkt, was eine erhöhte Allokationseffizienz elektronischer Marktplätze und Portale mit sich bringt (vgl. Paschelke und Roselieb 2002, S. 178). Durch das Absinken der Transaktionskosten gegenüber hierarchischen Koordinationsmechanismen wird vor allem der marktliche Koordinationsmechanismus attraktiver, wie Abb. 2.15 anschaulich darstellt.

Es entsteht eine Zunahme des „Spielraums" hinsichtlich des Umfanges an Informations- bzw. Markttransaktionskomplexität. *Thomas W. Malone* postuliert in seiner „Move-to-the-market"-Hypothese, dass E-Commerce in Verbindung mit IuK-Technologien zwar sowohl marktliche als auch hierarchische Koordinationsformen effizienter macht, jedoch eindeutig ein Trend in Richtung marktlicher Koordination festzustellen ist (vgl. Paschelke und Roselieb 2002, S. 180). Hierbei spielt die Tatsache, dass Informationsasymmetrien durch E-Commerce-Technologien abgebaut und darüber hinaus auf globaler Ebene performante Unternehmen gefunden werden können, eine übergeordnete Rolle. *Eric Clemons* entdeckte in einer empirischen Untersuchung (in deren Rahmen die „Move-to-the-middle"-Hypothese entstand), dass sinkende Koordinationskosten vor allem auf einer abnehmenden Unsicherheit der Nachfrager in Zusammenhang mit besseren Marktinformationen sowie auf geringeren partnerspezifischen Investitionen aufgrund moderner IuK-Technologien beruhen (vgl. Paschelke und Roselieb 2002, S. 181). Zusammenfassend kann gesagt werden, dass moderne IuK- und E-Commerce-Technologien Markttransaktionskosten senken, wodurch der marktliche gegenüber dem hierarchischen Koordinationsmechanismus attraktiver gestaltet werden kann, da dort auch sehr komplexe Transaktionen vorgenommen werden können.

2.5 Gründe für das weitere Wachstum von E-Commerce

Sowohl der Status quo des E-Commerce als auch seine Wachstumsaussichten wurden in Abschn. 2.1.2 behandelt. Vor diesem Hintergrund werden im folgenden Abschnitt die Gründe für das weitere Wachstum von E-Commerce aus einer holistischeren Perspektive betrachtet (siehe Abb. 2.16). Die dort dargestellten fünf Wachstumstreiber im E-Commerce – 1) Technologische Entwicklungen und Penetration, 2) Entwicklung des Verbrauchervertrauens, 3) Soziodemografische Entwicklungen, 4) Entwicklung der Märkte, 5) Gesellschaftliche und politische Entwicklungen – werden im Folgenden näher beleuchtet.

1. **Technologische Entwicklungen und Penetration**
   Hierzu zählt insbesondere der mit dem Internet verbundene technologische Fortschritt sowie die damit verbundene Digitalisierung des Handels, die mit der Internetpenetration einhergeht (vgl. Heinemann 2013a, S. 4). Während vor einigen Jahren der Trend zum reinen E-Commerce-Handel zu beobachten war, besteht heute die Möglichkeit, mittels moderner Smartphones und sonstigen mobilen Endgeräten orts- und zeitungebunden Produkte und Leistungen zu beziehen. Dass die M-Commerce-Nutzung bereits große Beliebtheit erlangt hat und die Internetpenetration weiteres Wachstum induziert, wurde in Abschn. 2.1.2.1 erläutert. Als nächste technologische Entwicklungsstufe, die weiteres Wachstum verspricht, gilt das Hybrid-TV, worunter man die Kombination von Fernsehen und Internet verstehen kann.
2. **Entwicklung des Verbrauchervertrauens**
   Bedeutende Entwicklungen auf der Verbraucherseite sind die Nutzung moderner Technologien und die daraus entstehenden, wachsenden Ansprüche an den Handel (vgl. Heinemann 2013a, S. 5). Gleichzeitig steigen die Informiertheit der Konsumenten sowie der Grad ihrer Emanzipation. Die Gesellschaft ist sozial vernetzt, wird zunehmend mobiler und weist eine stärker werdende Convenience-Orientierung auf, die sich auch in ihrem Shopping-Verhalten niederschlägt. Für das Jahr 2020 prognostiziert Prof. Dr. Gerrit Heinemann eine Handelsverteilung Offline vs. Online von 80 % zu 20 % (vgl. Diekmann et al. 2012, S. 6 ff.). Der Großteil des Handels wird zwar weiterhin im sta-

2.5 Gründe für das weitere Wachstum von E-Commerce

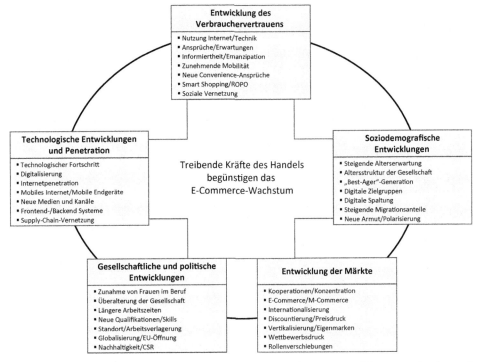

Abb. 2.16 Die fünf Wachstumstreiber im E-Commerce. (Quelle: in Anlehnung an Bruhn und Heinemann 2013)

tionären Bereich bleiben, jedoch zeigen sich bereits heute starke Tendenzen, dass auch Konsumenten, die stationär kaufen, online recherchieren. Dieser Trend wird als ROPO bezeichnet und findet bei einem Großteil der Konsumenten bereits heutzutage statt (vgl. Heinemann 2013b, S. 3).

3. **Soziodemografische Entwicklungen**
Betrachtet man die soziodemografischen Entwicklungen der vergangenen fünf Jahre, so kommt im Zusammenhang mit der steigenden Alterserwartung der „Best-Ager"-Generation[2] eine erhöhte Bedeutung für Handelsunternehmen zu, da diese durch die Entwicklung zunehmend intuitiv gesteuerter Techniken (z. B. Tablet-PCs wie das *Apple* iPad) immer technikaffiner wird. Selbiges gilt auch für digitale Zielgruppen, die sogenannten Digital Natives (siehe auch Abschn. 2.1.2.2), die sich technisch immer weiter von den ca. 28 % Internet-Analphabeten in Deutschland entfernen und damit die digitale Spannung zunehmend vergrößern (vgl. Heinemann 2013a, S. 6).

4. **Entwicklung der Märkte**
Hinsichtlich der Entwicklungen der Märkte ist eine steigende Tendenz zur Konzentration und Kooperation zu beobachten. Als größte Gewinner aus dieser Entwicklung gin-

---

[2] Als „Best Ager" werden Personen bezeichnet, die das 50. Lebensjahr überschritten haben.

gen die E-Commerce-Anbieter Amazon und eBay hervor, die gleichzeitig auch große Zuwachsraten im M-Commerce (in Abschn. 2.1.2.1 dargestellt) realisieren (vgl. Heinemann 2013a, S. 6). Außerdem zeigt sich, dass überwiegend ausländische Gesellschaften das deutsche E-Commerce-Wachstum beschleunigen. Gleichzeitig ist E-Commerce jedoch auch ein hervorragendes Instrument zur Internationalisierung in ausländischen Märkten (vgl. Heinemann und Haug 2010, S. 26). Aufgrund der hohen Globalisierung, der zunehmenden Informiertheit des Konsumenten und der hohen Transparenz, die das Internet bietet, ergibt sich ein zunehmender Preis- und Wettbewerbsdruck im Handel, der Anbieter vermehrt dazu zwingt, zunehmend Wertschöpfung zu vertikalisieren bzw. zusätzliche Marken via Eigenmarken zu kreieren.

5. **Gesellschaftliche und politische Entwicklungen**

Die gesellschaftlichen und politischen Entwicklungen der letzten Dekade stellen sich auch als wachstumsfördernd für den E-Commerce dar. So führt der gestiegene Anteil an erwerbstätigen Frauen dazu, dass das klassische Rollenverständnis nicht mehr gilt und Handelsunternehmen ebenso auf die Bedürfnisse männlicher Kunden eingehen müssen (vgl. Heinemann 2013a, S. 6). Gleichzeitig entwickelt sich der Trend am Arbeitsmarkt hin zu längeren Arbeitszeiten, die den bisherigen Ladenöffnungszeiten entgegenwirken.

Die fünf dargestellten Pfeiler begünstigen auch in der Zukunft ein zunehmendes Wachstum des E-Commerce-Vertriebskanals. Insbesondere die Entwicklung neuer Technologien (wie der M-Commerce) stellt einen Wachstumsmotor für die E-Commerce-Landschaft dar.

Literatur

Bruce, A. (2012). *Multi-Channeling der Zukunft*. Frankfurt a. M.: Deutscher Fachverlag.
Bruhn, M., & Heinemann, G. (2013). Entwicklungsperspektiven im Handel – Thesen aus der ressourcen- und beziehungsorientierten Perspektive. In G. Crockford, F. Ritschel, & U.-M. Schmieder (Hrsg.), *Handel in Theorie und Praxis* (S. 29–38). Wiesbaden: Springer Gabler.
BV Capital/eVenture. (2011). *eCommerce & online trends*. San Francisco: BV Capital.
Diekmann, M., Grab, H., & Bomm, S. (2012). *eCommerce lohnt sich nicht*. Gescher: Shopmacher.
Dyckerhoff, W. (2001). *Widerstände im eBusiness bei B2B-Kunden*. München: GRIN.
Fost, M. (2013). *E-Commerce Existenzgründung mittels Amazon*. Norderstedt: Books on Demand.
Groß, O. (2010). e-Commerce in Deutschland: Rund 400.000 Unternehmen sind aktiv. http://www.shopbetreiber-blog.de/2010/03/10/e-commerce-in-deutschland-rund-400000-unternehmen-sind-aktiv. Zugegriffen: 01. Juli 2013.
Heinemann, G. (2012). *Der neue Mobile Commerce*. Wiesbaden: Springer Gabler.
Heinemann, G. (2013a). *Digitalisierung des Handels mit e-Pace*. Wiesbaden: Springer Gabler.
Heinemann, G. (2013b). *No-Line-Handel*. Wiesbaden: Springer Gabler.
Hofacker, L., Eden, S., & Janßen, B. (2012). *E-Commerce Markt Deutschland 2012*. Köln: EHI Retail Institute.

Literatur

Königs, T. (2004). *Potentiale der Old Economy durch E-Commerce und daraus resultierende Optimierungsmöglichkeiten für Integratoren*. München: GRIN.

Leberling, A. (2012). *E-Commerce Strategien von Familienunternehmen*. Köln: Eul.

Morschett, D. (2010). Vielfältige Angebotsformen im Online-Handel. *Retailing and Consumer Goods Marketing, 1*(1), 17–21. (In: D. Morschett, H. Schramm-Klein, B. Swoboda, & J. Zentes (Hrsg.)).

Neef, A., Schroll, W., & Theis, B. (2009). Digital Natives – Die Revolution der Web-Eingeborenen. *Manager Magazin*. http://www.manager-magazin.de/unternehmen/it/a-625126-3.html. Zugegriffen: 06. Juli 2013.

Opuchlik, A. (2005). *E-Commerce Strategie – Entwicklung und Einführung*. Norderstedt: Books on Demand.

o. V. (o. J.). *ITWissen*. Stichwort: E-Contracting. http://www.itwissen.info/definition/lexikon/E-Contracting-electronic-contracting-eContracting.html. Zugegriffen: 01. Aug. 2013.

Paschelke, B., & Roselieb, A. (2002). *Online Distribution – Implikationen elektronischer Märkte für Strukturen, Produkteignung und Strategien im funktionalen Handel*. Berlin: Erich Schmidt.

PwC. (Hrsg.). (2012). *Der Kunde wird wieder König – Wo überzeugende Multi-Channel-Strategien nun gefordert sind*. Frankfurt a. M.: PricewaterhouseCoopers.

Richter, R., & Furubotn, E. (1996). *Neue Institutionenökonomik*. Tübingen: Mohr.

Schwickert, A. C. (1998). *Institutionenökonomische Grundlagen und Implikationen für Electronic Business*. Mainz: Universität Mainz.

Statista GmbH. (2013). E-Commerce-Umsatz in Deutschland 1999 bis 2012 und Prognose für 2013 (in Milliarden Euro). http://de.statista.com/statistik/daten/studie/3979/umfrage/e-commerce-umsatz-in-deutschland-seit-1999. Zugegriffen: 23. Nov. 2013.

WEBAGENCY. (2009). Internet-Marktplätze und Portale: Hype oder Erfolgsrezept. http://www.webagency.de/infopool/e-commerce-knowhow/portale.htm. Zugegriffen: 01. Aug. 2013.

Weiber, R. (Hrsg.). (2002). *Handbuch Electronic Business*. Wiesbaden: Gabler.

Wirtz, B. W. (2001). *Electronic business*. Wiesbaden: Gabler.

Handelsstrukturen von produzierenden Unternehmen 3

> *Die Händler sind im Grunde die einzigen Kunden, die das*
> *Unternehmen hat. Es ist daher ein Gebot des gesunden*
> *Menschenverstandes, sich genau anzuhören, was sie zu sagen haben.*
> (Lee Iacocca (*1924), amerikanischer Topmanager)

Im Rahmen dieses Kapitels werden die Handelsstrukturen produzierender Unternehmen näher beleuchtet. In Abschn. 3.1 erfolgt eine Begriffsdefinition. Danach wird in Abschn. 3.2 das Wesen des stationären Handels retrospektiv, gegenwärtig und prospektiv betrachtet, da dieser einen gewichtigen Einfluss auf produzierende Unternehmen in Bezug auf ihre E-Commerce-Aktivitäten ausübt, der nicht zuletzt sogar in Sanktionen münden kann, bei denen Herstellern, die eine offensive E-Commerce-Strategie verfolgen, mit der Auslistung gedroht wird. Abschließend beschreibt Abschn. 3.3 moderne Handelsstrukturen produzierender Unternehmen.

3.1 Begriffsdefinition produzierender Unternehmen

▶ **Produzierende Unternehmen** Unter produzierenden Unternehmen lassen sich per Definition des *Statistischen Bundesamtes* sämtliche Unternehmen subsumieren, die der amtlichen Statistik des produzierenden Gewerbes angehören. Das produzierende Gewerbe umfasst die folgenden Wirtschaftsabteilungen: 1) Energie- und Wasserversorgung, 2) Bergbau und verarbeitendes Gewerbe sowie 3) Baugewerbe, das im Rahmen einer Wirtschaftszweigsystematik das produzierende Handwerk sowie industrielle Unternehmen bzw. Betriebe beinhaltet (vgl. Economia48 2009).

Auf Letztere fokussiert sich das vorliegende Buch. Die Bruttowertschöpfung des produzierenden Gewerbes lag im Jahr 2011 bei ca. 714 Mrd. € (Statista 2014). Damit betrug die Wirtschaftsleistung produzierender Gewerbe 26,2 % und damit mehr als ein Viertel

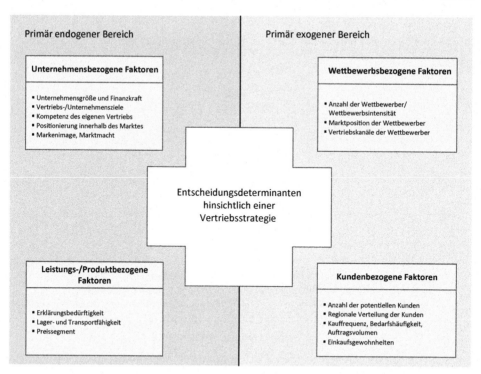

Abb. 3.1 Entscheidungsdeterminanten einer Vertriebsstrategie. (Quelle: in Anlehnung an Herlan 2012)

der Gesamtleistung in Deutschland. Dies unterstreicht die hohe Relevanz produzierender Unternehmen für den Wirtschaftsstandort Deutschland, vor allem, wenn berücksichtigt wird, dass diese (zumindest noch gegenwärtig) vorwiegend ein indirektes Vertriebssystem praktizieren und damit den Handel mit Gütern versorgen. Jedes produzierende Unternehmen steht im Rahmen der Konzeption seiner Vertriebsstrategie vor der Basisentscheidung eines direkten oder indirekten Vertriebs. Diese beiden Ausprägungen werden in den folgenden Abschnitten dargestellt.

3.1.1 Produzierende Unternehmen mit Direktvertrieb (B2C)

Im Direktvertrieb (siehe Abb. 3.2) verkauft der Hersteller sein Produkt direkt an den Endabnehmer. Solche Transaktionen sind dem B2C-Vertrieb zugeordnet. Für welche Vertriebsform sich Unternehmen entscheiden, hängt von diversen Faktoren ab (siehe Abb. 3.1). So lassen sich beispielsweise einfache bzw. weitestgehend standardisierte Produkte leichter über Absatzmittler distribuieren als komplexe, erklärungsbedürftige Güter, die ggf. noch nach individuellen Kundenanforderungen spezifiziert werden müssen (vgl. Herlan 2012). Der Direktvertrieb bietet zahlreiche Vorteile, z. B. bei der Steuerung und der direkten Kontrolle des Absatzgeschehens und der unmittelbaren, persönlichen

3.1 Begriffsdefinition produzierender Unternehmen

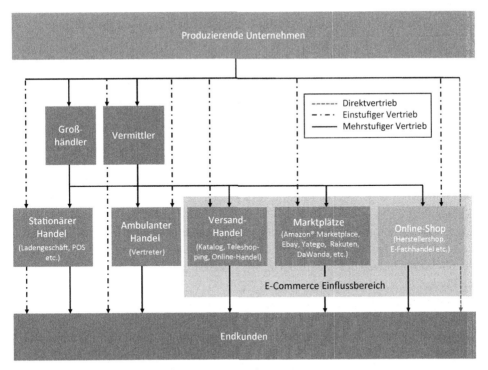

Abb. 3.2 Handelslandschaft produzierender Unternehmen

Kommunikation mit Endabnehmern, was sowohl die Markenbildung als auch die Kundenbindung erleichtert. Diese Vorteile kommen insbesondere dem E-Commerce-Vertrieb zugute – eine direkte Steuerung und Kommunikation stellen signifikante Vorteile bei der strategischen Ausrichtung eines Online-Vertriebs dar. So sind E-Commerce-Technologien prädestiniert für Direktvertreiber, die damit ein Instrument erhalten, um sämtliche Transaktionen zu automatisieren und einen Teil der Transaktionskosten (siehe Abschn. 2.4 ff.) zum Kunden zu verlagern.

Erfolgreiche E-Commerce-Strategien erzielen die Verlagerung der Transaktionskosten zum Abnehmer bei gleichzeitiger Erhöhung von deren Nutzen und damit auch der wahrgenommenen Kundenzufriedenheit. Sogenannte Self-Service-Funktionalitäten ermöglichen es den Abnehmern im Idealfall, Prozesse durchzuführen (z. B. die elektronische Initiierung eines Retouren-Vorgangs), ohne dass sie damit direkt beim Produzenten involviert sein müssen. Es ist nicht verwunderlich, dass damit diverse Produzenten (wie *Hilti, Vorwerk, Avon* etc.) branchenübergreifend sehr erfolgreich am Markt existieren.

Aufgrund der Nachteile des Direktvertriebs, die insbesondere aus den hohen Fixkosten bestehen – resultierend aus der Personalintensität der Vertriebsstruktur sowie eines hohen absatzorganisatorischen Aufwands – betreibt die überwiegende Anzahl der produzierenden Unternehmen eine indirekte Vertriebsstrategie. Diese Vertriebsform wird im folgenden Abschnitt behandelt.

3.1.2 Produzierende Unternehmen mit indirektem Vertrieb (B2B)

Die Mehrheit produzierender Unternehmen setzt auf den klassischen, indirekten Vertrieb und betreibt ausschließlich eine B2B-Beziehung. Indirekte Vertriebswege werden ebenfalls in Abb. 3.2 dargestellt. Es wird zwischen einem einstufigen Vertrieb (gestrichelte Linie) und einem mehrstufigen Vertrieb unterschieden. Bei Letzterem erfolgt die Distribution über Großhändler und Vermittler. Bei der Betrachtung von Abb. 3.2 wird deutlich, dass der E-Commerce-Einflussbereich in der Handelslandschaft bereits eine dominierende Position eingenommen hat und dass produzierende Unternehmen mit einer indirekten Vertriebsstruktur dabei gegenüber produzierenden Unternehmen mit Direktvertrieb den Nachteil einer geringeren Kontrolle des Absatzgeschehens aufgrund der erschwerten Kommunikation mit den Endabnehmern haben (vgl. Herlan 2012). Für produzierende Unternehmen ist es daher eminent wichtig, eine Kommunikationsstrategie mit ihren Endkunden aufzubauen, um eine erfolgreiche E-Commerce-Strategie umzusetzen. Allerdings führen Informationen des Endkunden zu unzensierten Informationen über das angebotene Produkt.

In der Praxis distribuieren einige produzierende Unternehmen ihre Produkte sowohl direkt als auch indirekt und differenzieren in ihrem Vertriebskonzept z. B. nach Produkt- und Kundengruppen. So werden beispielsweise Handwerker oder Privatkunden mit einem kleineren Auftragsvolumen i. d. R. direkt betreut, während sogenannte Objekteure, die große Gebäudekomplexe und Industrieanlagen planen, sowie Großkunden direkt betreut und beliefert werden.

Das vorliegende Buch fokussiert sich auf Unternehmen mit einer indirekten Vertriebsstruktur, die klassischerweise ihren Schwerpunkt im stationären Handel haben. Eine erfolgreiche E-Commerce-Strategie stellt für diese Art von Unternehmen eine besondere Herausforderung dar, um einerseits an der Offline- zu Online-Kanalverschiebung zu partizipieren und um andererseits den stationären Handel möglichst kollaborativ zu integrieren.

3.2 Wesen des stationären Handels

Der stationäre Handel ist als Sammelbegriff für Handelsunternehmen mit einem festen Standort zu verstehen, den der Kunde aufsucht, um nach dem „Holprinzip" an die Ware zu gelangen. Diese traditionelle Form des Einzelhandels zeichnet sich vor allem dadurch aus, dass der Kunde die Produkte vor der Kaufentscheidung sichten und sich von Mitarbeitern des Anbieters beraten lassen kann (vgl. Jesner 2013, S. 3). Hierzu zählt der Ladenverkauf sowohl an Verbraucher (Einzelhandel) als auch an Einzelhändler und sonstige gewerbliche Abnehmer wie den Großhandel. Typische Betriebsformen sind Supermärkte, Fachmärkte, Warenhäuser sowie Discounter. In der Abb. 3.3 wird der stationäre Handel in der Struktur des Business Model Canvas, eines Hilfsmittels zur Entwicklung von Geschäftsmodellen, dargestellt.

3.2 Wesen des stationären Handels

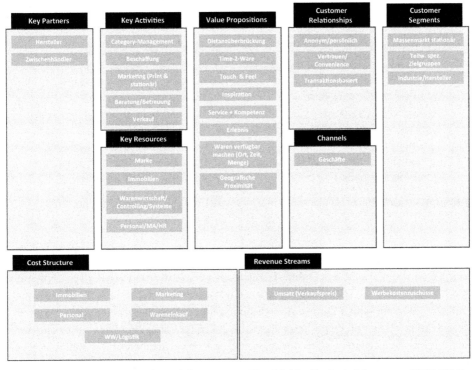

Abb. 3.3 Generisches Geschäftsmodell stationärer Handel. (Quelle: in Anlehnung an DMC 2013)

Zu den Vorteilen des stationären Handels zählt zunächst die persönliche Beratung, die eine Form der sozialen Interaktion darstellt und für den Menschen als „soziales Wesen" von herausragender Bedeutung ist (vgl. Jesner 2013, S. 3). Darüber hinaus schaffen der persönliche Kontakt des Kunden zum Kaufgegenstand sowie die sinnliche Wahrnehmung aller Eindrücke im Geschäft Vertrauen und vermitteln ein Einkaufserlebnis (vgl. Köck 2010, S. 40 ff.). In Abb. 3.4 sind die Vorteile des stationären Handels denen des Online-Handels – basierend auf Ergebnissen der Unternehmensberatung *Bain* – gegenübergestellt.

3.2.1 Gegenwärtige Herausforderungen des stationären Handels

Obwohl sich die Form des stationären Handels bereits seit Jahrhunderten bewährt hat, gerät er durch die Kanalverschiebung „offline zu online" zunehmend unter Druck. So berichtete die *WirtschaftsWoche* am 11.03.2013 vom „großen Laden-Schluss". Online-Giganten wie *Amazon* oder *Zalando* setzen den stationären Handel derart massiv unter Druck, dass zahlreiche Händler um ihre Existenz bangen. Die stationären Händler leiden darunter, dass immer mehr Konsumenten Artikel wie Notebooks, Bücher, Schuhe etc. lieber bequem via PC, Tablet oder Smartphone von zu Hause oder unterwegs aus bestellen (vgl. Schultz

 **Vorteile Online-Handel**	 **Vorteile stationärer Handel**
✔ größtmögliche Auswahl	✔ ausgewähltes Sortiment
✔ Einkauf zu jeder Zeit und an jedem Ort	✔ sofortige Mitnahme
✔ hohe Preistransparenz	✔ bequeme Rückgabe im Laden
✔ Schwarmintelligenz durch Kundenbewertungen	✔ Beratung durch Verkäufer
✔ ausführliche Produktinformationen	✔ Kunde kann testen oder anprobieren
✔ Einbindung von Social Media	✔ Hilfe im Laden bei der Einrichtung eines Produkts oder Reparaturen
✔ Communities und Ratschläge rund um die Produkte	✔ Einkauf als Event
	✔ alle Sinne werden befriedigt

Abb. 3.4 Vorteile Online Handel vs. stationärer Handel. (Quelle: Wirtschaftswoche 2013)

2013). Einer Prognose von *Prof. Dr. Gerrit Heinemann* von der Hochschule Niederrhein zufolge wird der Anteil des Online-Handels im Jahr 2010 mindestens 15 % des gesamten Einzelhandels betragen. Dies impliziert ein Wachstum von ca. 128 % im Zeitraum von 2012 bis 2020. Im selben Zeitraum wächst der gesamte Einzelhandel lediglich um ca. 5 % (vgl. Schultz 2013). Bereinigt um die Zuwachsraten des Online-Handels würde der gesamte Einzelhandel in diesem Zeitraum sogar um ca. 4,5 % schrumpfen. Der stationäre Handel verliert demnach Marktanteile, was Ketten wie *Görtz*, die sukzessive Läden schließen müssen, bereits zu spüren bekommen. Pure-Online-Player wie *eBay, Amazon* und *notebooksbilliger.de* schlagen hingegen den umgekehrten Weg ein und versuchen, das Markenerlebnis wieder in die stationären Ladengeschäfte zu transferieren. Dieser Offline-Drang der Pure-Online-Player zeigt, dass im stationären Handel offensichtlich doch Chancen bestehen (vgl. Schultz 2013). Bei dem sogenannten „Online to Offline approach"[1] kommt den Pure-Playern die hervorragende Qualität ihrer Kundendaten, die sie im Rahmen des Online-Handels sammeln konnten, zugute. So sind sie z. B. in der Lage, optimale Standortanalysen durchzuführen. Der Vorstoß der Pure-Player in den stationären Handel wird diesen zwar stärken, trotzdem wird die Wettbewerbsintensität für bestehende Händler weiter zunehmen. Bei fehlender Multi-Channel-/No-Line-Strategie (siehe Abschn. 3.3 ff.) müssen sie um ihre Existenz bangen, weil sie den bevorstehenden Schwenk in die digitale Zukunft des stationären Handels (siehe folgender Abschnitt) vermutlich nicht erfolgreich meistern können.

---

[1] Darunter ist der Vorstoß von reinen Online-Händlern (sogenannte Pure-Player) in den stationären Handel zu verstehen.

3.2 Wesen des stationären Handels

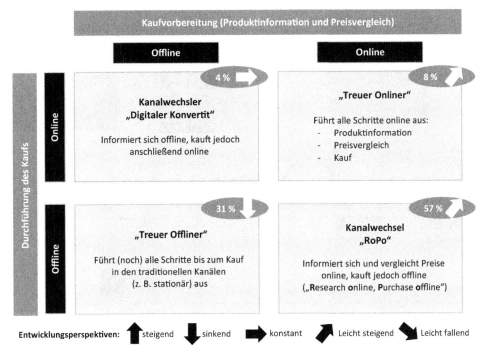

Abb. 3.5 Kundentypen nach Beschaffungskanälen. (Diese Abbildung wurde in Anlehnung an eine Abbildung aus einer PowerPoint-Präsentation von Prof. Gerrit Heinemann erstellt)

3.2.2 Digitale Zukunft des stationären Handels

Die vorgenannten Entwicklungen machen deutlich, dass der klassische stationäre Handel definitiv ausgedient hat. Zwar sind es aktuell lediglich die „Early Adopters"[2], die mit ihren Smartphones z. B. in Supermärkten gesehen werden und mit Barcode-Scanner und entsprechenden Applikationen die Preise des stationären Handels mit denen des Internets vergleichen (vgl. Haderlein 2012, S. 11). Doch wird in Abb. 3.5 deutlich, dass bereits heute das Internet bei 70 % aller Käufe in Deutschland ein Teil des Kaufprozesses ist. Darüber hinaus zeigt sich, dass die Anzahl an Personen, die alle Schritte zum Kauf noch auf den traditionellen Kanälen vollziehen (*treuer Offliner* in Abb. 3.5) abnimmt, während gleichzeitig die Anzahl an Personen, die alle Schritte zum Kaufabschluss online ausführen (*treuer Onliner* in Abb. 3.5), zunimmt.

Mit 57 % stellen die Kanalwechsler, die sich online informieren, aber dennoch im stationären Handel einkaufen, den Hauptkundentyp dar, der zudem noch eine positive Ent-

---

[2] Der Begriff „Early Adopter" (englisch für: frühzeitiger Anwender) stammt aus der Diffusionsforschung und bezeichnet Menschen, die die neuesten technischen Errungenschaften oder die neuesten Varianten von Produkten oder modischen Accessoires nutzen. Early Adopters gehören – nach den eigentlichen Innovatoren – zu den ersten, die neue Ideen übernehmen.

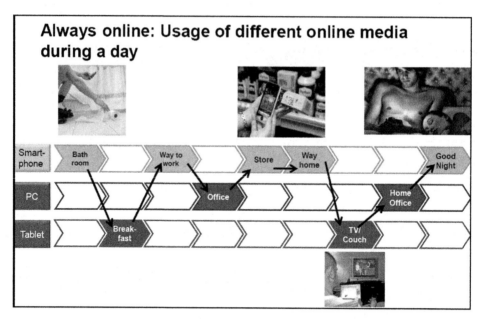

Abb. 3.6 Nutzungszyklus des Internets während eines Tages. (Diese Abbildung stammt aus einer PowerPoint-Präsentation von Prof. Morschett)

wicklungstendenz aufweist. In diesem ROPO-Effekt besteht die Zukunftschance des stationären Handels.

In der Praxis sehen die Entwicklungen bei den stationären Händler folgendermaßen aus: Auf der einen Seite gibt es laut Haderlein (2012, S. 16) die Online-Totalverweigerer und auf der anderen Seite die Multi-Channel-Pioniere. Dazwischen herrscht bei vielen stationären Händlern eine große Ratlosigkeit aufgrund der hohen Unsicherheit, die der weitreichende „Dschungel" des E-Commerce für sie darstellt (vgl. Haderlein 2012, S. 16). Doch moderne Handelsstrukturen (siehe Abschn. 3.3) sind nicht nur ein zentraler Erfolgsfaktor, sondern auch überlebensnotwendig für den stationären Handel. Deshalb benötigt er analog zu den produzierenden Unternehmen eine E-Commerce-Strategie.

3.3 Moderne Handelsstrukturen

Moderne Handelsstrukturen tragen dem in Abschn. 2.5 dargestellten E-Commerce-Wachstum Rechnung, indem die veränderten Konsumeigenschaften der Bevölkerung berücksichtigt werden. Der Nutzungszyklus des Internets mit unterschiedlichen Endgeräten wie Smartphones, Tablets und PCs/Notebooks (siehe Abb. 3.6) indiziert auch den Kaufabschluss über diese Endgeräte. Daher erfolgen moderne Handelsstrukturen nicht mehr als sogenannter „Single-Channel", bei dem Produkte nur über einen (zumeist stationären Kanal) angeboten werden, sondern als Multi-Channel, d. h. über mehrere Kanäle (siehe auch Abschn. 3.3.1).

3.3 Moderne Handelsstrukturen

Abb. 3.7 Multi-Channel-Handelsstruktur. (Quelle: Schwerdt 2013)

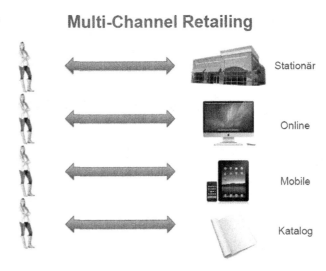

In den folgenden Abschnitten werden die einzelnen Handelsstrukturen, die auch als Strategieansatz gesehen werden können, näher vorgestellt.

3.3.1 Multi-Channel-Handel

Unter einem Multi-Channel-Ansatz versteht man ein hybrides Mehrkanalsystem, bei dem der Kunde auf mindestens zwei Kanälen, z. B. dem stationären Einzelhandel, Katalogversand, Online-Shop oder TV, Leistungen eines Anbieters nachfragen kann (z. B. *Conrad Elektronik*). Multi-Channel-Anbieter versuchen die Preise sowie die Art der Promotionen plattformübergreifend konsistent zu halten, wobei die Kanäle sowie die darunterliegenden Systeme dennoch völlig voneinander getrennt werden (vgl. Schwerdt 2013). Für den Konsumenten bedeutet dies, dass die Produkte zwar kanalübergreifend verfügbar sind, erweiterte Services oder Reklamationen aber lediglich innerhalb eines Kanales stattfinden können. Abbildung 3.7 skizziert eine Multi-Channel-Handelsstruktur.

3.3.2 Cross-Channel-Handel

In der Praxis werden Multi-Channel und Cross-Channel oft als Synonyme verwendet, obwohl sie inhaltlich unterschieden werden müssen (vgl. Greenwich Consulting Deutschland GmbH 2012). Anders als beim Multi-Channel-Ansatz, bei dem die Kanäle völlig autark agieren, besteht beim Cross-Channel-Handel eine Brücke zwischen den Kanälen (siehe Abb. 3.8), sodass während des Kaufprozesses die Plattform gewechselt werden kann, z. B. indem ein Produkt zwar online gekauft, aber im stationären Handel abgeholt wird.

Abb. 3.8 Cross-Channel-Handelsstruktur. (Quelle: Schwerdt 2013)

Dieser Prozess wird auch Click und Collect genannt. Ein erfolgreiches Cross-Channel-Management benötigt mehrere interagierende Kanäle, die jedoch technisch und organisatorisch voneinander getrennt bleiben (vgl. Greenwich Consulting Deutschland GmbH 2012). Einen besonders hohen Anspruch an das Cross-Channel-Shopping haben Käuferschichten mit hohem Einkommen sowie Akademiker (Channel Partner 2009).

3.3.3 Omni-Channel-Handel

Die dritte Evolutionsstufe moderner Handelsstrukturen wird als Omni-Channel-Handel bezeichnet. Hier verschmelzen die einzelnen Absatzkanäle zu sogenannten Touchpoints in einem gemeinsamen Einkaufsumfeld des Verbrauchers, der Zugriff auf das gesamte Produktangebot erhält. Egal, an welchem Standort er sich befindet, genießt er eine durchgängig konsistente und personalisierte Shopping-Erfahrung (vgl. Schwerdt 2013). Sämtliche Produkt- und Kundendaten werden zentral gespeichert und in Echtzeit aktualisiert, sodass z. B. der Berater im stationären Handel Kenntnis darüber hat, dass sein Kunde wenige Minuten zuvor eine Bestellung per Smartphone versendet hat.

Laut *IDC* besitzen Omni-Channel-Käufer eine starke Markenloyalität und geben durchschnittlich ca. 20 % mehr Geld aus, als Multi-Channel-Nutzer es tun würden (vgl. Wiehr 2011). Damit beim Konsumenten möglichst keine kognitiven Dissonanzen entstehen, sollte darauf geachtet werden, dass er stets das gleiche Markenerlebnis erfährt, unabhängig davon, auf welchem Kanal er einkauft. In dieser Handelsstruktur existieren aufwendige Schnittstellen innerhalb der Absatzkanäle, wie Abb. 3.9 veranschaulicht.

Abb. 3.9 Omni-Channel-Handelsstruktur. (Quelle: Schwerdt 2013)

3.3.4 No-Line-Handel – Die Betriebsform der Zukunft

No-Line-Handelssysteme stellen die höchste Evolutionsstufe der modernen Handelsstrukturen (siehe Abschn. 3.3) dar (vgl. Heinemann 2013, S. 10). Der Begriff „No-Line-Handel" beschreibt, wie sich die Perspektive aus Konsumentensicht geändert hat. Konsumenten unterscheiden nicht mehr nach Kanälen, sondern nutzen verschiedene Zugangswege zu ihrem Händler (vgl. o. V. 2005). Sie treffen nicht mehr die Wahl zwischen online und offline, sondern springen innerhalb der Welten umher und sind so mit dem Anbieter auf verschiedenen Wegen verbunden. Für den Anbieter liegt die Herausforderung in der dafür notwendigen maximalen Vernetzung und Integration aller Absatzkanäle in Echtzeit (vgl. Heinemann 2013, S. 10). Die dafür notwendigen Prozesse und Systeme setzen sowohl hohe Investitionen als auch einen hohen E-Commerce-Reifegrad voraus. Heinemann (2013, S. 10) sieht das Vorhandensein eines Mobile-Commerce-Kanals als Voraussetzung für den No-Line-Handel. Während ein Multi-Channel-Händler durchaus auf den Mobile-Commerce-Kanal sowie das Angebot mobiler Dienste verzichten kann, wird er beim No-Line-Händler mit dem maximal möglichen Spektrum an Funktionen angeboten. Der No-Line-Händler sorgt für größtmögliche Transparenz, indem er seinen Kunden im stationären Handel den Preisvergleich sowie den Abruf von Produktrezensionen durch Einscannen des EAN-Codes ermöglicht (vgl. Heinemann 2013, S. 10). Der Studie „Handel der Zukunft" von *eBay* zufolge verwendeten im Jahr 2012 bereits 60 % der Anwender einen Barcode-Scanner. 78 % der Befragten können sich vorstellen, dass künftig Produkte und Bilder in der Umgebung gescannt werden und so Informationen über den Preis und Verkaufsort übermittelt werden (vgl. Fisbeck 2012). Durch die Nutzung des mobilen Internets im stationären Handel ist nicht mehr klar zu unterscheiden, ob ein Einkauf online oder offline erfolgt, da immer mehr Kunden im Laden auch online kaufen und sich die Ware teilweise sogar in den Laden liefern lassen (so wie es bereits in UK der Fall ist). Es ist davon auszugehen, dass sich stationäre Ladenflächen in Kürze zunehmend zu Showrooms entwickeln, in denen der Kunde sein „Touch & Feel"-Erlebnis haben kann, die Ware jedoch nicht sofort mitnehmen kann (vgl. Heinemann 2013, S. 12). Die Kaufentscheidung erfolgt per QR-Code, sodass die Ware bequem zu Hause angeliefert wird.

Innerhalb des No-Line-Handels existieren diverse Formen, die im Folgenden dargestellt werden. Sie haben alle zum Ziel, dass der Konsument bei Channel Hopping[3] oder bei Omni-Channel-Nutzung den Anbieter nicht verlässt (in Abschn. 3.3.3 dargestellt).

- **Web-to-Store**
  Innerhalb des Web-to-Store-Ansatzes wird der herausragenden Bedeutung des sogenannten ROPO-Trends – der, wie in Abb. 3.5 dargestellt wurde, weiter zunehmen wird – Rechnung getragen. Um dieses Potenzial möglichst optimal ausschöpfen zu können, ist es erforderlich, das Produktangebot in einer Online-Filiale bzw. auf einer Herstellerseite kundenfreundlich, d. h. weitreichend, intuitiv und interaktiv, zu präsentieren und mit einem Store-Locator, der zu einer stationären Filiale führt, zu verknüpfen. Die Attraktivität eines Ladenbesuchs lässt sich durch sogenannte Offline-Incentive-Angebote wie Coupons, Rabattgutscheine etc. steigern. Ferner kommen erweiterte Services wie „Check & Reserve" zum Einsatz, durch die der Lagerbestand vor dem Ladenbesuch überprüft und das Produkt ggf. reserviert werden kann.
- **Store-to-Web**
  Beim Store-to-Web-Ansatz geht es primär darum, noch nicht entscheidungsfähige Kunden in den Online-Shop zu geleiten und dabei den späteren Kauf im Internet zu unterstützen und zu incentivieren (vgl. Heinemann 2013, S. 43). Der stationäre Handel übernimmt dabei in hohem Maße die Rolle des Kaufvorbereiters, vor allem, wenn der Transaktionsabschluss aus Kundensicht mit einer hohen Fehlkaufgefahr behaftet ist, was dann der Fall ist, wenn allein auf Basis von technischen Daten, Beschreibungen und Abbildungen die Eignung des Produkts nur eingeschränkt zu beurteilen ist (vgl. Heinemann 2013, S. 43). Um diese Form des No-Line-Handels konsequent zu realisieren, bieten sich entsprechende Online-Kauf-Incentivierungen (wie ein Gutschein für den Online-Shop nach einer Beratung im stationären Handel) an. Darüber hinaus sind dadurch auch Cross- und Up-Selling-Anreize realisierbar.
- **Web-in-Store**
  Eine zunehmende Anzahl an Kunden nutzt ihr Smartphone auch im stationären Handel, um sich entweder zum gewünschten Produkt navigieren zu lassen („In-Store-Navigation"), bevor dieses mittels Smartphone gekauft und bezahlt wird, oder um Preisver-

---

[3] Unter Channel Hopping wird das „Hin- und Herspringen" von Konsumenten innerhalb verschiedener Absatzkanäle vor dem Kaufabschluss verstanden.

gleiche oder Zusatzinformationen einzuholen (vgl. Heinemann 2013, S. 45). So helfen Store-Navigation-Anwendungen dem Kunden, sich im stationären Handel zurechtzufinden. Durch die Anbringung von RFID-Chips lassen sich per Smartphone erweiterte Informationen direkt am Produkt abfragen. Ferner sollten bei diesem No-Line-Ansatz Terminals im stationären Laden aufgestellt werden, um zum Online-Kauf zu animieren. Erfolgt der Kaufabschluss dennoch im stationären Laden, sorgen mobile Payment-Funktionen dafür, dass die Bezahlung über ein Smartphone mit NFC-Chip kontaktlos und rasch erfolgt.

- **QR-Scan-Retail**
  Diese Form des No-Line-Handels basiert auf QR-Codes, die zunehmend auf Werbeplakaten angebracht werden. Ein Kaufabschluss lässt sich so über eine QR-Reader-Applikation mittels Smartphone tätigen. Auf diese Weise lassen sich zudem virtuelle Stores in U-Bahnen oder dezidierte Showrooms in Ballungszentren platzsparend betreiben und bieten dem Kunden ein Touch & Feel-Erlebnis.

- **Augmented Reality (AR)-App-Retail**
  Die „Augmented Reality"-Technik wird im No-Line-Handel dazu genutzt, das reale Umfeld mittels Smartphone mit virtuellen Elementen in Echtzeit zu verbinden. Sie kann als „computergestützte Erweiterung der Realitätswahrnehmung" verstanden werden (vgl. Heinemann 2013, S. 48). Mittels der integrierten Kamera des Smartphones wird das Umfeld des Konsumenten erfasst und im Smartphone-Display mit virtuellen Elementen überlagert. Augmented Reality ermöglicht eine innovative Form der Produktpräsentation, sie kann z. B. einen zu erwerbenden Baukasten fertig montiert auf dem Display anzeigen. Eine weitere Form sind sogenannte „Magalogues", die aus dem Wortspiel Magazin und Catalogue entstanden sind. Der „Magalogue" ist durch seinen Magazinstil ansprechend gestaltet. Via Augmented Reality lässt sich der Kaufbutton auf dem Smartphone einblenden und das Produkt online bestellen (vgl. Heinemann 2013, S. 49).

Die genannten Formen des No-Line-Handels verdeutlichen den Innovationscharakter, den diese Betriebsform aufweist. Zweifelsfrei bedarf es zur Implementierung einer No-Line-Strategie eines hohen E-Commerce-Reifegrads, sodass die meisten Unternehmen die vorgenannten Multi-Channel-Strategien durchlaufen, bis sie sich an die Umsetzung einer No-Line Strategie heranwagen.

Gleichzeitig bieten No-Line-Strategien dem Handel das größte Potenzial, um an den gesellschaftlichen Entwicklungen und der daraus resultierenden Kanalverschiebung von offline zu online zu partizipieren. Während M-Commerce als einer der Haupttreiber für das weitere Wachstum im E-Commerce (siehe Abschn. 2.5) identifiziert wurde, ist eine No-Line-Strategie essenziell, um dabei vor allem mobile Vertriebswege optimal zu integrieren.

Für produzierende Unternehmen mit einem direkten Vertrieb (siehe Abschn. 3.1.1) sind solche No-Line-Strategien umsetzbar, während Produzenten mit einem indirekten Vertriebssystem (siehe Abschn. 3.1.2) gewissermaßen von der E-Commerce-Kompetenz ihrer Händler abhängig sind.

Der nachfolgende Abschn. 3.4 beschreibt den Weg, den bislang viele Hersteller auf der Suche nach der richtigen E-Commerce-Strategie verfolgt haben.

3.4 Die Evolution der Markenhersteller im E-Commerce

Zahlreiche Hersteller sind noch auf der Suche nach der richtigen E-Commerce-Strategie, um ihre Produkte über das Internet zu vertreiben (vgl. Hotz 2013). In der Praxis stellt man fest, dass Strategien häufig durch die eigenen Organisations- und Vertriebsstrukturen sowie die bestehenden Beziehungen zum stationären Handel ausgebremst werden (vgl. Hotz 2013). *INSIDE eCommerce* analysierte die Entwicklungsstadien von Herstellern und stellte fest, dass vor allem vertikale Anbieter eine gute Chance haben, durch den E-Commerce-Kanal Marktanteile zu gewinnen, sofern sie diesen Kanal unter Kontrolle behalten (vgl. Hotz 2013). Als Ergebnis aus der Analyse von *INSIDE eCommerce* wurden fünf Evolutionsphasen der Markenhersteller voneinander abgegrenzt (siehe Abb. 3.10), die im Folgenden näher beschrieben werden.

- **Phase 1: Informations- und Markenpräsentation**
  Viele Hersteller befinden sich aktuell in dieser Phase, in der die Produkte auf einer Webseite präsentiert werden, die i. d. R. kaum durch Online-Marketing-Maßnahmen beworben werden. Die Kunden können sich zwar über die Produkte informieren, werden jedoch nicht ohne Medienbruch zu einem Online-Kaufabschluss geführt. In vielen Fällen ist auf der Webseite jedoch eine stationäre Händlersuche bzw. ein Filialfinder integriert. Laut Hotz (2013) befinden sich insbesondere Hersteller von komplexeren Produkten bzw. Vertriebsstrategien (z. B. dreistufiger Vertrieb) in dieser Phase des E-Commerce.
- **Phase 2: Verkauf über Plattformen**
  In dieser Phase beginnen Hersteller, die eigenen Produkte über Online-Händler sowie Marktplätze wie Amazon zu beliefern. Die Direktbelieferung von Amazon führt in Branchen wie Spielwaren, Elektronik, Sportartikel, Haushalt etc. häufig dazu, dass Amazon aus dem Stand heraus hohe Umsätze erzielt und in kürzester Zeit zum wichtigsten Kunden des Herstellers zählt. So ist es nicht verwunderlich, dass Amazon nach Umsatz bereits heute für viele Markenhersteller der wichtigste Kunde in Deutschland ist. Hinzu kommt, dass die Verkaufsgespräche mit Amazon wesentlich angenehmer als mit Verbundgruppen, Fachhändlern oder großen Handelsketten verlaufen, da Amazon mit Nettoertragsmargen von 15 bis 20 % operiert und daher den Herstellern attraktive Konditionen bieten kann. Hotz (2013) vergleicht die zunehmende Abhängigkeit des

3.4 Die Evolution der Markenhersteller im E-Commerce

Abb. 3.10 Evolution von Markenherstellern im E-Commerce. (Quelle: Hotz 2013)

Herstellers von den Amazon-Umsätzen mit einer Drogensucht. In dieser Phase des E-Commerce scheint ein sogenannter „Point of no return"[4] eingetreten zu sein, sodass die Evolution unweigerlich voranschreitet.

- **Phase 3: Etablierung von Markenshops**
  Nachdem die Hersteller in der vorangegangenen Phase die Erfahrung machen konnten, dass sich die Umsätze des Online-Handels auf wenige Pure-Player konzentrieren, versuchen sie sich aus ihrer Abhängigkeit (z. B. von Amazon) zu lösen. Dies erfolgt oftmals zu Lasten ihrer Ertragsmargen. Die Marke wird online in Form von Shop-in-Shop-Konzepten präsentiert. Solche Markenshops werden sowohl von Multi-Channel-Anbietern (wie Conrad.de, myToys.de) als auch von Pure-Playern (wie Amazon und eBay) angeboten. Oftmals werden in dieser Phase auch Zwischenlösungen wie das Verlinken von der Produktdetailseite des Herstellers zu den entsprechenden Seiten seiner Online-Händler vorgenommen. Diese Lösung erfüllt zwar den Zweck, dass bestehende Händler

---

[4] Darunter versteht sich ein Zeitpunkt, an dem die Rückkehr zum Ausgangspunkt nicht mehr möglich ist.

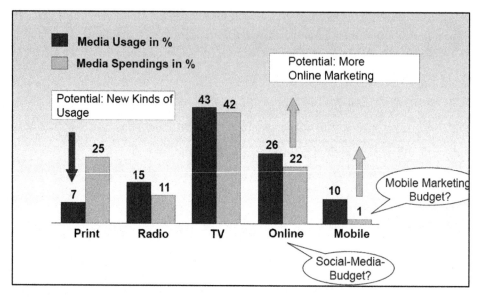

Abb. 3.11 Delta zwischen Mediennutzung und Medienbudget (Diese Abbildung stammt aus einer PowerPoint-Präsentation von Prof. Gerrit Heinemann)

nicht argwöhnen, dass der Hersteller seinen Direktvertrieb stärkt, aus Kundensicht aber stellt eine derartige Lösung kaum einen Mehrwert dar.

- **Phase 4: Verkauf über eigenen Shop (Herstellereigener Flagshipstore)**
  In dieser Phase beginnt der Verkauf über den herstellereigenen Shop bzw. Flagshipstore, oftmals eher vorsichtig und versteckt. Ein solches Vorhaben stellt zumeist einen Kampf mit bestehenden Vertriebsstrukturen dar. Laut Hotz (2013) schaffen es nur wenige Hersteller, die richtigen Strukturen für Wachstum in diesem Kanal zu etablieren. Wird das Projekt nicht durch den Vorstand oder die Geschäftsleitung vorangetrieben, entstehen zumeist suboptimale Kompromisslösungen, sodass das Potenzial nicht ausgeschöpft werden kann. Dass ein herstellereigener Shop niemals preisaggressiv betrieben werden kann, ohne massive Channel-Konflikte durch den traditionellen Handel in Kauf nehmen zu müssen, ist den meisten Herstellern bewusst, aber sie haben keine Lösungen dafür. Dies führt dazu, dass sie über diesen Kanal meist keine hohen Umsätze generieren.

- **Phase 5: Limitierung des Verkaufs über Plattformen**
  Nachdem sich in dieser Phase der E-Commerce-Handel als eine der wichtigsten Vertriebssäulen des Herstellers etabliert hat und entsprechende Budgets hierfür bereitgestellt wurden, findet häufig eine Neuausrichtung des Marketings auf den Online-Kanal statt. Wirtschaftlich gesehen ist dies ein richtiger Ansatz (siehe hierzu Abb. 3.11). In dieser Phase betreiben Hersteller (z. B. *adidas, nike, Lego* etc.) auch eigene Flagshipstores in Fußgängerzonen (vgl. Hotz 2013).

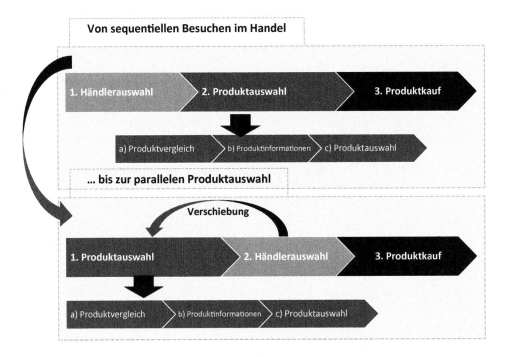

Abb. 3.12 Disruptive Veränderung des Bestellverhaltens. (Quelle: in Anlehnung an Boersma 2010)

Um die Vertriebskanäle, speziell auf den Online-Marktplätzen wie Amazon, wieder in den Griff zu bekommen, versucht z. B. *adidas* mittels eines selektiven Vertriebsmodells Plattformen wie Amazon vom Verkauf auszuschließen (vgl. Hotz 2013). Da ein solcher disruptiver Schritt zumindest temporär massive Umsatzrückgänge zur Folge hat, bleibt er wohl nur einigen großen Herstellern vorbehalten. Gleichwohl gilt es, hinsichtlich einer solchen Online-Verkaufsbeschränkung final die Entscheidung des *Bundeskartellamts* abzuwarten.

3.5 Herausforderungen für produzierende Unternehmen

Während vor Beginn des E-Commerce-Zeitalters beim Händler das jeweilige Produkt ausgewählt wurde, haben diese Phasen inzwischen die Position getauscht (siehe Abb. 3.12). Die Veränderungen im Beschaffungsprozess führen dazu, dass die Loyalität zu einem Händler oder Hersteller tendenziell abnimmt und die Produkteigenschaften im Vordergrund stehen. Heutzutage bereiten ca. 69 % der Konsumenten ihren Kaufabschluss online vor, selbst, wenn dieser dann offline erfolgt. Dieser ROPO-Effekt führt dazu, dass Hersteller selbst eine exzellente Online-Produktpräsentation benötigen und sich hierbei nicht allein auf die E-Commerce-Fähigkeiten ihrer Händler verlassen können. Der stationäre Handel hat in bestimmten Branchen große Probleme, mit der Kanalverschiebung hin zum

Online-Handel zurechtzukommen. Anstatt die Chance zu nutzen, sich als Multi-Channel-Händler (siehe Abschn. 3.3.1) zu etablieren bzw. ein No-Line-Handelssystem (siehe Abschn. 3.3.4) aufzubauen, versuchen einige deutsche Händler, dem globalen Konsumtrend mit Störsendern in den stationären Läden entgegenzutreten, damit kein Preisvergleich mittels Smartphone mehr erfolgen kann (vgl. internet WORLD 2012). Aus Sicht von produzierenden Unternehmen spalten sich auf diese Weise die sogenannten online-aversen Händler von denen, die einen Multi-Channel-Handel betreiben und diesen weiter ausbauen, wie sich in der jährlichen Umsatzentwicklung auf Basis des CAGR bei vielen produzierenden Unternehmen feststellen lässt. Steht ein produzierendes Unternehmen vor der Problematik, überwiegend online-aversen Händlern gegenüberzustehen, so müssen Anpassungen seiner E-Commerce-Strategie erfolgen, um nicht Marktanteile aufgrund unzureichender Partizipation am E-Commerce-Handel zu verlieren.

Die Herausforderung besteht darin, dass ein Hersteller sich den Kaufgewohnheiten des Endverbrauchers anpassen muss und dadurch die Zusammenarbeit mit dem stationären Handel neu definiert werden muss. Nur wenn Herstellern und Händlern ein gemeinsamer Weg gelingt, die Bedürfnisse des Endverbrauchers zu befriedigen, besteht eine Chance, der Marktmacht eines Pure-Players wie *Amazon* etwas entgegenzusetzen. Damit dies gelingen kann, ist es zunächst erforderlich, über Jahrzehnte gewachsene Betriebsstrukturen sowohl auf der Händler- als auch auf der Herstellerseite zu durchbrechen, um ein Handelskonzept zu etablieren, das dem Endverbraucher Online-USPs gegenüber den Pure-Playern bietet. Gelingt dies nicht, gelangen Hersteller unweigerlich in die Situation, aktiv mit E-Commerce-Händlern und Pure-Playern zusammenarbeiten zu müssen, um nicht die eigene Existenz zu gefährden. In manchen Branchen (z. B. dem Verlagswesen) führt bereits heute kaum ein Weg an *Amazon* vorbei, um eine erfolgreiche Distribution in Deutschland zu ermöglichen.

Literatur

Boersma, T. (2010). *Warum Web-Exzellenz Schlüsselthema für erfolgreiche Händler ist*. Wiesbaden: Gabler.
ChannelPartner. (2009, 05. Feb). Cross-Channel-Konzepte im Einzelhandel. http://www.channelpartner.de/knowledgecenter/ecommerce/272484/index4.html. Zugegriffen: 01. Sept. 2013.
DMC. (2013). Von der Zukunft des Handels und dem Handel der Zukunft. http://www.dmc-cc.de/wp-content/daten/2013_06_24_Dialog_Digital-Handeln-mit-dmc-cc.pdf. Zugegriffen: 04. März 2014.
Economia48. (2009). Die große Enzyklopädie der Wirtschaft. Stichwort: Produzierendes Gewerbe. http://www.economia48.com/deu/d/produzierendes-gewerbe/produzierendes-gewerbe.htm. Zugegriffen: 05. Feb. 2014.
Fisbeck, H. (2012, 21. Nov.). ebay-Studie „Zukunft des Handels": Verschmelzung von Online und Offline. http://regital.de/ebay-infografik-verschmelzung-online-und-offline. Zugegriffen: 01. Sept. 2013.

Literatur

Greenwich Consulting Deutschland GmbH. (2012, 13. Feb.). Cross-Channel vs. Multi-Channel. *marketing Börse.* http://www.marketing-boerse.de/Fachartikel/details/1207-Cross-Channel-vs-Multi-Channel/34628. Zugegriffen: 31. Aug. 2013.

Haderlein, A. (2012). *Die digitale Zukunft des stationären Handels.* München: mi-Wirtschaftsbuch.

Heinemann, G. (2013). *No-Line-Handel.* Wiesbaden: Springer Gabler.

Herlan, C. (2012, 17. Sept.). Direktvertrieb oder indirekter Vertrieb? http://www.perspektive-mittelstand.de/Vertriebsstrategie-Direktvertrieb-oder-indirekter-Vertrieb-/management-wissen/4872.html. Zugegriffen: 21. Aug. 2013.

Hotz, A. (2013). E-Commerce Strategie. Die Evolution von Markenherstellern im E-Commerce. http://www.insideecommerce.de/2013/06/03/markenhersteller. Zugegriffen: 08. Sept. 2013.

internet WORLD. (2012, 02. Juli). Showrooms werden bisherige Geschäfte ablösen. http://www.internetworld.de/Nachrichten/E-Commerce/Handel/eBay-Studie-Die-Zukunft-des-Handels-Interview-mit-Gerrit-Heinemann-Showrooms-werden-bisherige-Geschaefte-abloesen-67319.html. Zugegriffen: 24. Nov. 2013.

Jesner, A. (2013). *Herausforderung der Zukunft ist die Synthese aus analogem und digitalem Vertrieb.* Salzburg: Universität Salzburg.

Köck, S. (2010). *Chancen und Risiken von Brick & Click; Multi-Channel Marketing im Bekleidungseinzelhandel.* Wiesbaden: Igel.

o. V. (2005). *E-Commerce im Handel.* Hemsbach: Deutscher Betriebswirte-Verlag.

Schultz, P. (2013). Der große Laden-Schluss. *WirtschaftsWoche, 11,* 44.

Schwerdt, Y. (2013, 26. Feb.). Multi-Channel, Cross-Channel und Omni-Channel Retailing. http://schwerdtblog.absatzwirtschaft.de/2013/02/26/multi-channel-cross-channel-und-omni-channel-retailing. Zugegriffen. 31. Aug. 2014.

Statista. (2014). Bruttowertschöpfung des Produzierenden Gewerbes in Deutschland von 1991 bis 2012 (in Milliarden Euro). http://de.statista.com/statistik/daten/studie/161208/umfrage/entwicklung-der-bruttowertschoepfung-des-produzierenden-gewerbes-in-deutschland. Zugegriffen: 05. Feb. 2014.

Wiehr, H. (2011, 04. März). Von Multi- zum Omni-Channel. ChannelPartner.de. http://www.channelpartner.de/handel/ecommerce/2383094/index.html. Zugegriffen: 31. Aug. 2013.

WirtschaftsWoche. (2013, 11. März). Der große Laden-Schluss. *WirtschaftsWoche, 11.*

4 Komponenten einer E-Commerce-Strategie für produzierende Unternehmen

> *Das Geheimnis auch der großen und umwälzenden Aktionen besteht darin, den kleinen Schritt herauszufinden, der zugleich auch ein strategischer Schritt ist, indem er weitere Schritte einer besseren Wirklichkeit nach sich zieht.*
> (Gustav Heinemann (1899–1976), dt. Politiker (SPD),1969–1974 Bundespräsident)

Im Rahmen dieses Kapitels werden die strategischen Komponenten einer E-Commerce-Strategie für produzierende Unternehmen definiert und erläutert. Nach der Erarbeitung der theoretischen Grundlagen in den vorangehenden Kapiteln folgt zunächst die Ableitung von Thesen zu den zentralen Themen und Problemstellungen des E-Commerce für produzierende Unternehmen (Abschn. 4.1). Diese werden mithilfe qualitativ ausgewerteter Experteninterviews überprüft (Abschn. 4.2). Darauf aufbauend werden im Anschluss die relevanten Komponenten einer E-Commerce-Strategie unter Bezug auf die einzelnen Thesen formuliert (Abschn. 4.3). Dieses Kapitel dient zur Vorbereitung der Ableitung eines E-Commerce-Strategiemodells, das in Kap. 5 erfolgt.

4.1 Thesen zu den zentralen Aspekten einer E-Commerce-Strategie

Die folgenden neun Thesen beruhen auf den zusammengetragenen Erkenntnissen aus der Literaturrecherche der vorangehenden Kapitel. Sie beschreiben zentrale Aspekte, Problemstellungen und Sachverhalte des E-Commerce für produzierende Unternehmen und müssen bei der Wahl geeigneter Strategien zur Etablierung von E-Commerce-Kanälen berücksichtigt werden. Die Thesen werden im Anschluss im Rahmen von Experteninterviews überprüft (Abschn. 4.2). Zu jeder einzelnen These wird ein Verweis auf den Abschnitt angegeben, in dem später die für sie relevanten strategischen Komponenten dargestellt werden (Abschn. 4.3).

- **These 1: Produktportfolio (zu Abschn. 4.3.1)**

Endverbraucher erwarten heutzutage das gesamte Produktportfolio eines Herstellers auf deren Online-Markenauftritt und möchten neben einer stationären Händlersuche auch online, möglichst ohne Medienbruch zum Kaufabschluss gelangen.

- **These 2: Online-Offline-Pricing (zu Abschn. 4.3.2)**

Das Internet sorgt für vollkommenere Märkte, vorwiegend durch eine hohe Preistransparenz. Demzufolge differenzieren sich viele Online-Anbieter primär über den Preis. Dies stellt insbesondere für Premium-Hersteller ein großes Problem dar.

- **These 3: Marktplätze und Pure-Player (zu Abschn. 4.3.3)**

Pure-Player wie Amazon können für einen Hersteller Fluch und Segen zugleich sein. Derartige Marktplätze dominieren zunehmend die E-Commerce-Landschaft. Die Entscheidung, Amazon als Hersteller direkt zu beliefern, bietet wohl die höchsten Umsatzchancen im E-Commerce. Gleichermaßen begibt sich der Hersteller damit in ein gewisses Abhängigkeitsverhältnis und steuert damit auf den „point of no return" zu. So wurde Amazon für viele Markenhersteller aus dem Stand heraus der größte Kunde in Deutschland. Der richtige Umgang mit Pure-Playern ist in Bezug auf die Online-Umsatzchancen eines Markenherstellers eines der wichtigsten Elemente einer E-Commerce-Strategie.

- **These 4: Betriebstyp (zu Abschn. 4.3.4)**

Die disruptiven Veränderungen der Konsumenten und Medienlandschaften führen dazu, dass die Beschaffung von Gebrauchs- und Konsumgütern zunehmend über das Internet erfolgt. Während viele Hersteller mit einer klassisch stationären Handelsstruktur diesen Trend zwar feststellen, fürchten sie gleichermaßen die Sanktionen des Handels. Hersteller, die keine Lösung für diese Problematik haben, werden unweigerlich Marktanteile verlieren.

- **These 5: IT & Datenmodell (zu Abschn. 4.3.5)**

E-Commerce senkt die Transaktionskosten des Abnehmers bzw. des Kunden. E-Commerce kann die Transaktionskosten produzierender Unternehmen senken. Voraussetzungen hierfür sind jedoch rationelle Prozesse sowie eine skalierbare, kosteneffiziente IT-Landschaft, die der Dynamik standhält. Die Systeme der IT-Landschaft sind für produzierende Unternehmen daher ein kritischer Erfolgsfaktor im Hinblick auf deren E-Commerce-Strategie.

- **These 6: Content & SEO (zu Abschn. 4.3.6)**

Suchmaschinen determinieren den Nachfragerstrom im E-Commerce. Die Top-Platzierungen von Google entsprechen den 1a-Lagen des stationären Handels. Demzufolge hat das Thema SEO und Contentqualität für produzierende Unternehmen eine besonders hohe Relevanz im Hinblick auf die erfolgreiche Positionierung ihrer Marke im Internet. Dieses Ziel zu erreichen, wird zunehmend komplexer und kostspieliger.

- **These 7: Organisation (zu Abschn. 4.3.7)**

Stationär geprägten Herstellern fehlt häufig das Gespür für das E-Commerce-Geschäft. Für die Etablierung eines erfolgreichen E-Commerce-Absatzkanals im Unternehmen ist eine dafür eigens geschaffene E-Commerce-Organisationseinheit elementar.

- **These 8: Distributionsstrategie (zu Abschn. 4.3.8)**

Im Zusammenhang mit Distributionsstrategien führt die Omnipräsenz auf allen Kanälen zu einem erhöhtem Preis- und Margendruck. Um diesen zu kompensieren, stehen Online-Offline-Pricing- sowie Produktportfolio-Strategien zur Verfügung. Marktplätze sorgen jedoch für weiter zunehmende Transparenz, sodass manchen Markenherstellern letztlich nur der Schritt in eine selektive Distribution bleibt.

- **These 9: Kooperatives Modell (zu Abschn. 5.2)**

Kooperative E-Commerce-Geschäftsmodelle zwischen Handel und produzierenden Unternehmen stellen die einzige handelsverträgliche E-Commerce-Strategieoption für substituierbare, produzierende Unternehmen mit einer stationären Handelsstruktur dar, die nicht mit dem Risiko behaftet ist, temporär massiv Umsatz im stationären Handel zu verlieren.

4.2 Überprüfung der Thesen

Im Folgenden werden die in Abschn. 4.1 vorgestellten Thesen zu relevanten Aspekten und Sachverhalten des E-Commerce für produzierende Unternehmen überprüft. Hierfür wurden Experteninterviews durchgeführt und im Rahmen einer qualitativen Datenanalyse ausgewertet. Der qualitative Forschungsansatz wurde gewählt, weil er eine größere Offenheit und Flexibilität als quantitative Untersuchungsansätze erlaubt und der Differenziertheit der Fragestellung Rechnung trägt (vgl. Flick 1999, S. 10). Außer zur Überprüfung der Thesen dienten die Interviews auch dazu, die Experten zu ihren Erkenntnissen hinsichtlich möglicher Strategien in Bezug auf die Thesen zu befragen (Abschn. 4.3).

4.2.1 Empirische Untersuchungsgrundlagen

Für die Expertenbefragung konnten fünf äußerst renommierte E-Commerce-Experten[1] für Telefoninterviews gewonnen werden, deren Mitschnitte in Kap. 7 in Textform wiedergegeben sind.[2] Die Experten wurden um ihre Beurteilung der theoretisch abgeleiteten Thesen gebeten und zu strategischen Optionen befragt, die produzierenden Unternehmen in Bezug auf die in den Thesen formulierten Aspekten zur Verfügung stehen. Diese Fragen bildeten neben den Thesen die Basisgrundlage für die Modellkonstruktion der E-Commerce-Strategien in Kap. 5. Die Interviews eigneten sich hervorragend, um die zuvor theoretisch abgeleiteten Thesen aus der Praxis der Experten heraus zu überprüfen. Die weitreichenden Kenntnisse, Erfahrungswerte und individuellen Schlüsse der Experten zu möglichen Strategien in Bezug auf die Thesen eröffneten darüber hinaus einen explorativen Zugang zu einem bislang noch wenig erforschten Feld. Die systematisch ausgewerteten Aussagen bildeten, gemeinsam mit den theoretisch abgeleiteten Thesen, die Grundlage für die Entwicklung eines strategischen E-Commerce-Modells (Kap. 5).

4.2.2 Ergebnisse zur Überprüfung der Thesen

Tabelle 4.1 zeigt, inwieweit die Experten den Aussagen der Thesen zugestimmt haben. Zu besseren Darstellung der Aussagen der einzelnen Experten zu den Thesen wurden diese den Rubriken „These bestätigt", „These nicht bestätigt" und „These teilweise bestätigt" zugeordnet.[3]

Die Aussagen in **These 1** wurden von 80 % der Experten voll bestätigt und von 20 % teilbestätigt. Alle Experten sind der Ansicht, dass der Besucher auch online medienbruchfrei zum Kaufabschluss geführt werden sollte. *Dr. Georg Wittmann* hält einen Medienbruch beim Kaufabschluss ausschließlich bei hochpreisigen Artikeln für akzeptabel, bei denen eine reine Onlineabwicklung häufig zu Reklamationen führt, wie z. B. bei Möbeln (vgl. Kap. 7, Interview mit Dr. Wittmann, Antwort auf These 1). Vier der Experten sind einhellig der Meinung, dass online in jedem Fall das gesamte Sortiment eines Herstellers angeboten werden sollte. *Marcus Diekmann* führt hierzu aus, dass Endkunden das Gesamtsortiment auf der Online-Markenpräsenz des Herstellers erwarten und es auch nicht sinnvoll sei, dieses zu beschränken, da die räumlichen Restriktionen des stationären Handels online nicht existent sind (vgl. Kap. 7, Interview mit Diekmann, Antwort auf These 1).

---

[1] Die Experten sind Prof. Dr. Heinemann, Prof. Dr. Morschett. Dr. Georg Wittmann und Marcus Diekmann. Einer der fünf interviewten Experten hat der Veröffentlichung seines Interviews nicht zugestimmt und wird deshalb nicht namentlich genannt.

[2] In Kap. 7 finden sich die Interviewtexte der Experten, die der Veröffentlichung zugestimmt haben.

[3] Eine ausführliche Ergebnisdarstellung steht auf der Homepage des Springer-Verlags zum Download bereit.

4.2 Überprüfung der Thesen

Tab. 4.1 Einschätzungen der Experten im Überblick

These	Bestätigt (%)	Teilbestätigt (%)	Nicht bestätigt (%)
These 1 (Produktportfolio)	80 (4)	20 (1)	0 (0)
These 2 (Online-Offline-Pricing)	100 (5)	0 (0)	0 (0)
These 3 (Marktplätze und Pure-Player)	100 (5)	0 (0)	0 (0)
These 4 (Betriebstyp)	80 (4)	20 (1)	0 (0)
These 5 (IT & Datenmodell)	100 (5)	0 (0)	0 (0)
These 6 (Content & SEO)	100 (5)	0 (0)	0 (0)
These 7 (Organisation)	40 (2)	60 (3)	0 (0)
These 8 (Distributionsstrategie)	20 (1)	60 (3)	20 (1)
These 9 (Kooperatives Modell)	60 (3)	0 (0)	40 (2)

Angaben in Prozent und Anzahl der befragten Experten

These 2 wurde von allen fünf befragten Experten bestätigt. Auswege aus dem darin angesprochenen Dilemma werden im Anschluss an die Thesenüberprüfung im Rahmen von Kap. 4.3.2 aufgezeigt.

These 3 wurde ebenfalls von 100 % der Experten bestätigt. Die weiteren Einschätzungen der Experten werden im Rahmen von Kap. 4.3.3 behandelt.

Die Aussagen in **These 4** wurden von 80 % der befragten Experten uneingeschränkt bestätigt und von einem Experten (20 %) teilbestätigt. *Prof. Morschett*, der diese These nur in Teilen unterstützt, sieht das Risiko eines Markanteilsverlustes bei unzureichender Distribution über Online-Kanäle als geringer an, da der Online-Anteil über alle Warengruppen aktuell in Deutschland im Durchschnitt lediglich bei ca. 15 % liegt und der Konsument die Möglichkeit hat, nahezu sämtliche Produkte auf einem bestimmten Kanal zu beschaffen (vgl. Kap. 7, Interview mit Prof. Morschett, Antwort auf These 4). Welche anderen Möglichkeiten Herstellern aus Sicht der Experten zur Verfügung stehen, um dem in These 4 dargestellten Dilemma entgegenzutreten, wird in Kap. 4.3.4 erläutert.

These 5 wurde von allen fünf befragten Experten uneingeschränkt bestätigt. Ihre Detailaussagen hierzu sind in das Kap. 4.3.5 eingeflossen.

Auch **These 6** bestätigen alle fünf befragten Experten. Die Detailaussagen und Empfehlungen der Experten sind in Kap. 4.3.6 eingeflossen.

Die Aussage in **These 7** wurde von zwei E-Commerce-Experten bestätigt, was einem Anteil von 40 % entspricht. Drei E-Commerce-Experten (60 %) bestätigten diese These nur teilweise. *Prof. Heinemann* sieht die Notwendigkeit einer autarken E-Commerce-Organisationseinheit so lange als gegeben an, bis ein Unternehmen die höchste Evolutionsstufe des E-Commerce-Handels erreicht und ein No-Line-System (siehe Kap. 3.3.4) etabliert hat (vgl. Kap. 7, Interview mit Prof. Heinemann, Antwort auf These 7). Danach könnten die Abteilungen wieder miteinander verschmelzen. *Prof. Morschett* hält eine autarke E-Commerce-Organisationseinheit nur dann für notwendig, wenn das Ziel darin liegt, das Umsatzpotenzial, das E-Commerce bietet, vollumfänglich auszuschöpfen und zu maximieren (vgl. Kap. 7, Interview mit Prof. Morschett, Antwort auf These 7). *Dr. Wittmann* hingegen hält eine eigens geschaffene E-Commerce-Organisationseinheit in einem produzierenden Unternehmen nicht für eine zwingende Voraussetzung. Wichtig hingegen sei, dass das Management die Relevanz von E-Commerce erkenne und einschätzen könne, welche Budgets für die notwendigen Maßnahmen erforderlich seien. Nach einem solchen gedanklichen Prozess könne durchaus im Ergebnis herauskommen, dass eine autarke E-Commerce-Organisationseinheit vorteilhaft sei. Dies sieht er jedoch erst als zweiten Schritt an (vgl. Kap. 7, Interview mit Dr. Wittmann, Antwort auf These 7). Im Rahmen von Kap. 4.3.7 wird die strategische Organisationsfrage einer E-Commerce-Einheit bei produzierenden Unternehmen weiter thematisiert.

Die Aussage in **These 8** wurde lediglich von einem Experten voll bestätigt (20 %). Von drei Experten wurde sie teilbestätigt (60 %) und von einem Experten nicht bestätigt (20 %). Damit gilt sie insgesamt als tendenziell unbestätigt. *Prof. Heinemann* sieht im Preis- und Margendruck zwar ein existentes Phänomen, dass jedoch zumeist durch den Hersteller selbst verschuldet würde, da es diesem an Einfallsreichtum fehle, ihr Produkt anders als über den Preis zu differenzieren (vgl. Kap. 7, Interview mit Prof. Heinemann, Antwort auf These 8). *Prof. Morschett* sieht die selektive Distribution als interessante, jedoch nicht risikoarme Option an, die jedoch nicht das einzige Mittel gegen den Preis- und Margendruck der Omnipräsenz sei (vgl. Kap. 7, Interview mit Prof. Morschett, Antwort auf These 8). Die Distributionsstrategien werden im Rahmen von Kap. 4.3.7 weiter thematisiert.

Die Aussagen im Rahmen von **These 9** wurden von den befragten E-Commerce-Experten konträr beurteilt. Von 60 % der Experten wurden sie mehrheitlich bestätigt, von 40 % jedoch abgelehnt. Während drei Experten der Meinung sind, dass für Hersteller mit einer primär stationären Handelsstruktur ausschließlich kooperative Geschäftsmodelle empfehlenswert sind, beziehen die Experten *Prof. Heinemann* und *Diekmann* in diesem Zusammenhang die Markenstärke ein (vgl. Kap. 7, Interviews, Antworten auf These 9). *Prof. Heinemann* sieht es bei ausreichender Markenstärke sogar als risikoärmer an, nicht auf den Handel zu hören, da seine Einbindung zu einer kontraproduktiven Kompromisslösung führen könnte, denn im Zweifel verstünde der Handel nicht viel von E-Commerce (vgl. Kap. 7, Interview mit Prof. Heinemann, Antwort auf These 9). *Diekmann* hingegen sieht in kooperativen Geschäftsmodellen zwischen Herstellern und dem Handel ein eher temporäres Phänomen, das langfristig auch nicht von Herstellern so gewollt sei.

> **Zusammenfassung**
>
> Es zeigt sich, dass die Experten den Aussagen der einzelnen Thesen größtenteils zugestimmt haben. So können die Thesen 1 bis 6 als vollumfänglich bestätigt angesehen werden, während die Thesen 7 bis 8 als teilbestätigt gelten. Eine Diskrepanz in den Expertenurteilen gab es lediglich bei These 9 auf die Frage, ob kooperative E-Commerce-Modelle die einzige handelsverträgliche E-Commerce-Strategieoption für produzierende Unternehmen darstellen. Zwar wurde diese These von 60 % der Experten bestätigt,

allerdings von 40 % abgelehnt. Im weiteren Verlauf des Kapitels 4 sowie bei der Entwicklung einer E-Commerce-Strategie für produzierende Unternehmen im Rahmen von Kap. 5 erfolgen weitere Ausführungen, in denen diese Kontroversen und andere Einschätzungen der Experten zu den einzelnen Thesen detaillierter aufgegriffen werden.

4.3 Strategische Komponenten im E-Commerce

Im Folgenden werden strategiebeeinflussende Komponenten im E-Commerce benannt und erläutert. In diese Darstellung fließen auch die Ergebnisse der durchgeführten Experteninterviews ein. Jeder Unterabschnitt nimmt dabei auf eine These Bezug (siehe Verweise bei den Thesen in Abschn. 4.1). Nur These 9 wird aufgrund ihres stark strategiebezogenen Charakters erst in Abschn. 5.2.2 näher ausgeführt und bei der Strategiekonzeption berücksichtigt. Für jede strategiebeeinflussende Komponente werden die sinnvollen Optionen eines produzierenden Unternehmens dargestellt. Die Formulierung dieser Optionen stellt die Vorstufe zur Entwicklung des Strategiemodells dar (siehe Kap. 7).

4.3.1 Sortimentspolitik im E-Commerce

Die Online-Markenpräsenz eines Herstellers übernimmt heutzutage eine bedeutende Informationsfunktion über das Produktportfolio des Unternehmens. Laut einer repräsentativen Umfrage unter 1.000 Personen im Alter ab 14 Jahren im Auftrag des Hightech-Verbands *BITKOM* informieren sich über 79 % der Konsumenten online, bevor sie einen Kaufabschluss tätigen. Die größte Bedeutung haben laut dieser Umfrage Webseiten der produzierenden Unternehmen und ihrer Händler, auf denen sich ca. 47 % der Internetnutzer über die Produkteigenschaften und Preise informieren (vgl. BITKOM 2010). Die Experteninterviews bekräftigen, dass Endverbraucher das komplette Sortiment eines Herstellers auf dessen Online-Markenpräsenz erwarten. Somit ist es notwendig, dass produzierende Unternehmen ihr gesamtes Produktportfolio online-gerecht aufbereiten, um ein echtes Markenerlebnis im Internet zu schaffen. Vor dem Aspekt der Flächenbegrenzung, mit der sich der stationäre Handel auseinandersetzen muss, die im Internet aber praktisch nicht besteht, ist dies gut realisierbar.

Die Experten waren sich außerdem darüber einig, dass Endkunden heutzutage von der Seite des produzierenden Unternehmens aus medienbruchfrei zum Kaufabschluss geführt werden sollten (vgl. Kap. 7, Interviews, Antworten auf These 1). Daher müssen sich produzierende Unternehmen hinsichtlich ihrer Sortimentspolitik im Wesentlichen darüber Gedanken machen, über welche Kanäle das Sortiment angeboten werden soll. Abb. 4.1 visualisiert die kanalspezifischen Optionen im Rahmen der Sortimentspolitik. Während es in aller Regel bei B2B-Shops zwischen dem Handel und dem Hersteller keine Sortimentseinschränkung gibt, ist in Bezug auf B2C-Shops und Marktplätze zu definieren, welches

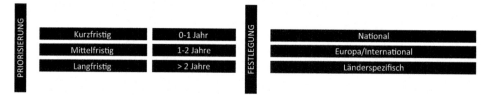

Abb. 4.1 Kanalspezifische Sortimentspolitik

Sortiment über diesen Kanal zum Kauf angeboten werden soll. Im Rahmen der B2C-Shops wird unterschieden, ob der Hersteller das Fulfillment direkt vornimmt oder den Auftrag über einen Handelspartner abwickelt. Auf Marktplätzen gibt es aus kartellrechtlichen Gründen i. d. R für produzierende Unternehmen keine Möglichkeit, das Sortiment, welches indirekt über den Handel distribuiert wird, zu beschränken. Insofern stehen ihm die folgenden Sortimentsoptionen zur Verfügung:

- Teilsortiment (Ersatzteile, Einstiegsprodukte etc.)
- Vollsortiment
- Reines Online-Sortiment
- Zusatzsortimente (z. B. Merchandising-Artikel)
- Ergänzende Sortimente von Drittlieferanten

Die Sortimentsentscheidung sollte im Rahmen einer Strategie nicht nur kanalspezifisch erfolgen, sondern auch eine zeitliche und internationale Komponente beinhalten. Hinsichtlich der zeitlichen Komponente ist zu beachten, dass im E-Commerce-Bereich unter einer kurzfristigen Entscheidung maximal 12 Monate, unter einer mittelfristigen ein bis zwei Jahre und unter einer langfristigen mehr als zwei Jahre verstanden wird. Das Segment ist von einer derartigen Dynamik geprägt, dass sich in einem weiteren Zeithorizont kaum Planungen anstellen lassen. Während Endkunden das Vollsortiment eines Herstellers auf jedem Kanal erwarten, führt das Vollsortiment eines Herstellers auf jedem Kanal dazu,

4.3 Strategische Komponenten im E-Commerce

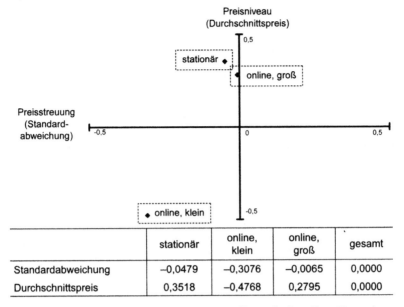

Abb. 4.2 Vergleich Preisniveau und -streuung nach Händlergröße. (Quelle: o. V. 2005)

dass sich die Preistransparenz vergrößert, während die Handelsmargen abnehmen. Um dies zu vermeiden, könnte eine Produktdifferenzierung mittels spezieller Online-Sortimente angestrebt werden. Darüber hinaus birgt das Vollsortiment ein erhöhtes Risiko in Bezug auf Channel-Konflikte mit dem stationären Handel. Ergänzende Sortimente von Drittlieferanten können insbesondere dann sinnvoll sein, wenn die Kunden des produzierenden Unternehmens komplette Warenkörbe benötigen.

4.3.2 Preispolitik im E-Commerce

Untersuchungen des *ECC-Handels* zeigten, dass das Preisniveau bei den betrachteten Produkten im Internet durchschnittlich zwischen 5 und 8 % geringer ausfällt als im stationären Handel. Gleichzeitig liegt aber auch die Preisstreuung über der des stationären Handels, obwohl im Internet die Preistransparenz durch Preissuchmaschinen wesentlich höher ist. Während bei großen Unternehmen[4] die Preisbildung im Internet recht nahe an der des stationären Handels liegt, treten kleinere Unternehmen[5] im Internet deutlich preisaggressiver auf (siehe Abb. 4.2; vgl. BITKOM 2010).

---

[4] Als großes Unternehmen wurden Unternehmen klassifiziert, die mehr als 100 Mitarbeiter oder mehr als zehn Filialen haben.

[5] Als kleines Unternehmen wurden Unternehmen klassifiziert, die weniger als 100 Mitarbeiter bzw. weniger als zehn Filialen aufweisen.

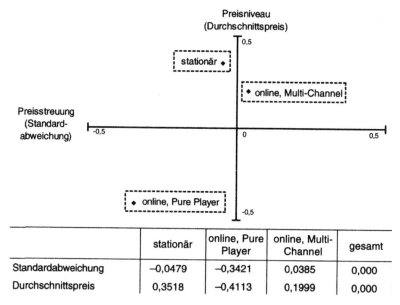

Abb. 4.3 Vergleich von Preisniveau und -streuung nach Handelstyp. (Quelle: o. V. 2005)

Darüber hinaus verdeutlicht die Studie, dass Multi-Channel-Händler online nur knapp unterhalb der Preise des stationären Handels liegen, während Online-Pure-Player wie *Amazon* und *eBay* im Durchschnitt ein wesentlich geringeres Preisniveau aufweisen (siehe Abb. 4.3).

Aufgrund der hohen Transparenz und Dynamik bei der Preisgestaltung verzichtet man im E-Commerce nach Möglichkeit auf Fixpreise und bevorzugt eine differenzierende Preispolitik, die sich flexibel an die sich ändernden Marktverhältnisse anpasst (vgl. Meier und Stormer 2008, S. 52). Ein produzierendes Unternehmen mit einer überwiegend stationären Handelsstruktur kann auf dem eigenen Online-Markenauftritt hinsichtlich seiner Preispositionierung kaum aggressiv vorgehen und dabei in Konkurrenz zu den stationären Händlern treten. Konflikte, die zum Boykott des Handels führen würden, wären ansonsten vorprogrammiert. Vor diesem Hintergrund ist den meisten Herstellern zu empfehlen, die Produkte zu ihrem unverbindlichen Verkaufspreis (UVP) anzubieten.

Die hohe Preistransparenz im Internet, vor allem auf Marktplätzen wie *eBay* und *Amazon*, führt dazu, dass sich viele Händler eines Herstellers auf Online-Absatzkanälen über den Preis differenzieren (vgl. Kap. 7, Interviews, Antworten auf These 2). Den Grund für dieses Phänomen sehen die E-Commerce-Experten in den Interviews einerseits darin, dass man vor einigen Jahren, als E-Commerce noch vor dem Durchbruch stand, versucht hatte, die Produkte schnellstmöglich online-fähig zu machen, indem man sie zu einem günstigeren Preis als stationär anbot (vgl. Kap. 7, Interview mit Diekmann, Antwort auf These 2). Heutzutage sollten Händler vielmehr den Convenience-Aspekt des bequemen, zeitsparenden Online-Shoppings in den Vordergrund stellen. Außerdem sollten produzierende

Unternehmen bei der Online-Präsentation die Produktbeschaffenheit sowie ihre Services hervorheben, damit die Differenzierung nicht nur über die preisliche Dimension stattfinden muss. Die E-Commerce-Experten *Dr. Wittmann* und *Prof. Morschett* stellen außerdem fest, dass im Wesentlichen das produzierende Unternehmen selbst determiniere, inwieweit der UVP eingehalten bzw. wie stark darunter verkauft wird (vgl. Kap. 7, Interviews, Antworten auf These 2). Vor allem produzierende Unternehmen mit einer länderspezifischen Preisdifferenzierung sollten darauf achten, dass durch ein intelligentes Pricing dem Handel auf direktem Wege möglichst geringe Nettomargen eingeräumt werden, die anschließend durch Backend-Konditionen wie Rückvergütungen, Schulungsmaßnahmen und Werbekostenzuschüsse etc. erhöht werden. Ansonsten gäbe es eine erhöhte Gefahr für die Durchführung von Re-Importen und die Bildung von Graumärkten (vgl. Kap. 7, Interview mit Prof. Morschett, Antwort auf Frage 2). Begünstigt durch E-Commerce könnten Konsumenten heutzutage problemlos Preisvorteile über die Landesgrenzen hinaus realisieren, ohne dabei ein Risiko einzugehen, da die Zahlungsverfahren und auch die Gesetzeslage in Europa weitestgehend homogenisiert seien.

Hinsichtlich der Preisgestaltung stehen produzierenden Unternehmen also die folgenden sinnvollen Optionen zur Verfügung:

- Unverbindliche Preisempfehlung (UVP) – Stationär = Online
- Durchschnittlicher Marktpreis als Online-Preis
- Wettbewerbsfähige Preisgestaltung mit dynamischer Preisanpassung

Die beiden letzten Optionen können Channel-Konflikte mit dem stationären Handel begünstigen und sind daher nur in bestimmten Geschäftsmodellen einsetzbar, die in Rahmen von Kap. 7 vorgestellt werden.

4.3.3 Umgang mit Marktplätzen und Pure-Playern

Dem Umgang mit Marktplätzen und Pure-Playern kommt im Rahmen einer E-Commerce-Strategie für produzierende Unternehmen eine sehr wichtige Bedeutung zu. Die Chance für Hersteller, mit Pure-Playern und Marktplätzen aus dem Stand heraus beträchtliche Umsätze zu realisieren, besteht zweifelsfrei (siehe Abschn. 3.4). *Prof. Morschett* beschreibt im Interview, dass in der richtigen Partnerwahl eines Pure-Players eines der Hauptrisiken für Hersteller im Rahmen ihrer E-Commerce-Strategie liegen würde (vgl. Kap. 7, Interview mit Prof. Morschett, Antworten auf Frage 14). Wird ein stark wachsender Pure-Player von einem Hersteller nicht berücksichtigt, kann dies bis hin zu einem signifikant merkbaren Marktanteilsverlust führen. Auf der anderen Seite ist das Insolvenzrisiko der meist Venture-Capital-gestützten Pure-Playern hoch, sofern das Wachstum nicht wie geplant stattfindet. Vor diesem Hintergrund ist es für Hersteller elementar, bei den Pure-Playern auf das richtige Pferd zu setzen. Neben den Branchengrößen wie *Amazon* und *eBay* gibt es in den meisten Branchen Nischenportale und Marktplätze – z. B. *svh24.de* im

Bereich der Werkzeuge, *cyberport* und *notebooksbilliger.de* in der Sparte der Elektronik bzw. Unterhaltungselektronik oder *Zalando* in der Modebranche. Inwieweit es sinnvoll erscheint, dass ein Hersteller direkt mit solchen Nischenportalen zusammenarbeitet, muss individuell geprüft werden. Eine detaillierte Analyse der Umsatz- und Mediadaten potenzieller Partner ist in jedem Falle empfehlenswert, bevor die Entscheidung getroffen wird. In den nachfolgenden Unterabschnitten werden ausschließlich die beiden Generalisten *Amazon* und *eBay* näher beleuchtet, da diese branchenübergreifend agieren und produzierenden Unternehmen hinsichtlich der Umsätze wohl die größte Chance bieten.

4.3.3.1 Amazon: Fluch und Segen für produzierende Unternehmen

Dem brachialen Expansionsdrang des Online-Giganten *Amazon* haben immer weniger Händler und Ketten etwas entgegenzusetzen, weswegen sie sich zunehmend in Richtung Insolvenz bewegen, wie die WirtschaftsWoche zuletzt berichtete (vgl. Hielscher und Hansen 2013, S. 65). Obwohl *Amazon* ein Pure-Player unter vielen ist, gilt er als Inbegriff der digitalen Bedrohung und als Brandbeschleuniger des stationären Niedergangs, obgleich eine Unternehmenssprecherin von *Amazon* betont, man würde sich auf den Kunden fokussieren, nicht auf den Wettbewerb (vgl. Hielscher und Hansen 2013, S. 72). Zweifelsfrei setzt *Amazon* den Standard in Sachen Kundenfreundlichkeit, Lieferzeit und Preis. Als Digital Native findet man in puncto Service kaum einen Anbieter, der kulanter mit seinen Kunden umgeht. Voraussetzung hierfür ist, dass der Kunde sich an den Prozessablauf von *Amazon* hält und eine gewisse Online-Affinität aufweist. Für Hersteller ist *Amazon* – wie bereits in Abschn. 3.4 erwähnt – Fluch und Segen zugleich. Einerseits beschert es den meisten Herstellern die Chance, unmittelbar signifikante Umsatzzuwächse zu erzielen. Andererseits erhöhen sich durch eine Partnerschaft mit *Amazon* mittelfristig ihre Abhängigkeit und das Risiko, in Konflikt mit dem stationären Handel zu geraten, immens. Denn der Pure-Player wird von vielen Händlern als Ursache für die rasante Kanalverschiebung angesehen. Ab dem Zeitpunkt einer Kooperation stehen sie im Preiswettbewerb mit *Amazon*. Die Quasi-Monopolstellung in puncto Service, Liefergeschwindigkeit und Sortimentsbreite machte *Amazon* zu *der* Suchmaschine für Produkte. Die führt so weit, dass Kunden, die ein Produkt nicht auf *Amazon* finden können, denken, es wäre nicht existent. In vielen Branchen gibt es kaum ein Produkt, das nicht dort angeboten wird. Falls Hersteller Amazon nicht direkt beliefern wollen, vertreiben sie selbst die Produkte oder bieten sie auf dem Marketplace an. Aufgrund der homogenen Darstellung der Produkte findet eine Differenzierung vorwiegend über den Preis statt. Handelspartner, die Produkte über *Amazon* verkaufen, mussten sich bislang verpflichten, die Ware an keiner anderen Stelle günstiger anzubieten (vgl. Hielscher und Hansen 2013, S. 72). Noch bevor das Bundeskartellamt ein offizielles Verfahren einleitete, änderte *Amazon* zum 20. August 2013 seine AGBs aber dahingehend, dass in §S-4 in Bezug auf Parität nur noch von einem gleichwertigen Kundendienst sowie denselben Produktinformationen die Rede ist, nicht aber von einem einheitlichen, günstigen Preis (vgl. Tischer 2013). Insbesondere für Hersteller, die nicht preisaggressiv über den Marktplatz verkaufen möchten, ist diese Entscheidung von großer Bedeutung. Letztendlich bleibt für einen Hersteller jedoch das Risiko, dass *Amazon* die Verkaufsdaten nutzt, um später selbst Produkte unter dem Label *AmazonBasics* anzubieten.[6] Was bei einfachen Produkten (wie Kabeln, CD-Rohlingen, Taschen etc.) bereits Realität ist, liegt bei komplexen Produkten jedoch noch in weiterer Ferne.

Dennoch waren sich die E-Commerce-Experten in den Interviews darüber einig, dass *Amazon* ein Terrain für die Hersteller sein sollte und diese eine direkte Zusammenarbeit anstreben sollten (vgl. Kap. 7, Interviews, Antworten auf Frage 3). Sie sollten den etablierten Pure-Player *Amazon* als Chance verstehen, um Umsätze zu generieren, sich aber gleichermaßen der Risiken bewusst sein, um diese zu minimieren. Dabei stehen den Herstellern die folgenden Möglichkeiten zur Zusammenarbeit zur Verfügung:

Klassische Kunden (= Amazon) – Lieferanten (= Hersteller)-Beziehung
In dieser Option, welche i. d. R. ausschließlich Markenherstellern vorbehalten ist, liefert der Hersteller seine Produkte an *Amazon*, von wo aus die weitere Distribution erfolgt. Die Option bietet den Vorteil des höchsten Absatzpotenzials für den Hersteller, da der Endkunde dadurch, dass *Amazon* als Vertragspartner agiert, sämtliche gewohnten Services (wie die Prime-Lieferung[7] oder die erweiterten Rückgabebedingungen) erhält. Es ist davon auszugehen, dass ceteris paribus der Absatz im Vergleich zu Angeboten auf dem *Amazon Marketplace* um bis zu 40 % höher ausfällt, wenn der Artikel von Amazon direkt ausgeliefert wird (vgl. Amazon.com 2013). Neben der Distribution, die *Amazon* in dieser Option vollumfänglich übernimmt, werden auch die Serviceanfragen durch Mitarbeiter von *Amazon* abgewickelt. Prozessual müssen produzierende Unternehmen gemäß der AGBs anspruchsvolle Anforderungen an Logistik und Content erfüllen können, um ein geeigneter Partner zu werden. Letzteres kommt einer guten Markenpräsentation des Herstellers zugute. Konditionell erwartet *Amazon* neben den Händlerpreisen als Bezugskosten zusätzliche Backend-Konditionen in Form von WKZ, Bonus, Retoure-Rabatt und Skonto, die je nach Markenstärke kumuliert zwischen 8 und 18 % liegen. Stärkere Marken, die *Amazon* unbedingt im Direktbelieferungssortiment haben möchten, genießen in der Konditionsverhandlung einen Vorteil.

Amazon Marketplace
Als zweite Option für eine Zusammenarbeit mit *Amazon* besteht für Hersteller die Möglichkeit, ihre Produkte auf dem Marketplace anzubieten. In diesem Modell dient *Amazon* als reine Verkaufsplattform. Das Fulfillment und die Beantwortung von Kundenanfragen aber obliegen dem Hersteller selbst. Diesem werden über das Vendor Central[8] von *Amazon* sämtliche Kundendaten übermittelt, um die Kundenaufträge ausführen zu können.

---

[6] Vgl. Hielscher und Hansen (2013). Ausgeliefert. *WirtschaftsWoche, 45,* 70.

[7] Im Amazon Prime Programm erhält der Kunde für einen Mitgliedsbeitrag in Höhe von 29 Euro/Jahr sämtliche Lieferungen versandkostenfrei am nächsten Tag. Der Morning/Evening-Expressversand ist in dieser Gebühr beinhaltet. Nähere Informationen sind unter http://www.amazon.de/gp/prime abrufbar.

[8] http://vendorcentral.amazon.com.

	Eigene Distribution	amazon fulfillment	amazonpayments
Amazon Marketplace amazon.de Marketplace	Amazon Marketplace als Vertriebskanal	Lagerhaltung, Versand durch Amazon (Multi-Channel-Versand)	Zahlungsabwicklung durch Amazon
Amazon Marketplace Europa amazon.de Marketplace	Amazon Marketplace als Vertriebskanal (europaweit)	Lagerhaltung, Versand durch Amazon (europaweit) (Multi-Channel-Versand)	Zahlungsabwicklung durch Amazon (europaweit)

Abb. 4.4 Amazon-Services im Überblick. (Quelle: in Anlehnung an Fost 2013)

AmazonPayments übernimmt zudem die Funktion des E-Payment-Dienstleisters. Optional ist es auch möglich, Lagerflächen bei *Amazon* zu mieten und auch das Fulfillment über den Pure-Player abwickeln zu lassen. Dies lässt sich für ein Teilsortiment oder für das gesamte Sortiment jederzeit hinzubuchen, sodass ein Hersteller über eine gewisse Flexibilität verfügt, wenn er zu Beginn logistisch (noch) nicht in der Lage ist, neben dem etablierten B2B-Geschäft zusätzlich B2C-Sendungen in großer Anzahl mit kleineren Warenkörben abzuwickeln. Die Services des *Amazon Marketplace* sind in Abb. 4.4 im Überblick dargestellt. Die Verkaufsprovision im *Amazon Marketplace*-Modell berechnet sich auf Grundlage des Verkaufspreises und liegt bei physischen Gütern derzeit zwischen 7 und 20 % je nach Warengruppe (vgl. Amazon.com 2013). Nimmt ein Hersteller am Marketplace-Programm teil, so ist dies für die Öffentlichkeit ersichtlich, da er hier unter seinem eigenen Namen auftritt. Sofern keine selektive Distributionsform (siehe Abschn. 4.3.8 hierzu) vorliegt, steht der Hersteller mit seinem Angebot im direkten Wettbewerb mit seinen Händlern.

Während sich die interviewten E-Commerce-Experten hinsichtlich einer direkten Zusammenarbeit mit *Amazon* einig sind, empfehlen *Prof. Morschett, Dr. Wittmann* und *Diekmann* Herstellern in Bezug auf *Amazon* eher die Nutzung des Marketplace anstatt der klassischen Kunden-Lieferanten-Beziehung, um dadurch die Preisbildung der auf *Amazon* angebotenen Produkte selbst bestimmen zu können (vgl. Kap. 7, Interviews, Antworten auf Frage 3). Das Risiko, dass *Amazon* durch eine aggressive Preispolitik dem stationären Handel den Rang abläuft, würde dadurch ausgeschlossen. Absolut gesehen könne ein produzierendes Unternehmen mit der Marketplace-Option höhere Margen erzielen, sofern es über eine effiziente Logistik und Serviceprozesse verfüge, die den absoluten Margenvorteil nicht aufzehren. *Dr. Wittmann* sieht Amazon als idealen Einstieg für Hersteller mit einem niedrigen E-Commerce-Reifegrad, sofern das Geschäftsmodell des produzierenden Unternehmens die von *Amazon* geforderten Margen abbilden kann (vgl. Kap. 7, Interview mit Dr. Wittmann, Antwort auf Frage 3). Sollte ein Hersteller ein selektives Distributionsmodell (siehe Abschn. 4.3.8) einsetzen und die Intention haben, seinen Händlern zu verbieten, *Amazon* als Verkaufsplattform zu nutzen, sich dann jedoch dazu entschei-

4.3 Strategische Komponenten im E-Commerce

Abb. 4.5 eBay-Markenshop am Beispiel von Mercedes Benz. (Quelle: eBay 2013)

den, selbst auf dem Marketplace zu verkaufen, würde es laut *Prof. Morschett* juristisch nur schwer möglich sein, diese Begrenzung im Handel noch durchzusetzen (vgl. Kap. 7, Interview mit Prof. Morschett, Antwort auf Frage 3).

4.3.3.2 eBay: Geeigneter Marktplatz für viele produzierende Unternehmen

eBay bietet seit dem Jahr 2009 ausgewählten Markenherstellern und Händlern die Möglichkeit, ihre Produkte in einem Markenshop direkt auf der Plattform zu verkaufen (vgl. Dickfeld 2012, S. 73). Anbieter, die einen Markenshop auf *eBay* betreiben, genießen den Vorteil, dass diese auf dem Marktplatz an unterschiedlichen Positionen gesondert beworben werden (vgl. Dickfeld 2012, S. 73). *eBay* stellt mit aktuell ca. 16 Mio. Mitgliedern in Deutschland für Hersteller einen weiteren Online-Absatzkanal dar, der die Reichweite der eigenen Online-Präsenz erhöhen kann. Hersteller wie *MercedesBenz* oder *Seidensticker* u. v. m. betreiben dort bereits einen Markenshop. Gemäß einer Studie von *Nielsen Media Research* ist *eBay* mit 21,4 Mio. Nutzern in Deutschland neben *Amazon* (22,7 Mio. Nutzer) der mit Abstand größte Online-Shop. Auf den weiteren Rängen folgen *Otto* (5,5 Mio.), *Tchibo* (3,8 Mio.) und *Zalando* (3,7 Mio.) (vgl. Hielscher und Hansen 2013, S. 72). Im Verhältnis zu den anderen Online-Shops wird deutlich, dass bei *eBay* das Umsatzpotenzial neben *Amazon* am größten sein muss. Die Präsentation auf *eBay* lässt sich konform zur Corporate Identity des produzierenden Unternehmens markengerecht darstellen (siehe Abb. 4.5).

Erfahrungsgemäß zählt für den klassischen *eBay*-Käufer in erster Linie der günstige Preis, da er tendenziell eher selten zu regulären Preisen in Online-Shops kauft (vgl. Dickfeld 2012, S. 73). Ist der Preis vergleichsweise niedrig, nehmen die meisten Käufer auch eine eventuell geringere Qualität bewusst in Kauf.

Der Erfolg eines Markenherstellers auf *eBay* lässt sich wesentlich erhöhen, wenn er die Produkte nicht nur zum unverbindlichen Listenverkaufspreis anbietet, sondern das Sortiment um Restposten, Vorsaisonware, 1B-Qualitäten, Rückläufer, Sondereditionen etc. erweitert (vgl. Dickfeld 2012, S. 73). Hinsichtlich Restposten und Überbeständen könnten für Markenhersteller auch die sogenannten „Wow!"-Aktionen (vgl. eBay 2013b) von *eBay* interessant sein. Hierbei handelt es sich um attraktive Tages- und Wochenangebote, die dem Endkunden häufig ein großes „Schnäppchenpotenzial" bieten. Durch die enorme Reichweite von *eBay* kann täglich beobachtet werden, dass mittels der „Wow!"-Angebote innerhalb weniger Stunden tausende Stück eines Produkts verkauft werden können (vgl. Dickfeld 2012, S. 74). Mit der Möglichkeit, sich als Marke im eigenen Corporate Design zu präsentieren, differenziert sich *eBay* grundsätzlich von *Amazon*, indem dort jedes einzelne Produktangebot die Marke auf den Bildschirm des Kunden bringt (vgl. Dickfeld 2012, S. 74). In Großbritannien bietet *eBay* seinen Kunden neuerdings die Möglichkeit, das Produkt online zu kaufen und es vor Ort beim stationären Händler abzuholen. Tests dieses Click & Collect-Systems werden aktuell auch in Deutschland mit *Saturn* durchgeführt (vgl. Hielscher und Hansen 2013, S. 72). Die befragten E-Commerce-Experten halten *eBay* einstimmig für einen geeigneten Marktplatz für Hersteller und empfehlen die uneingeschränkte Nutzung des Festpreisangebots im Rahmen eines Markenshops (vgl. Kap. 7, Interviews, Antworten auf Frage 4). *Diekmann* sieht in *eBay* eine Produktsuchmaschine, über welche sämtliche Marken, darunter auch Luxusgüter, bezogen werden können (vgl. Kap. 7, Interview mit Diekmann, Antwort auf Frage 4). Demzufolge können auf *eBay* Hersteller auch sehr hochwertige Produkte anbieten, ohne dass sie eine kognitive Dissonanz beim Endkunden befürchten müssen. Dies könnte passieren, wenn eine hochwertige Marke plötzlich ihre Produkte bei einem Discounter anbieten würde. *Prof. Heinemann* sieht in *eBay* einen Marktplatz, der für Hersteller zunehmend attraktiver wird, da Preiserosionen durch die mögliche Differenzierung im Rahmen eines Markenshops nicht im Vordergrund stehen (vgl. Kap. 7, Interview mit Prof. Heinemann, Antwort auf Frage 4). Laut *Prof. Morschett* ist *eBay* vor allem bei vielen gewerblichen Kunden ein etablierter Beschaffungskanal für Verbrauchs- und Investitionsgüter, was den Hauptvorteil von *eBay* im Vergleich zum Wettbewerber *Amazon* darstellt, weswegen er den simultanen Einstieg bei *ebay* und *Amazon* empfiehlt (vgl. Kap. 7, Interview mit Prof. Morschett, Antwort auf Frage 4).

Zusammenfassend lässt sich festhalten, dass *eBay* insbesondere durch die Möglichkeit des Aufbaus eines Markenshops für Hersteller eine empfehlenswerte Angebotsplattform darstellt, sofern die Nachfrager eines Herstellers *eBay* als Beschaffungskanal nutzen (vgl. Kap. 7, Interview mit Dr. Wittmann, Antwort auf Frage 4).

4.3 Strategische Komponenten im E-Commerce

E-Commerce-Betriebstypen	Vorteile	Nachteile	Hersteller-Fit
Solution Provider	• Kunde kauft Problemlösung statt Standardprodukt • Differenzierung via Services • Geeignet auch für hochwertige, beratungsintensive Produkte	• Hoher Aufwand zur Erstellung von relevantem Content	+++
Erlebnisorientierte Online-Shops	• Hervorragende Markeninszenierung möglich • Einkaufserlebnis • Emotionale Kundenansprache • Shopping als Event	• Hoher Aufwand • Nur bei begrenztem Produktportfolio auf hohem Niveau möglich	+++
Sortimentsexperten	• Hohe Warenkorbkompetenz • Breite Produktauswahl • Attraktiver Lieferant von Warenkörben	• Angebot eines tiefen Sortiments erfordert i. d. R. die Integration von Drittmarken in die Online-Präsenz des Herstellers	++
Customizing	• Individualisierung der Produkte • Höhere Wertigkeit für Kunden durch Individualisierung • Bereitschaft, einen höheren Preis zu bezahlen	• Hoher Prozessaufwand • Bei Konsumgütern nur mit viel Aufwand abbildbar • Nicht jedes Produkt geeignet	++
Social Shopping	• Shopping mit persönlicher Komponente • Nutzung von Social Communities als Basis • Shopping als Social-Media-Aktivität	• Einbeziehung von Plattformen notwendig • Direkter Austausch in Online-Präsenz des Herstellers oft nicht gewünscht	–
Innovative Preisformate	• USP ist ein niedriger Preis • Schnäppchenjagd • Shopping-Clubs • Auktionen • Outletstores	• Nicht mit jeder Marke durchführbar • Differenzierung primär über die preisliche Komponente	o

Abb. 4.6 Mögliche Betriebstypen für Hersteller. (Quelle: in Anlehnung an Morschett 2013)

4.3.4 Mögliche E-Commerce-Betriebstypen für produzierende Unternehmen

In Abschn. 2.3 wurden die Betriebstypen des E-Commerce nach Morschett (2013) vorgestellt (siehe auch Abb. 2.11). Für produzierende Markenhersteller sind allerdings nicht alle Betriebstypen gleichermaßen geeignet. Sie haben unterschiedliche Ausprägungen, die einerseits zum Markenkern des Unternehmens passend und hinsichtlich der Ausgestaltung des Online-Markenauftritts konsequent umgesetzt werden müssen. Nur so lässt sich eine Differenzierung vom Wettbewerb erreichen und nur so lassen sich USPs herausstellen. Abbildung 4.6 zeigt die jeweiligen Vor- und Nachteile der einzelnen Betriebstypen auf und indiziert deren Eignung für produzierende Unternehmen.

- Der *Betriebstyp des Solution Providers* ist besonders geeignet für produzierende Unternehmen technischer Güter. Hier tritt der Hersteller als Lösungsschaffer[9] auf. Die Produkte werden in Verbindung mit konkreten Anwendungsfällen inszeniert. Eine Differenzierung sollte über erweiterte Services, wie z. B. Installation, Wartung etc. erfolgen (vgl. Kap. 7, Interview mit Dr. Wittmann, Antwort auf Frage 6). Dieser Betriebstyp bietet zudem Vorteile bei der Kanalverträglichkeit zum stationären Handel, da er optimal in die erweiterten Serviceleistungen eingebunden werden kann. Er ist auch für hochwertige Nischenprodukte hervorragend geeignet. Sein Nachteil liegt im Aufwand hinsichtlich der Contenterstellung. So ist neben der eigentlichen Produktinformation auch die Lösung eines Problems bzw. einer Anwendung detailliert zu beschreiben. Im Bereich der Hausautomatisierung empfiehlt es sich beispielsweise, detaillierte Anleitungen für potenzielle Bauherren zu erstellen oder auch Checklisten anzubieten, die dem Kunden einen Nutzen bieten. Daneben ist es wichtig, auf die jeweiligen Zielgruppen exakt einzugehen und diese auf der ursprünglichen Customer Journey abzuholen und gezielt auf die eigene Seite zu führen. Ein Hersteller von Hausautomatisierung sollte daher alle Inhalte rund um das Thema Hausbau anbieten, nach denen potenzielle Hausherren suchen könnten. So können z. B. Produkte wie eine Steuereinheit für Heizkörper gezielt als Lösung gegen Wohnraumfeuchtigkeit angepriesen werden. Ein Beispiel für ein Unternehmen, das den Betriebstyp des Solution Providers gewählt hat, ist die Firma *Loxone Electronics GmbH* (http://www.loxone.com).
- Für Konsumgüterhersteller kann ein *erlebnisorientierter Online-Shop* der richtige Betriebstyp sein, mit dem eine emotionale Kundenansprache und eine hervorragende Markeninszenierung erfolgen sollten. Eine aktuelle Studie des *E-Commerce-Center Köln (ECC)* zum Einkaufsverhalten zeigt, dass Kunden auch online inspiriert werden wollen und eine emotionale Produktpräsentation zunehmend in den Vordergrund rückt. So ergab eine Befragung von 1.000 Internetnutzern, dass 50 % der Befragten häufiger online bestellen würden, wenn das Einkaufserlebnis besser wäre (vgl. ACID21 2013). „Erlebnisorientierung und Emotionalisierung werden auch für den Online-Einkauf immer wichtiger, sodass reine Basis-Funktionalitäten heute nicht mehr ausreichen, um den Konsumenten online wirklich zu begeistern und sich von der Konkurrenz zu differenzieren" (ACID21 2013), so *Dr. Hudetz*, Geschäftsführer des IFH Köln. Die Emotionalisierung von Online-Shops erfolgt gemäß der Studie im engen Zusammenspiel zwischen Online- und Offline-Kanal. Kunden wünschen sich, dass in Multi-Channel-Systemen Online-Shops und stationäre Ladengeschäfte aufeinander abgestimmt und widerspruchsfrei ähnlich sind (vgl. ACID21 2013). Ein Nachteil dieses Betriebstyps ist aus Herstellersicht der hohe Aufwand bei der jeweiligen Produktinszenierung. Daraus lässt sich schlussfolgern, dass sich der Betriebstyp eher bei einem begrenzten Produktportfolio eignet. Ein Beispiel dafür ist die Firma *Apple* (http://www.apple.com/de), der es gelingt, ihre Produkte perfekt in Szene zu setzen. Allerdings ist ihr Produktportfolio deutlich begrenzter als beispielsweise beim Wettbewerber *Lenovo* (http://www.lenovo.com/de/de), was sich letztlich auch in der Präsentation der jeweiligen Produkte wider-

---

[9] Lösungsschaffer wird als deutsche Übersetzung für den Betriebstyp des Solutions Providers verwendet.

spiegelt. Zusammenfassend lässt sich sagen, dass ein Webshop umso erfolgreicher ist, je benutzerfreundlicher, individueller und erlebnisorientierter er ist.
- Beim *Betriebstyp des Sortimentsexperten* steht die hohe Warenkorbkompetenz im Vordergrund. Sortimentsexperten sind beliebte Beschaffungskanäle von B2B-Kunden, die komplette Warenkörbe von einem Lieferanten beziehen möchten. In der Regel kann ein produzierendes Unternehmen diese Sortimentstiefe nicht abbilden, ohne dass Drittmarken in das Produktportfolio mit aufgenommen werden. Im Einzelfall kann es für einen Markenhersteller sinnvoll sein, Drittmarken in der eigenen Online-Präsenz anzubieten, aber es wird für viele produzierende Unternehmen keine Option darstellen. Darüber hinaus muss ein Hersteller, der als Sortimentsexperte agieren will, prüfen, inwieweit er die logistischen Anforderungen, die dieser Betriebstyp mit sich bringt, erfüllen kann.
- Der *Betriebstyp Customizing* ermöglicht Kunden die Individualisierung der Produkte an ihre Bedürfnisse. Grundlage hierfür ist zumeist ein Produktkonfigurator, der im Frontendbereich des Online-Shops eingebunden wird. Mit diesem wählt der Kunde die individuellen Produkt- und Ausstattungsmerkmale aus und konfiguriert im Self-Service das gewünschte Produkt. Bei sämtlichen Automobilherstellern (wie z. B. BMW, *http://m.bmw.de/m/mobi/de/de/newvehicles/configurator/index.cml*)gehört ein Konfigurator, mit dem ein Kunde das Fahrzeug konfigurieren und dessen Ausstattungsmerkmale wählen kann, zum Standard. Viele Produkte eigenen sich jedoch nicht für ein Customizing Modell, ferner besteht produktionsseitig ein hoher prozessualer Aufwand, eine Konfiguration umzusetzen. Während seitens der Konsumenten ein großer Trend in Richtung Customizing zu verspüren ist, wird es vielen Unternehmen nicht möglich sein, ihre Produkte wirtschaftlich sinnvoll zu individualisieren (vgl. Simpson 2013). Falls das Customizing eines Produktes für einen Hersteller nicht möglich oder wirtschaftlich ist, besteht jedoch zumeist die Möglichkeit, Services zu individualisieren, z. B. mittels einer persönlichen Grußkarte, einer speziellen Geschenkverpackung etc. Insbesondere für Hersteller, die in den E-Commerce einsteigen wollen und nicht direkt mit Händlern konkurrieren wollen, besteht hier großes Potenzial (vgl. Risch 2010, S. 46).
- Der *Betriebstyp Social Shopping* beinhaltet Social Communities (wie z. B. *Facebook*) als Basis des Geschäftsmodells. Dem Einkaufserlebnis soll eine persönliche Komponente hinzugefügt werden, indem über Communities ein Austausch mit Freunden oder Gleichgesinnten erfolgen kann. *Diekmann* sieht in Social Shopping eher eine Bewertungsfunktion als einen Betriebstypen. Es stelle heute noch keinen relevanten Beschaffungskanal dar, sollte jedoch für die Zukunft im Auge behalten werden (vgl. Kap. 7, Interview mit Diekmann, Antwort auf Frage 6). Die Voraussetzung für die Umsetzung dieses Betriebstyps ist eine umfänglich, bidirektionale Integration der Social-Media-Plattformen auf der Herstellerseite und umgekehrt. Dieser Schritt wäre deutlich weitreichender als die übliche Integration der Social-Media-Buttons auf den Webseiten, die bereits heute zum Standard gehört.
- Der *Betriebstyp des innovativen Preisformats* bietet aus Kundensicht als USP einen günstigen Preis. Häufig kommt er in geschlossenen Shopping-Clubs vor. Der Zugang zu Shopping-Clubs ist ausschließlich deren Mitgliedern vorbehalten. Auf diese Weise

wird eine künstliche Exklusivität geschaffen, die Kunden den Anreiz liefern soll, sich innerhalb des geschlossen Portals einzuloggen und die Angebote anzusehen. Händler wie *vente-privée* oder *Brands-for-Friends* sind mit diesem Modell sehr erfolgreich. Als Online-Markenpräsenz des Herstellers dürfte dieser Betriebstyp jedoch für die meisten produzierenden Unternehmen nicht infrage kommen, da die Differenzierung vorwiegend über die preisliche Ebene stattfindet.

Zusammenfassend lässt sich aus Autorensicht feststellen, dass die Betriebstypen des Solution Providers und des erlebnisorientierten Online-Shops den höchsten Hersteller-Fit aufweisen, da sie als Modelle für die meisten Hersteller realisierbar sein dürften. Die Betriebstypen des Sortimentsexperten und Customizing sind ebenso für Hersteller geeignet, sofern ein sehr tiefes Sortiment angeboten werden kann (Sortimentsexperten) bzw. die Individualisierung der Produkte und Services (Customizing) realisierbar ist. Die Betriebstypen Social Shopping und innovative Preisformate sind aus der gegenwärtigen Sicht des Autors weniger für Hersteller geeignet.

Der Übergang zwischen den einzelnen Betriebstypen ist fließend. So kann ein Solution Provider oder ein erlebnisorientierter Shop durchaus mit einem ausgewählten Sortiment Customizing betreiben, wie es z. B. bei *NikeID* der Fall ist. Die von *Prof. Morschett* entwickelten Betriebstypen sind in diesem Sinne eher als Grundausrichtung einer Online-Markenpräsenz zu verstehen und stellen daher eine wichtige Komponente innerhalb der Strategiekonzeption von produzierenden Unternehmen dar.

4.3.5 IT-Systemlandschaft für produzierende Unternehmen

Im Rahmen der E-Commerce-Strategie kommt der IT-Landschaft eine außerordentlich wichtige Bedeutung zu, da sie als kritischer Erfolgsfaktor für die Rentabilität gesehen werden kann (vgl. Kap. 7, Interviews, Antworten auf These 5). Hinsichtlich der Einmalkosten für eine E-Commerce-Struktur stellt die Investition in die IT-Infrastruktur für die Frontend- und Backend-Prozesse den größten Kostenblock dar. Budgetrestriktionen determinieren die E-Commerce-Strategie spätestens in der Umsetzungsphase, sofern ein marktorientierter Ansatz (in Abschn. 6.1.1 dargestellt) gewählt wird. Um die Komplexität zu verdeutlichen, wird in Abb. 4.7 eine mögliche IT-Systemlandschaft eines No-Line-Handelssystems (siehe Abschn. 3.3.4) dargestellt. Ein produzierendes Unternehmen, das noch keine E-Commerce-Prozesse umsetzt, verfügt zumeist über ein ERP-System, in dem i. d. R. die Materialwirtschaft, Produktionsplanung und Logistikprozesse abgebildet sind.

Da das ERP-System ausschließlich Bewegungsdaten (siehe Abschn. 3.3.4), d. h. Lagerbestandsdaten, Preisinformationen etc. beinhaltet, darin jedoch nicht die Contentdaten wie Artikelbeschreibung, Bilder etc. geführt werden, sind zur Speisung des Online-Markenauftritts neben dem ERP-System auch ein Produkt-Informationsmanagementsystem (PIM) und (optional) ein Media-Asset-Managementsystem (MAM) erforderlich. Diese zwei bzw. drei Systeme benötigen bidirektionale IT-Schnittstellen, die einen gewissen Kostenaufwand darstellen. Nun könnte eine direkte Verbindung des ERP-, PIM- und ggf.

4.3 Strategische Komponenten im E-Commerce

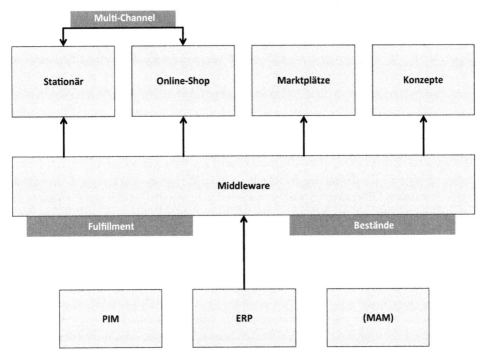

Abb. 4.7 Mögliche No-Line-IT-Systemlandschaft. (Diese Abbildung wurde in Anlehnung an eine Abbildung aus einer PowerPoint-Präsentation von Shopmacher erstellt)

MAM-Systems mit dem Backend des Online-Shopsystems sowie den angeschlossenen Marktplätzen erfolgen. Da der Kostenaufwand für die dafür notwendigen Schnittstellen eine hohe Investition darstellt, kann der Einsatz einer sogenannten Middleware Kostenvorteile mit sich bringen und auch zügiger implementiert werden. Wie in Abb. 4.7 dargestellt, ist in diesem Fall lediglich eine Schnittstelle von ERP-, PIM- und ggf. MAM-System zur Middleware notwendig, die dann die jeweiligen Daten an den stationären Handel, das Online-Shopsystem, Marktplätze und weitere Konzepte (wie z. B. Preissuchmaschinen, Affiliates etc.) aussteuert.

Neben der exemplarisch dargestellten Systemlandschaft, die bereits einen No-Line-Handels-Ansatz beinhaltet (siehe Abschn. 3.3.4), existiert noch eine Vielzahl an weiteren Konfigurationsmöglichkeiten einer IT-Systemlandschaft. Um diese zu skizzieren, ist grundsätzlich eine detaillierte Anforderungsanalyse im produzierenden Unternehmen notwendig. Ohne diese kann keine valide Aussage hinsichtlich der optimalen Konfiguration und der notwendigen Investitionen erfolgen. Die große Herausforderung für produzierende Unternehmen ist es, die richtigen Systeme bzw. den richtigen Beratungspartner zu wählen, der das Unternehmen in Bezug auf den E-Commerce agenturneutral beraten kann. Ein zu groß dimensioniertes System führt zu massiven Anschaffungs- und laufenden Betriebskosten – in Einzelfällen sogar so weit, dass keine Amortisation des E-Commerce-Projekts erreicht werden kann (vgl. Kap. 7, Interview mit Diekmann, Antwort auf Frage 7). Hinsichtlich der IT-Systemlandschaft sind sich die befragten E-Commerce-Experten in den Interviews einig, dass ein produzierendes Unternehmen (sofern es sich nicht um einen Pure-Player handelt) heutzutage zwar keine Software selbst programmieren muss, da am Markt viele gute Systeme vorhanden sind. Für elementar halten es die Experten aber, dass die E-Commerce-Prozesse reibungslos funktionieren, da ein Nachfrager keine Fehler oder Verzögerungen durch nicht optimale Prozesse toleriert (vgl. Kap. 7, Interviews, Antworten auf These 5). Voraussetzung dafür, dass ein produzierendes Unternehmen seine Transaktionskosten senkt, sind rationale Prozesse sowie eine skalierbare, kosteneffiziente IT-Landschaft, die der Dynamik standhält, die im E-Commerce-Bereich anzutreffen ist (vgl. Kap. 7, Interviews, Antworten auf These 5). Hersteller sollten daher versuchen, eine schlanke IT-Landschaft und einfache, rationale Prozesse aufzubauen. Innerhalb der bestehenden IT-Strukturen wird je nach Ausprägung die E-Commerce-Strategie zu disruptiven Veränderungen führen. Hersteller müssen sich daher intensiv mit den Softwarelösungen auseinandersetzen und innerbetriebliches Know-how aufbauen. Sicherlich sind produzierende Unternehmen mit einem geringen E-Commerce-Reifegrad auf einen Generalpartner angewiesen, der die Implementierung der IT-Systeme unterstützt. Es ist darauf zu achten, dass dieser über nachweisliche Erfahrung in ähnlich gelagerten Projekten verfügt und in der Lage ist, die bestehenden Systeme mit den neu hinzukommenden E-Commerce-Systemen zu vernetzen. Hersteller müssen darauf achten, dass die IT-Systemlandschaft so aufgebaut wird, dass Kostendegressionseffekte bei Umsatzwachstum ermöglicht werden und die Amortisationszeit 18 Monate möglichst nicht übersteigt, da zu Beginn (t = 0) nicht absehbar ist, welche Anforderungen an die Systemlandschaft in drei Jahren notwendig sein werden (vgl. Kap. 7, Interview mit Diekmann, Antwort auf Frage 7). Voraussetzung, um diese Entscheidung korrekt treffen zu können, ist eine realistische Einschätzung des E-Commerce-Umsatzpotenzials sowie der Marketingziele. Während zu Beginn des Implementierungsprojekts der Anteil des Outsourcings an Dienstleister dominierend sein wird, ist es elementar, dass während der Implementierung ein Know-how-Transfer an die innerbetriebliche Organisation erfolgt. Je größer der Umsatzanteil im E-Commerce-Segment ist, desto mehr Überlegungen sollte ein Hersteller anstellen, die IT-Prozesse in die Organisation einzugliedern. Für Online-Pure-Player wie *Amazon* und *Zalando* stellen IT-Prozesse eine Kernkompetenz dar. Aus diesem Grund bilden diese Gesellschaften sämtliche IT-Prozesse inhouse ab, was ihnen eine hohe Innovationsgeschwindigkeit ermöglicht.

4.3.6 Suchmaschinenoptimierter (SEO) Content

Die Online-Markenpräsenz eines Herstellers rekrutiert ihre Besucher stark aus den organischen Suchmaschinenergebnissen (siehe Abb. 4.8). Da bei Markenshops die Customer Journey häufig bei einer Suchmaschine beginnt, kommt der Qualität des suchmaschinenrelevanten Contents eine wichtige Bedeutung im Kampf um die 1a-Lage im Internet, den Top-Platzierungen bei *Google,* zu. Unter Content versteht man im Allgemeinen Textdaten, Bilddaten und Videodaten. Suchmaschinenoptimierung (Search-Engine-Optimization – SEO) bezeichnet Maßnahmen, einen Online-Auftritt so aufzubereiten, dass er von Such-

4.3 Strategische Komponenten im E-Commerce

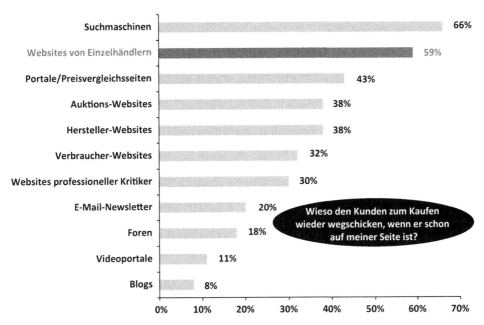

Abb. 4.8 Genutzte Online-Informationskanäle. (Diese Abbildung wurde in Anlehnung an eine Abbildung aus einer PowerPoint-Präsentation von Prof. Gerrit Heinemann erstellt)

maschinen gut erfasst werden kann und zugleich als wichtig für bestimmte Suchbegriffe (Keywords) angesehen wird. Die Güte der Suchmaschinenoptimierung eines Online-Auftritts kommt darin zum Ausdruck, dass er bei einer Abfrage von bestimmten Suchbegriffen möglichst weit vorne in den Ergebnissen der Suchmaschine gelistet wird (vgl. o. V. 2013). Um dieses Ziel zu erreichen, sollten Hersteller sämtlichen Content für ihre Webseite grundsätzlich suchmaschinenoptimiert erstellen (vgl. Kap. 7, Interviews, Antworten auf Frage 8). Innerbetrieblich ändert sich dadurch die Rolle des Produktmanagers, der sich nicht mehr nur ausschließlich um die Planung und Entwicklung sowie den Einkauf und die Vermarktung eines Produktes kümmern muss, sondern durch die gezielte Ausspielung des Contents auch dafür Sorge tragen muss, den Kunden entlang seiner Customer Journey mitzunehmen (vgl. Nickel 2013). In der Praxis bedeutet dies, dass er die Keywords des jeweiligen Produkts definiert und die Kommunikation der USPs dahin gehend aufbauen muss, dass diese darin enthalten sind. Organisatorisch empfiehlt es sich daher, einen SEO-Spezialisten in den redaktionellen Bereichen einzusetzen. *Prof. Heinemann* geht sogar noch einen Schritt weiter und empfiehlt, auch Medien, die für den Printbereich erstellt werden, suchmaschinenoptimiert auszuarbeiten, da sich diese Marketingmittel letztendlich auf Umwegen auch im Netz wiederfinden werden (vgl. Kap. 7, Interview mit Prof. Heinemann, Antworten auf Frage 8). Grundsätzlich gilt die Regel: Je weniger in Suchmaschinenmarketing (SEM) investiert werden muss, desto besser wird SEO betrieben. *Google* weist in Deutschland einen Marktanteil von 96 % und weltweit einen Marktanteil deutlich über 90 % auf (vgl. Schmidt 2012) und ist daher in einer entscheidenden Quasi-Monopolstellung.

Eine 1a-Lage auf *Google* zu erreichen, wird für Hersteller zunehmend aufwendiger und kostspieliger (vgl. Kap. 7, Interviews, Antworten auf These 6). Doch während für unbekannte Markenhersteller die Besuchsfrequenz (traffic) auf den Suchmaschinen überlebensnotwendig ist, können etablierte Hersteller auch auf den direkten Aufruf ihrer eigenen Webseiten setzen. Voraussetzung dafür ist jedoch der Aufbau einer vertrauensvollen Marke im Internet, den auch sie sich zu Beginn mühsam über Suchmaschinenoptimierung (SEO) erarbeiten bzw. über Suchmaschinenmarketing (SEM) erkaufen müssen (vgl. Kap. 7, Interview mit Prof. Morschett, Antwort auf These 6). Nischenanbieter haben den Vorteil, dass der Wettbewerb im Bereich SEO/SEM eine geringere Intensität aufweist, sodass sich durch professionelle Maßnahmen und eine konsequente Umsetzung gute Ergebnisse erreichen lassen. In solchen Nischen übersteigt der Nutzenfaktor für gewöhnlich den Kostenfaktor deutlich. Solution Provider können auf diese Weise durch Storytelling in Bezug auf das Produkt ein erfolgreiches Content-Marketing betreiben (vgl. Kap. 7, Interview mit Dr. Wittmann, Antwort auf These 6). In sehr wettbewerbsintensiven Branchen, die bereits einen hohen E-Commerce-Anteil aufweisen (wie die Unterhaltungselektronik), erfolgt der Beginn der Customer Journey vorwiegend auf Preisvergleichsportalen wie *guenstiger.de* oder *idealo.de*. In solchen Branchen kehrt sich der vorgenannte Kosten-/Nutzenfaktor um, da die Differenzierung nahezu ausschließlich über den Preis stattfindet (vgl. Kap. 7, Interview mit Diekmann, Antwort auf These 6).

Zusammenfassend lässt sich konstatieren, dass sich ein suchmaschinenoptimierter Content für Hersteller auszahlt und in jedem Fall unternommen werden sollte, da Herstellerseiten von Suchmaschinen bevorzugt werden. Hersteller sollten ab einer gewissen Größe einen SEO-Spezialisten im Hause beschäftigen, der sich hinsichtlich der laufenden Änderungen der Suchalgorithmen aktuell hält. Um eine Abwertung seitens der Suchmaschine zu vermeiden, sollte ferner auf der Herstellerseite ein einzigartiger, sogenannter Unique-Content zum Einsatz kommen. Dem Handel sollten separate Texte und Bilder zur Nutzung bereitgestellt werden, da Suchmaschinen redundanten Content als weniger relevant einstufen (vgl. Kap. 7, Interview mit Diekmann, Antwort auf Frage 8).

4.3.7 E-Commerce-Organisationseinheit bei produzierenden Unternehmen

„Web 2.0 kann etablierte Hierarchien infrage stellen." (Schmidt-Hertha et al. 2011). Zu diesem Schluss kam eine Untersuchung von *Bullinger* zu den neuen Qualifikationsanforderungen in Unternehmen. Die Mehrzahl der befragten Experten ist sich darin einig, dass vielen stationär geprägten Herstellern das Gespür für das E-Commerce-Geschäft fehlt (vgl. Kap. 7, Interviews, Antworten auf These 7). Tatsächlich ist für die erfolgreiche Umsetzung einer E-Commerce-Strategie ein entsprechendes Team erforderlich, das über diese spezifischen Kompetenzen verfügt. Abbildung 4.9 zeigt die mögliche Besetzung eines E-Commerce-Managements, das aus den vier Bereichen *kaufmännische Vorgänge*, *Content*, *Marketing* und *Technik* besteht. Eine solche Besetzung ist für die Etablierung eines Online-Markenauftritts mit Commerce-Funktionalitäten erforderlich. Der Vertrieb bleibt hier un-

4.3 Strategische Komponenten im E-Commerce

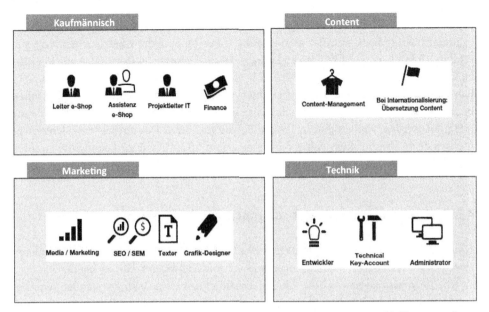

Abb. 4.9 Mögliche Besetzung eines E-Commerce-Managements. (Diese Abbildung wurde in Anlehnung an eine Abbildung aus einer PowerPoint-Präsentation von Shopmacher erstellt)

berücksichtigt, da er durch die Abhängigkeit der sonstigen Distributionsfunktionen (wie der Umgang mit Marktplätzen und Pure-Playern, siehe Abschn. 4.3.3) determiniert wird.

Ein Hersteller kann am Wachstum eines Start-ups partizipieren und davon lernen. Für den *Tengelmann* CEO *Karl-Erivan Haub*, der mit *TengelmannVentures* an mehr als 20 Internet-Start-ups, unter anderen auch *Zalando*, beteiligt ist, ist es bereits seit vielen Jahren selbstverständlich, sich an innovativen E-Commerce-Unternehmen zu beteiligen (vgl. Groh-Kontio 2013). Hinsichtlich der organisationalen Eingliederung von E-Commerce bei einem produzierenden Unternehmen sind sich die befragten E-Commerce-Experten einig, dass es je nach Zielsetzung hilfreich ist, dafür eine eigens geschaffene Organisationseinheit zu integrieren, die weder dem Marketing noch dem Vertrieb untergeordnet wird, sondern direkt an die Geschäftsleitung berichtet (vgl. Kap. 7, Interviews, Antworten auf These 7). Während *Prof. Heinemann* und *Diekmann* generell die Notwendigkeit sehen, dass ein Hersteller für E-Commerce eine autarke Organisationseinheit zumindest so lange etablieren sollte, bis sich ein No-Line-System durchgesetzt hat, halten es *Prof. Morschett* und *Dr. Wittmann* bei Herstellern physischer Güter auch für denkbar, die E-Commerce-Organisation im Vertrieb oder Marketing einzugliedern (vgl. Kap. 7, Interviews, Antworten auf Frage 9). *Prof. Morschett* sieht die Organisationsfrage in Abhängigkeit der damit verfolgten Strategie eines Herstellers nach dem Grundsatz „Structure follows Strategy". Bei der Etablierung einer eigenen Organisationseinheit sieht er die Problematik einer möglichen Interessenkollision, wenn die Organisation versuchen würde, den Online-Umsatz zu maximieren, dies aber unter Umständen nicht strategiekonform sein könnte (vgl. Kap. 7, Interview mit Prof. Morschett, Antwort auf Frage 9).

Als Ergebnis der Expertenbefragung hinsichtlich der Organisationsform lässt sich zusammenfassend sagen, dass E-Commerce die Unterstützung der Chefetage benötigt, um erfolgreich implementiert werden zu können. Das E-Commerce-Team sollte aus interdisziplinären Spezialisten aus den Bereichen Vertrieb, Marketing und IT bestehen und möglichst direkt an die Geschäftsleitung berichten. Ob dafür eine autarke Organisationseinheit beim Hersteller etabliert werden sollte oder ob die Abteilung im Vertrieb oder Marketing integriert werden sollte, hängt im Wesentlichen von der E-Commerce- bzw. Unternehmensstrategie ab und muss daher davon abgeleitet und individuell beantwortet werden (vgl. Kap. 7, Interviews, Antworten auf Frage 9).

4.3.8 Distributionsstrategie: omnipräsent vs. selektiv

Hinsichtlich der Distributionsstrategie eines produzierenden Unternehmens existieren zwei grundverschiedene Ausrichtungen, die zur Anwendungen kommen können.

Unter **Omnipräsenz** wird die Überall-Erhältlichkeit einer Ware verstanden, was bedeutet, dass eine breite Distribution in verschiedenen Vertriebskanälen stattfindet (vgl. Kilian o. J.). Das Wesen des Omni-Channel-Handels als moderne Handelsstruktur wurde in Abschn. 3.3.3 erläutert.

Eine **selektive Distribution** hingegen nimmt bei der Verteilung der Produkte eine Selektion der Vertriebsprodukte nach vorgegebenen Kriterien vor und liegt daher zwischen der intensiven (= Omnipräsenz) und der exklusiven Distribution (vgl. marketinglexikon.ch o. J.). Ziel einer selektiven Distribution ist die Nutzung mehrerer ausgewählter, jedoch nicht aller Distributionspartner, die gewillt sind, ein bestimmtes Produkt zu vertreiben (vgl. marketinglexikon.ch o. J.). Eine selektive Marktbearbeitung ermöglicht dem produzierenden Unternehmen eine angemessene Marktabdeckung bei kontrollierter Distribution.

Die befragten E-Commerce-Experten betonen, dass eine Omnipräsenz nicht zwangsläufig zu einem erhöhten Preis- und Margendruck bei den Produkten des Herstellers führen muss (vgl. Kap. 7, Interviews, Antworten auf These 8). Der Experte *Prof. Heinemann* betont, dass der häufig auftretende Preis- und Margendruck bei einer Omnipräsenz durch den Hersteller selbst verschuldet ist. Seiner Meinung nach mangelt es sowohl den Herstellern als auch dem Handel an Einfallsreichtum, sich über andere Kriterien als den Preis zu differenzieren (vgl. Kap. 7, Interview mit Prof. Heinemann, Antwort auf These 8). Er empfiehlt den Anbietern, die Vorteile des Online-Shoppings deutlicher herauszustellen, und sieht keine Notwendigkeit, online einen günstigeren Preis anzubieten als stationär. Dass es möglich ist, Preiskämpfe ohne Marktanteile zu gewinnen, hat *Amazon* gezeigt, indem es die Buchbranche trotz Preisbindung neu gestaltet hat. Die Voraussetzung hierfür hatten auch andere Händler, die sich ebenso bei Sortimentsgroßhändlern bedienen konnten, und daher logistisch die gleichen Möglichkeiten hatten wie *Amazon*.

Der Experte *Prof. Morschett* hingegen sieht eher die Strategie der selektiven Distribution als vorteilhaft für produzierende Unternehmen an, denn sie sorgt durch Exklusivität dafür, dass die Preiserosionen durch den Online-Handel zurückgehen und der Offline-

Handel dadurch hinsichtlich seiner Margen stabilisiert wird (vgl. Kap. 7, Interview mit Prof. Morschett, Antwort auf These 8).

Der Experte *Diekmann* hält die Omnipräsenz kurzfristig für die richtige Strategie, um den Markt auf allen Kanälen zu durchdringen und um eine relevante Marke aufzubauen. Langfristig aber hält auch er selektive Ansätze für sinnvoller, um die Deckungsbeiträge zu sichern. In der rechtlichen Ausgestaltung sieht er allerdings noch viele Unklarheiten (vgl. Kap. 7, Interview mit Diekmann, Antwort auf These 8). In der Tat haben einige Markenhersteller wie *adidas, Kettler* oder *Scout* kürzlich ein selektives Vertriebssystem zur Markenpflege eingerichtet, um dem Preisverfall auf Marktplätzen entgegenzuwirken. Während das *Bundeskartellamt* derzeit die Zulässigkeit des Vertriebssystems von *adidas* prüft, sorgt aktuell das Urteil 2U 8/09 vom 19. September 2013 des *Kammergerichts Berlin* branchenübergreifend für Verwirrung (vgl. Senatsverwaltung für Justiz und Verbraucherschutz 2013). Der Kläger, ein Einzelhandelsgeschäft, verkauft unter anderem Schulrucksäcke und Schulranzen. Diese vertreibt er über *eBay* auch online. Anlass für den Rechtsstreit war, dass das beklagte Unternehmen (Hersteller der *Scout*-Schulrucksäcke) ihm diesen Vertriebsweg unter Hinweis auf eine Klausel aus ihren „Auswahlkriterien für zugelassene Vertriebspartner" untersagt hatte (vgl. Dr. Damm und Partner Rechtsanwälte 2013). Das Gericht sieht das beklagte Unternehmen im Unrecht und bestätigt damit ein vorinstanzliches Urteil des *Landgerichts Berlin*. Dies bedeutet, dass der Hersteller der *Scout*-Schulranzen dem Händler nicht untersagen darf, seine Waren bei *eBay* oder ähnlichen Plattformen zu verkaufen, auch wenn der Passus einen wesentlichen Bestandteil des eigenen, selektiven Vertriebskonzepts darstellt (vgl. Kuntze-Kaufhold 2013, S. 1). Der Justiziar der *marktintern Verlagsgruppe, Dr. Kuntze-Kaufhold,* sieht den Grund für das Urteil darin, dass der Hersteller der *Scout*-Schulranzen sein selektives Vertriebssystem nach Auffassung des Kammergerichts nicht konsequent genug umgesetzt hat, da er zwar *eBay* ausschließe, andererseits aber einen Versandhandel beliefere und die Belieferung von Discountern praktiziere (vgl. Kuntze-Kaufhold 2013, S. 1). *Dr. Kuntze-Kaufhold* geht ferner davon aus, dass bei der Entscheidung des *Bundesgerichtshofs (BGH)* nicht mit einer generellen Entscheidung für den Internethandel zu rechnen ist, wenngleich fachhandelsorientierte Hersteller sicherstellen müssen, dass ihr selektives Vertriebskonzept die juristischen Anforderungen erfüllt und stringent auf die Branche zugeschnitten ist (vgl. Kuntze-Kaufhold 2013, S. 1).

Die befragten E-Commerce-Experten sehen es als schwierig an, ein selektives Distributionskonzept nachträglich durchzusetzen, wenn zuvor in einer Omnipräsenz sämtliche Vertriebskanäle zugelassen wurden (vgl. Kap. 7, Interviews, Antworten auf Frage 10). *Diekmann* sieht langfristig jedoch die Tendenz, dass juristisch zugunsten selektiver Vertriebsmodelle nachgesteuert wird. Es sieht keine Gründe mehr, dem Online-Handel die Eintrittsbarrieren zu erleichtern (z. B. durch das Fernabsatzgesetz), da sich dieser längst etabliert hat (vgl. Kap. 7, Interview mit Diekmann, Antwort auf Frage 10). Wie die Präzedenzentscheidung des *Bundeskartellamtes* ausgehen wird, vermag aktuell keiner der befragten Experten zu beurteilen (vgl. Kap. 7, Interviews, Antworten auf Frage 10). *Prof. Heinemann* konstatiert, dass ein selektives Vertriebsmodell nur dann erfolgreich sein kann, wenn für den Endkunden dadurch ein echter Vorteil geschaffen wird, und gibt zu bedenken, dass heutzutage viele Endkunden gar keine Beratung wünschen und noch weniger bereit sind, für eine ungewünschte oder minderwertige Beratung bezahlen zu müssen (vgl. Kap. 7, Interview mit Prof. Heinemann, Antwort auf Frage 10).

Abschließend lässt sich festhalten, dass eine Omnipräsenz aus Sicht der Experten nicht zwingend zu einem erhöhten Preis- und Margendruck für produzierende Unternehmen führen muss und auch eine selektive Distribution nicht den Königsweg darstellt, zumal dieses Thema aktuell mit juristischen Hürden behaftet ist. Gleichzeitig lässt sich ein genereller Trend zur selektiven Distribution reiner Luxusgüter feststellen (vgl. RolandBerger o. J.). Die Motive hierfür dürften primär darin liegen, dass Hersteller mit einem solchen Schritt versuchen, ihren stationären Fachhandel zu unterstützen. Dass sich dadurch der rasante Anstieg des Online-Handels – begünstigt durch die heranwachsende Generation der Digital Natives – aufhalten lässt, ist unwahrscheinlich. Offen bleibt aber, ob die neue Kundengruppe der Digital Natives, die zweifelsfrei eine geringere Markenloyalität aufweist, eine selektive Distribution nicht durch konsequente Substitution abstraft, um weiterhin auf dem von ihr präferierten Beschaffungskanal bleiben zu können.

Literatur

ACID21. (2013, 26. Feb.). Neue ECC-Studie: Erfolgreiche Onlineshops und Cross-Channel Commerce. http://www.acid21.com/Blog/Erfolgreiche-Onlineshops-und-Cross-Channel-Commerce. Zugegriffen: 08. Nov. 2013.

Amazon.com. (2013). Verkaufen bei Amazon. amazon services europe. http://services.amazon.de/programme/online-verkaufen/so-funktionierts.html. Zugegriffen: 24. Nov. 2013.

BITKOM. (2010, 03. März). Verbraucher informieren sich vor dem Kauf im Internet. Zugegriffen: 03. Nov. 2013.

Dickfeld, S. (2012). *Enorme Reichweite: Ist eBay ein geeigneter Marktplatz für Marken?* Gescher: Shopmacher.

Dr. Damm & Partner Rechtsanwälte. (2013, 23. Sept.). KG Berlin: Herstellern von Schulranzen darf Onlinehändler nicht den Verkauf der Produkte über eBay & Co. verbieten. http://www.damm-legal.de/kg-berlin-hersteller-von-schulranzen-darf-onlinehaendler-nicht-den-verkauf-der-produkte-ueber-ebay-co-verbieten. Zugegriffen: 17. Nov. 2013.

eBay. (2013a). ebay Service-Shop von Mercedes Benz. http://stores.ebay.de/Mercedes-Benz-Service-Shop. Zugegriffen: 24. Nov. 2013.

eBay. (2013b). WOW! Angebote zu Knallerpreisen. http://www.ebay.de/rpp/deals. Zugegriffen: 24. Nov. 2013.

Flick, U. (1999). *Qualitative Forschung, Theorie, Methoden, Anwendungen in Psychologie und Sozialwissenschaften.* Reinbek bei Hamburg: Rowohlt.

Fost, M. (2013). *E-Commerce Existenzgründung mittels Amazon.* Norderstedt: Books on Demand.

Groh-Kontio, C. (2013, 13. Aug.). Tengelmann versilbert Zalando-Anteile. Handelsblatt. http://www.handelsblatt.com/unternehmen/handel-dienstleister/neuer-grossinvestor-tengelmann-versilbert-zalando-anteile/8630860.html. Zugegriffen: 10. Nov. 2013.

Hielscher, H., & Hansen, N. (2013). Ausgeliefert. *WirtschaftsWoche, 45,* 65.

Kilian, K. (o. J.). markenlexikon.com. Stichwort: Omnipräsenz. http://www.absatzwirtschaft.de/content/_p=1004199,mlid=1736. Zugegriffen: 16. Nov. 2013.

Kuntze-Kaufhold, G. (2013, 07. Nov.). Selektiv-Vertrieb: Nun doch Verkauf über eBay & Co.? *marktintern - Eisenwaren, Werkzeuge, Garten*, 1.

marketinglexikon.ch. (o. J.). Stichwort: Selektive Distribution. http://www.marketinglexikon.ch/terms/449. Zugegriffen: 16. Nov. 2013.

Morschett, Dirk (2010). Vielfältige Angebotsformen im Online Handel; Retailing & Consumer Goods Marketing, S. 17 ff.

Meier, A., & Stormer, H. (2008). *eBusiness & eCommerce*. Heidelberg: Springer.

Nickel, A. (2013, 02. Okt.). Vom Händler zum Storyteller - Content Marketing im E-Commerce. http://www.ibusiness.de/members/commerce/db/533444 gg.html. Zugegriffen: 02. Okt. 2013.

o. V. (2005). *E-Commerce im Handel*. Hemsbach: Deutscher Betriebswirte-Verlag.

o. V. (2013). Was ist Suchmaschinenoptimierung? http://www.searchmedia.de/suchmaschinenoptimierung.html. Zugegriffen: 10. Nov. 2013.

Risch, D. (2010, 15. März). E-Commerce Trends 2010. http://de.slideshare.net/Unic/ecommerce-trends-2010-3436552. Zugegriffen: 09. Nov. 2013.

RolandBerger. (o. J.). Ein Gewinner in der Krise: Luxusmarkt Deutschland 2009. http://www.rolandberger.com/media/pdf/Roland_Berger_Luxusmarkt_Deutschland_20100115.pdf. Zugegriffen: 24. Nov. 2013.

Schmidt, H. (2012, 12. März). Googles Marktanteil steigt auf 96 % in Deutschland. Focus Online. http://www.focus.de/digital/internet/netzoekonomie-blog/suchmaschinen-googles-marktanteil-steigt-auf-96-prozent-in-deutschland_aid_723240.html. Zugegriffen: 10. Nov. 2013.

Schmidt-Hertha, B., Kuwan, H., Gidion, G., Waschbüsch, Y., & Strobel, C. (Hrsg.). (2011). *Web 2.0: Neue Qualifikationsanforderungen in Unternehmen*. Bielefeld: Bertelsmann.

Senatsverwaltung für Justiz und Verbraucherschutz. (2013). Kammergericht: Entscheidungsgründe im Kartellprozess zum Verkauf von Schulranzen über Internetplattformen liegen vor. http://www.berlin.de/sen/justiz/gerichte/kg/presse/archiv/20131007.1355.390079.html. Zugegriffen: 06. Feb. 2014.

Simpson, M. (2013, 01. Feb.). 13 E-Commerce Trends for 2013. *website Magazine*. http://www.websitemagazine.com/content/blogs/posts/archive/2013/01/02/13-e-commerce-trends-for-2013.aspx. Zugegriffen: 09. Nov. 2013.

Tischer, P. (2013, 28. Aug.). Amazon schafft Preisparität ab. http://www.crn.de/etail/artikel-100408.html. Zugegriffen: 06. Nov. 2013.

5　Entwicklung eines E-Commerce-Strategiemodells für produzierende Unternehmen

> *Strategie ist die Kunst und die Wissenschaft, alle Kräfte so zu entwickeln und einzusetzen, dass ein möglichst profitables, langfristiges Überleben gesichert wird.*
> (Hermann Simon (1947), Unternehmensberater und Wirtschaftsprofessor)

Im diesem Kapitel werden die bisherigen Erkenntnisse in einem E-Commerce-Strategiemodell zusammengeführt.

Vorbereitend werden hierfür zunächst Optionen hinsichtlich des Online-Markenauftritts produzierender Unternehmen dargestellt (Abschn. 5.1), denn dieser stellt den notwendigen Rahmen dar, um E-Commerce umzusetzen und zu entwickeln.

Es folgt die stufenweise Entwicklung des Strategiemodells (Abschn. 5.2). Nachdem in Abschn. 5.2.1 dessen Anwendungsbereiche nochmals explizit dargelegt werden, werden in Abschn. 5.2.2 die einzelnen Bausteine des Modells definiert und in Bezug auf ihre jeweiligen Ausprägungen in Form von Reifegraden detailliert dargestellt (siehe Abschn. 5.2.2.1 bis 5.2.2.5). Ziel ist die Integration aller Bausteine mit ihren Ausprägungen zu einem Gesamtmodell (in Abschn. 5.2.3 dargestellt).

Die Handelsverträglichkeit der jeweiligen strategischen Optionen innerhalb des Modells wird in Abschn. 5.2.4 erläutert. Im abschließenden Abschn. 5.2.5 wird das Modell einer kritischen Würdigung unterzogen.

5.1　Optionen hinsichtlich des Online-Markenauftritts

Im Vorfeld der Entwicklung eines E-Commerce-Strategiemodells in Abschn. 5.2 erscheint es sinnvoll, vorab die Optionen, die produzierenden Unternehmen in Bezug auf ihren Online-Markenauftritt zur Verfügung stehen, aufzuzeigen und voneinander abzugrenzen, da der Online-Markenauftritt als zentrale Schnittstelle zwischen Hersteller und Kunden zu verstehen ist. In diesem Kontext ist mit Kunde sowohl der Endkunde (B2C) gemeint, der den Online-Markenauftritt des Herstellers als Informationsplattform nutzt, als auch der Handelspartner (B2B), der neben der Informationsplattform (sofern vorhanden) auch eine B2B-Transaktionsplattform (sofern vorhanden) verwendet. In den Experteninterviews kristallisierten sich die folgenden beiden Grundoptionen für produzierende Unternehmen hinsichtlich eines Online-Markenauftritts heraus (vgl. Kap. 7, Interviews, Antworten auf Frage 1):

- Showroom (ohne Verkaufsfunktion)
- Flagshipstore (mit Verkaufsfunktion unter Einhaltung des UVPs)
  – Direkt
  – Indirekt

Unter einem Showroom ist ein Online-Auftritt zu verstehen, in dem die Marke nach allen Regeln der Kunst inszeniert wird. Dort wird einerseits das Informationsbedürfnis des Kunden befriedigt, andererseits kann dort aber auch ein Markenerlebnis stattfinden, wie man es im stationären Bereich (z. B. von *Apple* oder *Bang & Olufson*) kennt. Die fehlende Haptik wird online durch eine ansprechende Produktinszenierung substituiert (vgl. Diekmann et al. 2012, S. 156). Aus Gesichtspunkten der Suchmaschinenoptimierung ist es sinnvoll, den Showroom (selbst wenn er keine Kauffunktion beinhaltet) auf Basis eines Online-Shopsystems aufzubauen. Hinsichtlich SEO bietet ein Online-Shop i. d. R. mehr Möglichkeiten und führt zu einer höheren Sichtbarkeit im Internet. Auch aus Investitionsgesichtspunkten erscheint es sinnvoll, den genannten Weg zu beschreiten. Schreitet die Kanalverschiebung von offline zu online noch schneller fort, als es der Hersteller geplant hat, kann es nämlich durchaus notwendig sein, dass nach Liveschaltung des Showrooms bereits an die Einbindung einer Verkaufsfunktion zu denken.

Ein Showroom auf Basis eines Online-Shopsystems lässt sich hinsichtlich der IT-Aufwendungen im Frontend mit vergleichsweise geringen Kosten in einen Flagshipstore mit Kauffunktion erweitern. Ein Flagshipstore bildet von der Informationsfunktion über das Markenerlebnis bis hin zur Transaktion des Online-Kaufes sämtliche E-Commerce-Funktionalitäten für den Kunden ab. Aus Endkundensicht ist eine solche Lösung, die medienbruchfrei zum Kaufabschluss führt, zu begrüßen. Auch die befragten Experten sind sich einstimmig einig, dass Hersteller ihre Endkunden auch online medienbruchfrei zum Kaufabschluss führen sollten, sofern die Produkte nicht außerordentlich beratungsintensiv bzw. hochpreisig sind, sodass Retouren aufgrund von Fehlbestellungen zu immensen Kosten führen würden (vgl. Kap. 7, Interviews, Antworten auf These 1). Hinsichtlich der Warenauslieferung bietet ein Flagshipstore die beiden folgenden grundlegenden Optionen:

1. Direkt (Fulfillment und Auslieferung durch den Hersteller)

In dieser Option übernimmt der Hersteller die Auslieferung der Ware analog zu einem Direktvertrieb. Um den Channel-Konflikt mit dem stationären Handel zu reduzieren, könnte der Hersteller dem Handel eine Provision nach geografischen und objektiven Qualitätskriterien zukommen lassen. Allerdings könnte der Handel diese Vorgehensweise als nicht kooperativ empfinden, da er befürchten könnte, dass die Provisionszahlung künftig geringer ausfallen oder gänzlich gekürzt wird. Der Hersteller aber könnte sich mit dieser Option bestmöglich auf die unsichere Zukunft vorbereiten und Prozess-Know-how im E-Commerce aufbauen. Gleichzeitig erhält er auf diese Weise direkten Kontakt zum Endanwender nebst seinen Daten. Außerdem behält er in diesem Modell den Einfluss auf die Prozessqualität. In der Regel lassen sich durch eine direkte Abwicklung des Fulfillment kürzere Lieferzeiten erreichen als bei einer indirekten Methode über den Handel. Dies spielt vor allem für den Endkunden eine bedeutende Rolle, da dieser bei einer Bestellung über die Herstellerseite kein Verständnis für Lieferzeiten, wie sie im Handel üblicherweise der Fall sind, aufbringen wird.

2. Indirekt (Fulfillment und Auslieferung durch den Handel)

In der indirekten Option übernimmt der Handel die Auslieferung des Produktes. Der Kunde wird über den Online-Markenauftritt des Herstellers akquiriert und an einen Handelspartner weitergeroutet. Dies kann mit oder ohne Medienbruch erfolgen. Damit der Auftrag medienbruchfrei durchgeführt werden kann, müssen die Online-Bezugsquellen der Fachhandelspartner auf der Webseite eingebunden werden. Dies kann z. B. mittels einer Software wie *CommerceConnector* erfolgen. Die Firma *devolo* beispielsweise routet ihre Kunden mittels dieser Software zu ihrem Handelspartner (siehe Abb. 5.1).

Ein solches Vorgehen wird vom Handel als absatzfördernde Maßnahme eines Herstellers wahrgenommen und führt i. d. R. kaum zu Kanalkonflikten, sofern das Routing der Kunden nach objektiven Kriterien vorgenommen wird, die ein Händler erfüllen kann, und sofern er bereit ist, die notwendigen Anforderungen des Herstellers hierfür zu erfüllen. Der Hersteller hat in diesem Modell die Möglichkeit, eine Affiliate-Provision vom Händler zu verlangen, sofern das Routing zu einem Kaufabschluss führt. Die Conversion Rate, d. h. die Auftragsanzahl, die durch die Weiterleitung des Kunden zustande kommt, wird ebenfalls von einer Software wie *CommerceConnector* gemessen. Pure-Player wie *Amazon* bieten im Rahmen ihres PartnerNet-Programms bis zu 10 % Werbekostenerstattung, sofern durch eine Verlinkung von der eigenen Seite zu Amazon ein Kaufabschluss stattfindet (vgl. Amazon.com 2013).

Prof. Heinemann betont im Interview die Notwendigkeit, sich als Hersteller mittels einer multioptionalen E-Commerce-Lösung auf die unsichere Zukunft vorzubereiten. Ein Hersteller soll demzufolge in der Lage sein, diverse komplexe Distributionsformen vom eigenen Retailing bis hin zu Verbundlösungen mit dem Großhandel abzubilden (vgl. Kap. 7, Interview mit Prof. Heinemann, Antwort auf Frage 1). Die Backend-Prozesse des Online-Markenauftritts müssen daher eine hohe Flexibilität aufweisen, um mit der Dynamik schritthalten zu können. Im Frontend-Bereich werden die Distributionsformen jedoch weiterhin innerhalb eines Flagshipstore abgebildet.

Abb. 5.1 CommerceConnector Lösung am Beispiel von Devolo. (Quelle: www.devolo.de)

5.2 E-Commerce-Strategiemodell für produzierende Unternehmen

Im Rahmen dieses Abschnitts erfolgen die Entwicklung und Erläuterung des E-Commerce-Strategiemodells für produzierende Unternehmen mit einer stationären Handelsstruktur.

In Abschn. 5.2.1 werden zunächst die konkreten Anwendungsbereiche festgelegt, für die das Modell entwickelt wird. Im Anschluss werden in Abschn. 5.2.2 die einzelnen Bausteine des Modells definiert und hinsichtlich ihrer jeweiligen Ausprägungen, die im Sinne von Reifegraden zu verstehen sind, ausgearbeitet. Die Integration der einzelnen Bausteine und ihrer Reifegrade in Abschn. 5.2.3 führt zur Bildung eines holistischen Strategiemodells des E-Commerce. Im Anschluss folgt die Darstellung der Handelsverträglichkeit der jeweiligen Reifestufen des Modells (in Abschn. 5.2.4 dargestellt). Das Strategiemodell erfährt abschließend in Abschn. 5.2.5 eine kritische Würdigung.

Die Basis für die Entwicklung des Strategiemodells bilden die in Kap. 2 beschriebenen Grundlagen und Wachstumsgründe von E-Commerce sowie die in Kap. 3 analysierten Handelsstrukturen produzierender Unternehmen. Die dort gewonnenen Erkenntnisse wurden im Rahmen von Kap. 4 in neun Thesen zu den zentralen Aspekten und Problemstellungen einer E-Commerce-Strategie verdichtet. Diese (im Rahmen von Experteninterviews überprüften) Thesen sind grundlegend für die Ableitung der wesentlichen inhaltlichen Bausteine des Strategiemodells. Außerdem fließen in die Modellbildung auch die

5.2 E-Commerce-Strategiemodell für produzierende Unternehmen

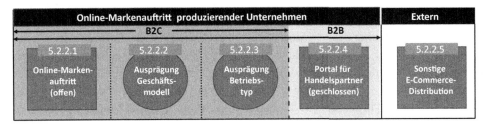

Abb. 5.2 Aufbau der Bausteine des E-Commerce-Strategiemodells

Aussagen der Experten zu möglichen Strategien in Bezug auf die einzelnen Thesen und zu den verschiedenen Formen eines Online-Markenauftritts (in Abschn. 5.1 dargestellt) ein.

5.2.1 Definition der Anwendungsbereiche des Modells

Das Strategiemodell wird speziell im Hinblick auf die Anforderungen eines produzierenden Unternehmens bzw. Herstellerunternehmens oder auch Exklusivimporteurs eines Markenprodukts entwickelt. Im Fokus stehen dabei produzierende Unternehmen mit einer indirekten Vertriebsstruktur (in Abschn. 3.1.2 dargestellt), die klassischerweise ihren Schwerpunkt im stationären Handel haben, da eine erfolgreiche E-Commerce-Strategie für diese Art von Unternehmen eine besondere Herausforderung darstellt, um einerseits an der Offline- zu Online-Kanalverschiebung zu partizipieren und um andererseits den stationären Handel möglichst kollaborativ zu integrieren. Das Strategiemodell richtet sich außerdem primär an Hersteller, die einen gewissen Bekanntheitsgrad aufweisen und Produkte unter ihrem Markennamen distribuieren. Damit sind Original Equipment Manufacturer (OEM), die Komponenten oder Produkte zwar fertigen, diese jedoch nicht selbst in den Handel bringen und als Marke in Erscheinung treten, aus dem Anwendungsbereich des E-Commerce-Strategiemodells ausgenommen, da sie völlig unterschiedliche Anforderungen an eine E-Commerce-Strategie haben, die im Rahmen dieses Buches nicht erörtert werden können.

5.2.2 Entwicklung und Erläuterung des Strategiemodells

Das mehrdimensionale Strategiemodell für produzierende Unternehmen besteht aus fünf Bausteinen bzw. Bereichen, die in Abb. 5.2 dargestellt werden. Es wurden fünf zentrale Bausteine, die bei der Ausarbeitung einer E-Commerce-Strategie, eine Rolle spielen, definiert.

Übergeordneter Baustein des Modells ist der *Online-Markenauftritt*, der in Abschn. 5.2.2.1 näher erläutert wird. Er stellt die Grundvoraussetzung für E-Commerce dar, denn er bildet die notwendige Interaktionsplattform zwischen Hersteller und Kunde und übernimmt die Informationsbereitstellungsfunktion eines Herstellers im digitalen Zeitalter. Der offene Online-Markenauftritt wird umgangssprachlich auch als Herstellerwebseite bezeichnet.

Die *Ausprägung des Geschäftsmodells*, die den zweiten Baustein des Modells bildet, leitet sich neben der strategischen Stoßrichtung des Unternehmens primär aus der Art des Online-Markenauftritts ab und wird in Abschn. 5.2.2.2 näher erläutert und aufgrund ihrer zentralen Bedeutung mittels einer SWOT-Analyse untersucht. Ebenso determiniert die Art des gewählten Online-Markenauftritts die *Ausprägung des Betriebstyps*, die als dritter Modellbaustein in Abschn. 5.2.2.3 dargestellt wird. Aufgrund der engen Abhängigkeit der *Ausprägung des Geschäftsmodells* (Baustein 2) und des *Betriebstyps* (Baustein 3) des *Online-Markenauftritts* (Baustein 1) und wegen ihres starken Einflusses auf die Wahrnehmung durch den Kunden bilden diese drei Bausteine die Kernbereiche des Modells.

Auch der vierte Baustein – das *B2B-Portal für Handelspartner* – fußt auf einer Online-Plattform. Es wird in Abschn. 5.2.2.4 näher erläutert. Da dieser Bereich nur durch Login mittels Zugangsdaten erreichbar ist, wird er als „geschlossen" bezeichnet. Im fünften Baustein einer E-Commerce-Strategie werden *sonstige Aspekte der E-Commerce-Distribution* zusammengefasst, die nicht unmittelbar mit dem Online-Markenauftritt eines produzierenden Unternehmens zusammenhängen und daher davon losgelöst betrachtet und umgesetzt werden können. Sie werden in Abschn. 5.2.2.5 näher ausgeführt.

Das E-Commerce-Strategiemodell ist in drei Reifegrade unterteilt, die ausdrücken, wie umfassend und wie spezifiziert ein produzierendes Unternehmen E-Commerce-Aktivitäten umsetzt. Ein Unternehmen, das (noch) keine E-Commerce-Prozesse ausführt, wird im Rahmen des Strategiemodells nicht betrachtet und entspräche faktisch dem Reifegrad „0". Im Zuge der Modellkonzeption zeigte sich, dass drei Reifegradstufen („1" bis „3") ausreichend sind, um die möglichen Entwicklungen innerhalb der einzelnen Bausteine voneinander abzugrenzen. Zur Vermeidung zusätzlicher Komplexität innerhalb des Modells wurde auf eine kleinteiligere Unterteilung verzichtet. Die im Rahmen des Strategiemodells ausgearbeiteten Reifegradstufen zu den jeweiligen Bausteinen werden in allen weiteren Abbildungen wie in Abb. 5.3 in der Legende zu sehen farblich gekennzeichnet.

Die Reifegrade der einzelnen Modellbausteine bauen jeweils modular aufeinander auf. Dabei muss berücksichtigt werden, dass Entwicklungen innerhalb eines Bausteins immer auch Entwicklungen und Auswirkungen in den anderen Bausteinen voraussetzen bzw. nach sich ziehen. Die Reifegrade repräsentieren eine evolutionäre Entwicklung im Sinne der Ausarbeitung einer zunehmend umfassenden und ausgefeilten E-Commerce-Strategie, unter der Prämisse, dass die Kanalverschiebung von offline nach online in demselben Ausmaß voranschreitet wie in den letzten Jahren. In der Regel gehen produzierende Unternehmen stufenweise vor und durchlaufen die einzelnen Reifegrade, sofern das Geschäftsmodell nicht disruptiv verändert werden soll, z. B. durch Akquisitionen. Gleichzeitig werden die organisationalen Anforderungen im E-Commerce mit zunehmendem Reifegrad höher. Sowohl die Kapazität als auch das Know-how müssen aufgebaut werden, um einen höheren Reifegrad zu erreichen. Im Folgenden werden die Bausteine des E-Commerce-Strategiemodells aus Abb. 5.2 einzeln dargestellt und erläutert. In Abschn. 5.2.3 erfolgt die Integration der einzelnen Bausteine und ihrer Ausprägungen in einem ganzheitlichen Strategiemodell.

5.2 E-Commerce-Strategiemodell für produzierende Unternehmen

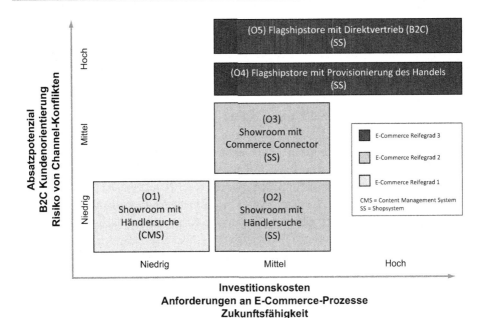

Abb. 5.3 Portfolio zum Online-Markenauftritt produzierender Unternehmen

5.2.2.1 Online-Auftritt eines produzierenden Unternehmens

Die Begriffsdefinitionen von Showroom und Flagshipstore erfolgten im Rahmen von Abschn. 5.1. In diesem Sinne werden sie nun in das Optionsportfolio von Abb. 5.3 überführt. Die Abszissenachse stellt den jeweiligen Grad der Zukunftsfähigkeit des Online-Auftritts dar, wenn davon ausgegangen wird, dass die Kanalverschiebung von Offline- zu Online-Umsätzen (wie in Abschn. 2.5 erläutert), planmäßig voranschreitet. Gleichzeitig indiziert die Abszissenachse die Höhe der Investitionskosten sowie die Anforderungen an die E-Commerce-Prozesse und die dafür zuständige Organisation.

Die Ordinatenachse indiziert das mögliche Absatzpotenzial durch die Online-Markenpräsenz sowie die B2C-Orientierung an den Kunden, die, wie in These 1 festgestellt, einen medienbruchfreien Kaufabschluss auf der Herstellerseite erwarten (vgl. Kap. 7, Interviews, Antworten auf These 1). Gleichzeitig indiziert die Ordinate jedoch auch das Risiko von Channel-Konflikten mit dem stationären Handel, da der Handel Disintermediationstendenzen, die durch den Hersteller initiiert werden, kritisch betrachtet. Der E-Commerce-Experte *Prof. Heinemann* empfiehlt Herstellern eine multioptionale E-Commerce-Lösung, welche die verschiedenen, zumeist komplexen Distributionsformen vom eigenen Retailing bis hin zu Verbundlösungen mit dem Großhandel abbilden kann (vgl. Kap. 7, Interview mit Prof. Heinemann, Antwort auf Frage 1).

Vor diesem Hintergrund ist das in Abb. 5.3 dargestellte Portfolio zum Online-Markenauftritt produzierender Hersteller modular aufgebaut und in einzelne mögliche Reifegrade unterteilt. So stellt der mit O1 gekennzeichnete Showroom mit einer Händlersuche auf Basis eines Content-Management-Systems (CMS) die kostengünstigste Art eines Online-

Markenauftritts dar. Gleichzeitig sind auf dieser Stufe aber noch kaum E-Commerce-Prozesse möglich. Auf dem nächsten Reifegrad muss die Investition in ein Shopsystem (SS) erfolgen. Hierbei handelt es sich um eine Neuinvestition, die das bisherige System unweigerlich ablöst. Insofern ist es in vielen Fällen ratsam, dass produzierende Unternehmen mit ihrem Online-Auftritts direkt in Reifegrad 2 einsteigen und in ein Shopsystem investieren, um zukunftsfähiger zu sein und schneller auf äußere Veränderungen reagieren zu können. Demgegenüber stehen jedoch höhere Investitionskosten des Showrooms auf Basis eines Online-Shopsystems, von dem ein Unternehmen jedoch dahingehend profitiert, dass Shopsysteme hinsichtlich der Suchmaschinenoptimierung (in Abschn. 4.3.6 dargestellt) Vorteile bieten. Während bei einem Showroom mit einer Händlersuche (O2), der sowohl Online- als auch stationäre Händler aufführt, noch keine Verfügbarkeit überprüft, sondern lediglich eine Verlinkung gesetzt wird, kann ein Kunde auf der nächsten Ausbaustufe – einem Showroom mit Commerce Connector (O3) – über einen Handelspartner des Herstellers direkt zum Kaufabschluss gelangen. Ab dieser Stufe wird der Showroom zu einem Vertriebskanal, über den Interessenten von der Produktdetailseite des Showrooms direkt zum Online-Shop des Handelspartners gelangen und dort das Produkt erwerben können. Dabei lässt sich die Conversion-Rate messen und zurückverfolgen. *Prof. Morschett* sieht in dieser Strategieoption ein handelsverträgliches kooperatives Modell, welches er den Herstellern empfiehlt, um den Handel zu stärken (vgl. Kap. 7, Interview mit Prof. Morschett, Antwort auf Frage 11).

Dennoch beinhaltet auch diese Strategieoption immer noch einen Medienbruch, der erst im Reifegrad 3 – dem Flagshipstore – gänzlich entfällt. Im Rahmen eines Flagshipstores (O4) bietet ein produzierendes Unternehmen seine Produkte und Dienstleistungen bereits direkt dem Endkunden (B2C) an und vertikalisiert damit die wertschöpfenden Prozesse des Handels. Ab dieser Stufe findet eine Disintermediation des Handels statt. Die befragten E-Commerce-Experten sind sich uneinig, ob es sich bei einem Flagshipstore, in dem der Hersteller sämtliche Verkaufsprozesse übernimmt, der Handel jedoch nach bestimmten (z. B. geografischen und qualitativen) Kriterien eine Provision erhält, noch um eine kooperative E-Commerce-Strategie handelt (vgl. Kap. 7, Interviews, Antworten auf Frage 12). Während die Experten *Diekmann* und *Prof. Heinemann* einen Flagshipstore, der nicht im Preiswettbewerb zum stationären Handel steht und die Produkte zur unverbindlichen Preisempfehlung (UVP) anbietet, als handelsseitig akzeptiert ansehen (vgl. Kap. 7, Interview mit Diekmann und Prof. Heinemann, Antwort auf Frage 11), gibt der Experte *Prof. Morschett* zu bedenken, dass der Handel ein solches Vorgehen als durchaus kannibalisierend werten könnte. Je nach Markenstärke besteht aus seiner Sicht das Risiko, dass der Hersteller für einen solchen Schritt sanktioniert wird (vgl. Kap. 7, Interview mit Prof. Morschett, Antwort auf Frage 11). Die letzte Stufe eines produzierenden Unternehmens im Bereich des E-Commerce ist ein Flagshipstore mit direktem B2C-Vertrieb (O5), in dem die Provisionszahlung an den Handel entfällt.

Die in Abschn. 4.3 dargestellten Komponenten einer E-Commerce-Strategie (insbesondere die Sortimentspolitik in Abschn. 4.3.1 sowie die in Abschn. 4.3.2 dargestellte Preispolitik) kommen in der Ausgestaltung des Online-Markenauftritts zum Tragen. So lassen

5.2 E-Commerce-Strategiemodell für produzierende Unternehmen

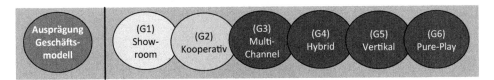

Abb. 5.4 Mögliche Ausprägung des E-Commerce-Geschäftsmodells

sich beispielsweise die dargestellten Reifegradstufen innerhalb der einzelnen Optionen zum Online-Markenauftritt auch mit einem bestimmten Sortiment stufenweise durchlaufen. So kann es für ein produzierendes Unternehmen sinnvoll sein, hinsichtlich des Komplettsortiments auf den Einsatz eines Showrooms mit CommerceConnector zu vertrauen, jedoch das Ersatzteil- und/oder Zubehörsortiment in einem Flagshipstore mit Direktvertrieb zu betreiben, ohne Provisionszahlungen an den Handel zu leisten.

5.2.2.2 Ausprägung des Geschäftsmodells produzierender Unternehmen

Während die zuvor dargestellten strategischen Handlungsoptionen hinsichtlich des Online-Markenauftritts grundlegend festlegen, welche E-Commerce-Funktionalität ein produzierendes Unternehmen anbietet, lässt sich das Geschäftsmodell innerhalb des jeweiligen Online-Auftritts unterschiedlich ausprägen. Die Wahl dieser Ausprägung bildet den zweiten Baustein des Strategiemodells. Abb. 5.4 zeigt die möglichen Ausprägungen des E-Commerce-Geschäftsmodells im Zusammenhang mit dem Online-Auftritt.

Wie an der farblichen Kennzeichnung ersichtlich, ist die jeweilige Ausprägung des E-Commerce-Geschäftsmodells durch seinen Reifegrad determiniert. So ist in Reifegrad 1 bei einem CMS-basierten Showroom (G1) lediglich das gleichnamige Geschäftsmodell realisierbar. Ein kooperatives Geschäftsmodell (G2), bei dem durch Anfragen auf der Herstellerseite die Kunden gezielt an einen Handelspartner geroutet werden, entspricht dem Reifegrad 2. Die Geschäftsmodellausprägungen Multi-Channel (G3), Hybrid (G4), Vertikal (G5) und Pure-Play (G6) sind erst realisierbar, sobald sich das Unternehmen in Reifegrad 3 befindet, da hierfür ein Flagshipstore als Online-Markenauftritt (siehe auch Abschn. 5.2.2.1) eine Voraussetzung darstellt. Im Folgenden werden die einzelnen Ausprägungen der in Abb. 5.4 genannten E-Commerce-Geschäftsmodelle dargestellt. Weil die Ausprägung des Geschäftsmodells entscheidenden Einfluss darauf hat, welche Optionen einem produzierenden Unternehmen im Bereich des E-Commerce zur Verfügung stehen, werden die einzelnen Ausprägungen außerdem im Rahmen einer SWOT-Analyse bewertet. SWOT ist ein Akronym aus den Anfangsbuchstaben, das für **S**trengths (Stärken), **W**eaknesses (Schwächen), **O**pportunities (Chancen) und **T**hreats (Risiken) steht und demnach eine integrierte Stärken-Schwächen-Chancen-Risiken-Analyse verkörpert (vgl. Kerth et al. 2011). Im Rahmen der E-Commerce-Strategieentwicklung für produzierende Unternehmen mit einer stationären Handelsstruktur wird die SWOT-Analyse herangezogen, um eine Gesamtübersicht über den strategischen Handlungsspielraum eines Unternehmens geben zu können. Dabei werden die Faktoren für den Erfolg oder Misserfolg eines Unternehmens als strategische bzw. kritische Erfolgsfaktoren dargestellt (vgl. Brüning 2005, S. 33).

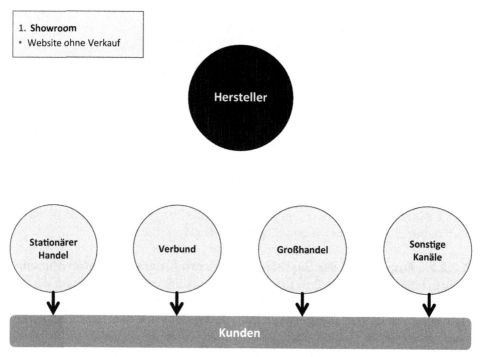

Abb. 5.5 Geschäftsmodellausprägung – Showroom. (Diese Abbildung wurde in Anlehnung an eine Abbildung aus einer PowerPoint-Präsentation von Shopmacher erstellt)

Showroom (G1)

In Abb. 5.5 wird das Geschäftsmodell eines Showrooms skizziert. Die Herstellerwebseite fungiert in diesem Geschäftsmodell als Produktinformationsplattform, während sämtliche Commerce-Prozesse ausschließlich über den bestehenden Handel abgewickelt werden.

In Abb. 5.6 wird das Geschäftsmodell des Showrooms einer SWOT-Analyse unterzogen und hinsichtlich seiner Stärken/Schwächen sowie seiner Chancen/Risiken bewertet. Hierbei wird deutlich, dass produzierende Unternehmen mit dieser Geschäftsmodellausprägung hinsichtlich des ROPO-Effekts der wichtigen Produktinformationsfunktion nachkommen können und für eine klare Markenkommunikation sowie für eine hervorragende Produktinszenierung sorgen können. Die Schwächen des Modells liegen im hohen Aufwand, die das Geschäftsmodell nach sich zieht, sowie im Ausbleiben von Conversionsraten. Ferner ist die Absprungrate in einem solchen Geschäftsmodell hoch, da dem Endkunden kein medienbruchfreies Angebot unterbreitet werden kann und dieser vielmehr auf den stationären Handel verwiesen wird. Der Hersteller begibt sich dadurch in eine Abhängigkeit seines stationären Handels, der letztendlich bestimmt, wie hoch die Erfolgsaussichten eines Kaufabschlusses sind. Ferner hat der Hersteller in diesem Geschäftsmodell keinerlei Einfluss auf die Preisgestaltung, da diese ebenso dem Handel obliegt.

Produzierende Unternehmen müssen daher die Geschäftsmodellausprägung des Showrooms als reine Marketingaktivität sehen, um der Produktinformationsfunktion gerecht zu werden.

5.2 E-Commerce-Strategiemodell für produzierende Unternehmen

Stärken	Schwächen
▪ Klare Markenkommunikation und eindeutiges Markenimage ▪ Ansprechende Produktpräsentation ▪ Produktpräsentation nach klaren, einheitlichen Vorgaben	▪ (Vorerst) Hoher Aufwand ohne Erfolgsgarantie ▪ Verkaufsimpuls ohne direkte Umsatzgenerierung

Chancen	Risiken
▪ Schaffung eines Markenerlebnisses ▪ Nutzung als Imagekanal ▪ Traffic-Generierung durch hochwertigen Content	▪ Hohe Absprungrate aufgrund fehlender durchgehender Begleitung des Kunden innerhalb der Customer Journey ▪ Hersteller hat keinen Einfluss auf die Preisgestaltung, was zu Preiserosionen führen kann

Abb. 5.6 SWOT-Analyse der Geschäftsmodellausprägung – Showroom. (Diese Abbildung wurde in Anlehnung an eine Abbildung aus einer PowerPoint-Präsentation von Shopmacher erstellt)

Kooperativ (G2)

In Abb. 5.7 wird das kooperative Geschäftsmodell zwischen Hersteller und Handel skizziert. Die Herstellerwebseite fungiert in diesem Geschäftsmodell nicht nur als Produktinformationsplattform, sondern darüber hinaus als Auftragsquelle für den Handel. Ziel eines solchen Geschäftsmodells ist es, dem B2C-Endkunden ein medienbruchfreies Einkaufserlebnis bieten zu können, und gleichzeitig, den bestehenden Handel mit den dadurch entstehenden Aufträgen durch die digitale Präsenz des Herstellers zu unterstützen.

In Abb. 5.8 wird das kooperative Geschäftsmodell einer SWOT-Analyse unterzogen und hinsichtlich seiner Stärken/Schwächen sowie seiner Chancen/Risiken bewertet. Hierbei wird ersichtlich, dass die Stärke des Modells darin liegt, dass sich – im Gegensatz zum Geschäftsmodell des Showrooms – die Absatzzahlen messen lassen. Ferner bietet das Modell die Chancen analog zum Geschäftsmodell des Showrooms, darüber hinaus ist jedoch die Chance einer Umsatzsteigerung durch den kooperativen Handel gegeben. Der wesentliche Faktor, der für dieses Geschäftsmodell spricht, dürfte jedoch die Chance sein, das Händlernetzwerk durch ein solch kooperatives Vorgehen zu stärken. Daneben birgt das Modell jedoch auch eine Vielzahl an Schwächen, wie z. B. die höheren Kosten bei der technischen Umsetzung eines kooperativen Modells, insbesondere bei den Datenschnittstellen zwischen Hersteller und Handel. Ferner muss die Prozessqualität beim Händler, der letztlich für die Auslieferung der Waren verantwortlich ist, sichergestellt und überwacht werden, um den Endkunden zufriedenzustellen. Fraglich bleibt, ob ein kooperatives Geschäftsmodell, das mit Multi-Channel- und Pure-Play-Anbietern konkurrieren muss, aus Endkundensicht attraktiv genug gestaltet werden kann. Der Erfolg hängt letztendlich

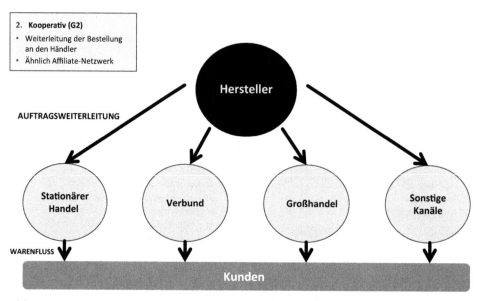

Abb. 5.7 Geschäftsmodellausprägung – Kooperativ. (Diese Abbildung wurde in Anlehnung an eine Abbildung aus einer PowerPoint-Präsentation von Shopmacher erstellt)

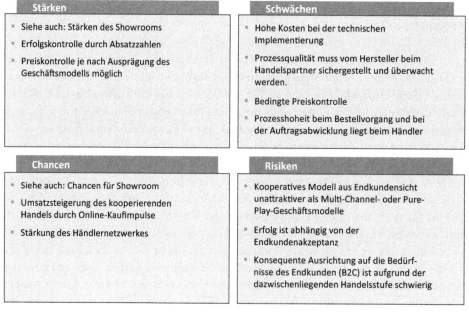

Abb. 5.8 SWOT-Analyse der Geschäftsmodellausprägung – Kooperativ. (Diese Abbildung wurde in Anlehnung an eine Abbildung aus einer PowerPoint-Präsentation von Shopmacher erstellt)

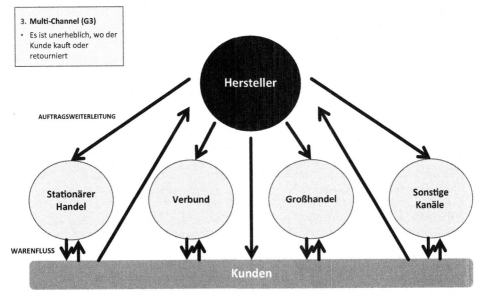

Abb. 5.9 Geschäftsmodellausprägung – Multi-Channel. (Diese Abbildung wurde in Anlehnung an eine Abbildung aus einer PowerPoint-Präsentation von Shopmacher erstellt)

von der Akzeptanz der B2C-Kunden ab. Sollte das Bestellvolumen nicht hoch genug sein, werden die hohen Implementierungskosten dieses Modells unter Umständen nicht zum ROI führen. Ferner erschwert die dazwischenliegende Stufe des Handels die konsequente Ausrichtung des Geschäftsmodells an die Bedürfnisse der B2C-Endkunden.

Multi-Channel (G3)

In Abb. 5.9 wird das Multi-Channel-Geschäftsmodell skizziert. Das Geschäftsmodell wurde bereits in Rahmen von Abschn. 3.3.1 hinreichend erläutert, worauf an dieser Stelle hinsichtlich der weiterführenden Erläuterung verwiesen wird.

In Abb. 5.10 wird das Multi-Channel-Geschäftsmodell einer SWOT-Analyse unterzogen und hinsichtlich seiner Stärken/Schwächen sowie seiner Chancen/Risiken bewertet. Hierbei wird ersichtlich, dass die Chance dieses Geschäftsmodells vor allem darin liegt, dem B2C-Endkunden Multi-Channel-Services zur Verfügung zu stellen. Ihm werden unabhängig vom Kanal, auf dem der Kaufabschluss stattfindet, die gleichen Services geboten (ausführlich in Abschn. 3.3.1 dargestellt).

So ist ein Multi-Channel-Geschäftsmodell wohl hinsichtlich der nachhaltigen Erfolgswahrscheinlichkeit das einzige Modell, das langfristig im Wettbewerb mit Pure-Play-Modellen bestehen kann, weil dem B2C-Kunden dabei Mehrwerte angeboten werden können, die ein Pure-Player in dieser Form nicht bieten kann (vgl. Kap. 7, Interview mit Prof. Heinemann, Antwort auf Frage 1). Eine Schwäche bei der Implementierung eines Multi-Channel-Geschäftsmodells liegt in den sehr hohen Kosten bei der technischen und prozessualen Implementierung, insbesondere durch den notwendigen Aufbau von Schnittstellen vom Hersteller zum Handelspartner. Ferner besteht ein Konfliktpotenzial mit dem stationären Handel, da ein Multi-Channel-System vorsieht, dass der Hersteller neben den

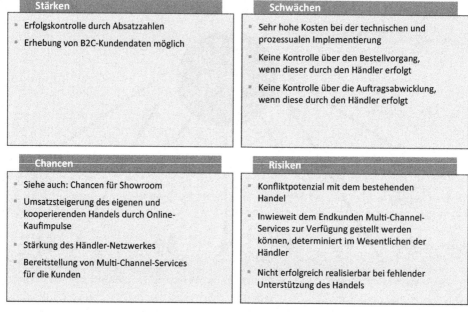

Abb. 5.10 SWOT-Analyse der Geschäftsmodellausprägung – Multi-Channel. (Diese Abbildung wurde in Anlehnung an eine Abbildung aus einer PowerPoint-Präsentation von Shopmacher erstellt)

Handelspartnern auch direkt an den B2C-Kunden liefert. Ferner als Risiko anzusehen ist die Voraussetzung, dass der Handel sehr eng mit dem Hersteller kooperiert, was die Akzeptanz des Handels voraussetzt, dem B2C-Endkunden die Entscheidung zu überlassen, auf welchem Kanal dieser einkaufen möchte. Als Beispiel für ein gut funktionierendes Multi-Channel-Konzept sei hier *Conrad* genannt. Allerdings betreibt *Conrad* eigene Filialen bzw. bietet ein Franchise-Konzept an, was die in Abb. 5.10 dargestellten Risiken des Geschäftsmodells erheblich minimiert.

Hybrid (G4)

In Abb. 5.11 wird das hybride Geschäftsmodell skizziert. Unter diesem Geschäftsmodell ist ein Parallelbetrieb aus klassischem und elektronischem Versand in einem gemeinsamen Distanzhandelskanal zu verstehen. Dieses Modell wird von klassischen Katalogversendern wie *Otto* und *Neckermann* betrieben. Auf der Herstellerseite betreibt z. B. *Vorwerk* ein hybrides Geschäftsmodell, das durch den Einsatz von Außendienstmitarbeitern ergänzt wird.

In Abb. 5.12 wird das hybride Geschäftsmodell einer SWOT-Analyse unterzogen und hinsichtlich seiner Stärken/Schwächen sowie der Chancen/Risiken bewertet. Hierbei wird ersichtlich, dass das Chancenprofil analog zum Geschäftsmodell des Showrooms ausfällt.

Die Stärken des Geschäftsmodells liegen in der direkten und unmittelbar messbaren Generierung von Umsätzen. Ferner weist es einige Stärken in puncto Datensammlung auf. Die Schwächen des Modells sind primär darin zu sehen, dass es einen beträchtlichen Aufwand darstellt, einen Katalog für die B2C-Kunden zu erstellen, der darüber hinaus zu hohen Kosten führt. Ein hybrides Geschäftsmodell ist ferner bei einer bestehenden statio-

5.2 E-Commerce-Strategiemodell für produzierende Unternehmen

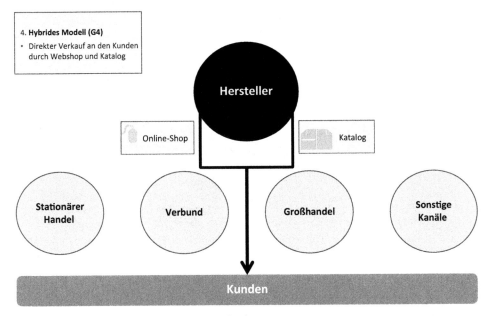

Abb. 5.11 Geschäftsmodellausprägung – Hybrid

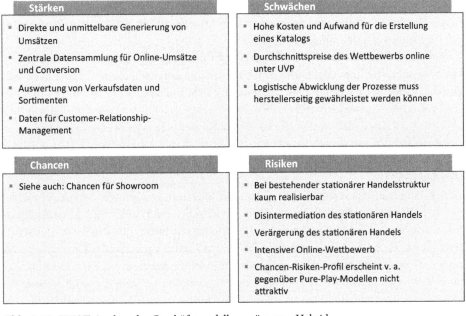

Abb. 5.12 SWOT-Analyse der Geschäftsmodellausprägung – Hybrid

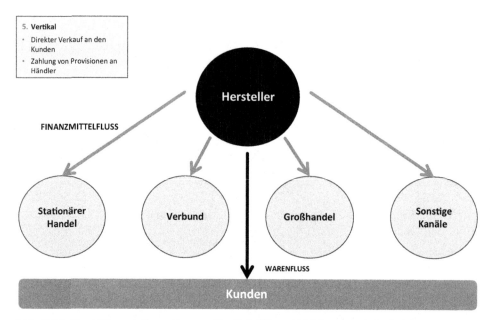

Abb. 5.13 Geschäftsmodellausprägung – Vertikal. (Diese Abbildung wurde in Anlehnung an eine Abbildung aus einer PowerPoint-Präsentation von Shopmacher erstellt)

nären Handelsstruktur kaum realisierbar, da es zur Disintermediation und Verärgerung des stationären Handels führen würde.

Auch das Chancen-Risiken-Profil eines hybriden Geschäftsmodells erscheint gegenüber den anderen Geschäftsmodellen nicht attraktiv. Bereits heute sind Tendenzen festzustellen, dass auch hybride Geschäftsmodelle sich zunehmend zu Multi-Channel-Geschäftsmodellen entwickeln und der Printbereich durch das Internet als führendes System abgelöst wird. Dies wird an den disruptiven Veränderungen der Medienlandschaften ersichtlich (siehe hierzu auch Abb. 3.11).

Vertikal (G5)

In Abb. 5.13 wird das vertikale Geschäftsmodell skizziert. Es sieht vor, dass der Hersteller den B2C-Vertrieb vertikalisiert und neben den bestehenden Handelsstrukturen als Händler auftritt und dem Endkonsumenten die Möglichkeit bietet, direkt auf der Herstellerseite die angebotenen Leistungen zu erwerben. Während ein vertikales Geschäftsmodell auch die Disintermediation des bestehenden Handels bedeuten kann, ist das in Abb. 5.13 dargestellte Geschäftsmodell so gestaltet, dass Endkunden, die über den Online-Shop des Herstellers einkaufen, die Ware zwar direkt von dort erhalten, der Handel jedoch für jede Transaktion, die auf diesem Weg zustande kommt, eine Provision erhält.

In Abb. 5.14 wird das vertikale Geschäftsmodell einer SWOT-Analyse unterzogen und hinsichtlich seiner Stärken/Schwächen sowie seiner Chancen/Risiken bewertet.

5.2 E-Commerce-Strategiemodell für produzierende Unternehmen

Stärken	Schwächen
• Direkte und unmittelbare Generierung von Umsätzen • Zentrale Datensammlung für Online-Umsätze und Conversion • Auswertung von Verkaufsdaten und Sortimenten • Daten für Customer Relationship-Management	• Durchschnittspreise des Wettbewerbs online unter UVP • Logistische Abwicklung der Prozesse muss herstellerseitig gewährleistet werden können

Chancen	Risiken
• Siehe auch: Chancen für Showroom und direkten Verkauf • Besserstellung des Handels durch eine Provisionszahlung bei einem Kaufabschluss über die Herstellerseite • Optimale Vorbereitung eines Herstellers auf eine unsichere Zukunft bei Disintermediation des bestehenden Handels	• Undurchsichtiges Zahlungsmodell • Unfaires Provisionsmodell • Könnte vom Handel als nicht kooperatives Modell angesehen werden, da er damit rechnen muss, dass die Provisionszahlungen langfristig entfallen könnten

Abb. 5.14 SWOT-Analyse der Geschäftsmodellausprägung – Vertikal. (Diese Abbildung wurde in Anlehnung an eine Abbildung aus einer PowerPoint-Präsentation von Shopmacher erstellt)

Es wird ersichtlich, dass das Chancen-Risiko-Profil für einen Hersteller nicht unattraktiv erscheint. Die Stärken des Geschäftsmodells sind in Bezug auf die Datensammlung analog zu denen des hybriden Geschäftsmodells. Auch lassen sich in diesem Geschäftsmodell unmittelbar Umsätze mit B2C-Endkunden realisieren. Das Chancenprofil weist neben den Chancen des Showrooms auch die Tatsache auf, dass in diesem Geschäftsmodell die Conversionsrate beim Kaufabschluss durch einen B2C-Kunden am höchsten sein dürfte, woran der Händler mittelbar partizipiert, indem er beispielsweise eine Provisionszahlung nach qualitativen und geografischen Auswahlkriterien erhält. Ein weiterer Vorteil, den dieses Geschäftsmodell mit sich bringt, ist die Risikoreduktion bei makroökonomischen Disintermediationstendenzen innerhalb der bestehenden (stationären) Handelslandschaft. Ein solches Geschäftsmodell, das die Prozesse eines Direktvertriebs vertikalisiert, dient einer optimalen Vorbereitung auf eine unsichere Zukunft.

Neben den genannten Chancen und Stärken des Geschäftsmodells birgt es auch Schwächen, z. B. die Tatsache, dass die Durchschnittspreise des Handels i. d. R. unterhalb des UVPs liegen, ein Hersteller jedoch über ein vertikales E-Commerce-Geschäftsmodell kaum Preise anbieten kann, die unterhalb des UVPs liegen, ohne im Preiswettbewerb mit dem eigenen Handel zu stehen. Dies schmälert die Absatzchancen bei den preissensitiven Endkunden, die einen Mausklick weiter ein günstigeres Angebot des Artikels des Herstellers finden können. Diesen Preisnachteil kann der Hersteller ggf. jedoch durch eine Differenzierung beim Service kompensieren. Eine weitere Schwäche des Geschäftsmodells besteht in den logistischen Anforderungen, die es erfordert. Produzierende Unternehmen aus dem B2B-Umfeld haben oftmals nicht die Möglichkeit, ihre Prozesse ohne Investitionen so umzustellen, dass aus den bestehenden Lagern B2C-Kunden, die i. d. R. deutlich kleinere Warenkörbe bei einer höheren absoluten Transaktionsanzahl aufweisen, beliefert werden können.

Zu den Risiken des Geschäftsmodells zählt das undurchsichtige Zahlungsmodell der Provisionen. Dies setzt einerseits das Vertrauen beim Handel voraus, dass der Hersteller auch tatsächlich eine Provision je Transaktion an ihn abführt. Dieses Risiko könnte jedoch durch einen Intermediär, der die Provisionsausschüttung ähnlich wie in einem Affiliate-Netzwerk vornimmt, reduziert werden. Ein weiteres Risiko liegt im unfairen Provisionsmodell. Letztendlich würde der Handel eine Provision erhalten, ohne eine unmittelbare Gegenleistung für den Auftrag erbracht zu haben. Dies wird wohl dazu führen, dass auch der Handel ein solches Modell als unfair empfindet und ggf. von Beginn an damit rechnet, dass der Hersteller die Provision nach einer bestimmten Zeit reduziert oder komplett wegfallen lässt.

Pure-Play (G6)

In Abb. 5.15 wird das Geschäftsmodell eines Pure-Players skizziert. Dieses Geschäftsmodell sieht vor, dass sich ein Hersteller konsequent auf eine E-Commerce-Abwicklung ausrichtet und in diesem Rahmen exzellente und höchst effiziente Prozesse anbietet, die den bisher vorgestellten Geschäftsmodellen G1 bis G5 überlegen sind. Parallel dazu bedeutet dies, dass bisherige Absatzkanäle vollständig disintermediert werden und ausschließlich eine E-Commerce-Plattform zur Transaktion zwischen Hersteller und Kunde eingesetzt wird. Der Begriff Kunde kann in diesem Kontext sowohl eine B2B- als auch eine B2C-Ausrichtung beinhalten. Die Implementierung eines Pure-Play-Geschäftsmodells bei einem produzierenden Unternehmen dürfte momentan als radikaler Schritt angesehen werden, kann beim Voranschreiten der Kanalverschiebung in gleichbleibender Geschwindigkeit jedoch durchaus ein Geschäftsmodell der Zukunft werden, um den bestehenden Pure-Play-Handelsunternehmen wie *Amazon & Co.* nicht vollständig ausgeliefert zu sein.

In Abb. 5.16 wird das Pure-Play-Geschäftsmodell einer SWOT-Analyse unterzogen und hinsichtlich seiner Stärken/Schwächen sowie der Chancen/Risiken bewertet. Hierbei wird ersichtlich, dass ein Pure-Play-Geschäftsmodell für ein produzierendes Unternehmen nur bedingt in Erwägung gezogen werden kann, da dies eine eindeutige Disintermediation der bestehenden Handelsstrukturen zur Folge hätte und ein radikaler Schritt eines existenten Unternehmens wäre, der ein temporär hohes Risiko beinhalten würde. Jedoch würde ein solcher Schritt die Chance für den Aufbau einer hocheffizienten digitalisierten Vertriebsstruktur darstellen, die die besten Voraussetzungen bieten würde, im Wettbewerb mit Pure-Play-Geschäftsmodellen bestehen zu können.

Die SWOT-Analyse des zweiten Modellbausteins *Ausprägung des Geschäftsmodells* identifiziert die Stärken und Schwächen sowie Chancen und Risiken der vorgestellten E-Commerce-Geschäftsmodellausprägung. Daraus können produzierende Unternehmen sowohl exogene als auch endogene Chancen und Risiken zur Ableitung von Normstrate-

5.2 E-Commerce-Strategiemodell für produzierende Unternehmen

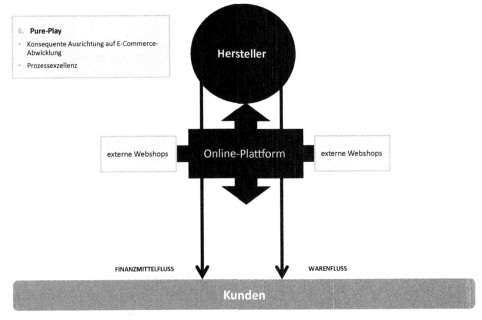

Abb. 5.15 Geschäftsmodellausprägung – Pure-Play

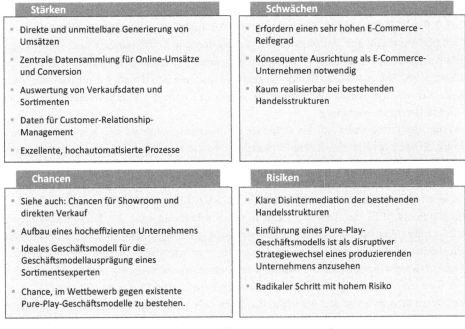

Abb. 5.16 SWOT-Analyse der Geschäftsmodellausprägung – Pure-Play

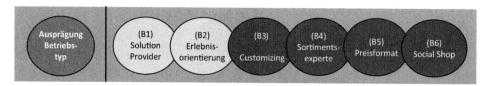

Abb. 5.17 Mögliche Ausprägung des E-Commerce-Betriebstyps

gien identifizieren. Die SWOT-Analyse wurde bei diesem Baustein eingesetzt, weil seine Ausprägungen eine branchenübergreifende Gültigkeit aufweisen, während die Ausprägung des Online-Auftritts im Wesentlichen durch den Reifegrad der jeweiligen Branche und die Ausprägung des Betriebstyps durch das Produkt- und Dienstleistungsspektrum eines Herstellers determiniert wird.

5.2.2.3 Ausprägung des Betriebstyps produzierender Unternehmen

Der zweite Baustein des mehrdimensionalen E-Commerce-Strategiemodells umfasst die Ausprägung der Betriebstypen aus Abb. 5.17.

Die Grundlagen der E-Commerce-Betriebstypen wurden in Abschn. 2.3 dargestellt und im Rahmen von Abschn. 4.3.4 speziell auf produzierende Unternehmen bezogen. Hinsichtlich ihrer Implementierung in die E-Commerce-Gesamtstrategie können die dort dargestellten Betriebstypen in Reifegrade unterteilt werden, die in Abschn. 5.2.5 dargestellt wurden.

5.2.2.4 B2B-Portal für Handelspartner produzierender Unternehmen

Das B2B-Portal für Handelspartner von produzierenden Unternehmen stellt einen weiteren Baustein der E-Commerce-Strategie dar, in der verschiedene Handlungsoptionen verfügbar sind. Abb. 5.18 stellt drei grundlegende Optionen dar, die aus Sicht produzierender Unternehmen sinnvoll sind. Sie beruhen auf der in Abschn. 2.4 dargestellten Theorie der Transaktionskostensenkung.

Die Abbildung stellt auf der Ordinate das Chancenpotenzial zur Neukundengewinnung und zur Transaktionskostensenkung sowie die Kundenorientierung innerhalb des B2B-Bereichs dar. Unter Neukundengewinnungspotenzial ist die Funktionalität zu verstehen, die ein B2B-Portal bieten muss, um das Ziel der Kundengewinnung erreichen zu können. Mit einem rein autarken B2B-Transaktionsportal auf Basis eines ERP-nahen Shopsystems (T1), das sich hinsichtlich der Erscheinung und der Bedienbarkeit vom B2C-Online-Auftritt dahin gehend unterscheidet, dass der Fokus nicht auf eine perfekte Produktinszenierung, sondern vielmehr auf der Prozessebene liegt, sind die Chancen zur Neukundengewinnung und die Kundenorientierung als niedrig einzustufen. Hinsichtlich der Kundenorientierung sind Geschäftskunden heutzutage von ihrem privaten B2C-Einkaufsverhalten Shopsysteme gewohnt, die einen hohen Wert auf die Produktinszenierung und die Bedienbarkeit legen. Letztlich beeinflusst die Bedienbarkeit auch die Akzeptanz und Nutzungshäufigkeit eines solchen B2B-Portals und determiniert daher das Transaktionskostensenkungspotenzial.

5.2 E-Commerce-Strategiemodell für produzierende Unternehmen

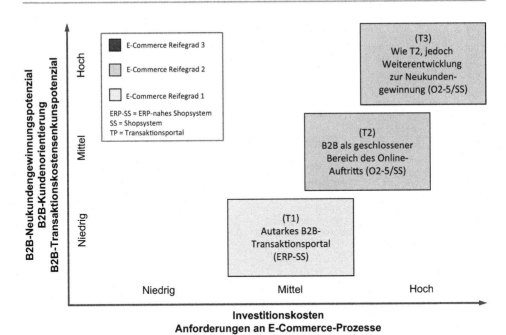

Abb. 5.18 Ausprägungen des B2B-Portals produzierender Unternehmen

Die Abszisse in Abb. 5.18 bildet die Investitionskosten, die Zukunftsfähigkeit sowie die Anforderungen an E-Commerce-Prozesse ab. Gründe, ein autarkes, ERP-nahes B2B-Transaktionsportal (T1) – losgelöst vom B2C-Online-Auftritt auf Basis eines Shopsystems – zu betreiben, sind sicherlich die i. d. R. niedrigeren Investitionskosten, jedoch auch die Tatsache, dass hierfür der B2C-Showroom keine zwingende Voraussetzung darstellt. Das B2B-Transaktionsportal im geschlossenen Bereich des B2C-Online-Auftritts (T2) entspricht einem E-Commerce-Reifegrad 2.

In Bezug auf den Online-Markenauftritt stellen demnach die Optionen O2 bis O5 hierfür eine Voraussetzung dar, da das B2B-Transaktionsportal und der B2C-Online-Auftritt eine einheitliche Plattform darstellen, die auch bei den B2B-Prozessen auf die Produktdarstellungsform und Inszenierung des B2C-Online-Auftritts zugreift. Ab diesem Reifegrad erhält der B2B-Kunde einen widerspruchsfreien Herstellermarkenauftritt, was hinsichtlich der Kommunikation diverse Vorteile bietet. In Bezug auf die Zukunftsfähigkeit lässt sich das als T2 dargestellte Portal als Plattform, die zur Neukundengewinnung von B2B-Händlern eingesetzt wird, weiterentwickeln (T3). Diese Weiterentwicklung kann i. d. R. auf derselben IT-Infrastruktur erfolgen, sodass in keine grundlegend neue IT-Infrastruktur investiert werden muss.

Welche strategische Option für ein produzierendes Unternehmen zu präferieren ist, hängt im Wesentlichen davon ab, welche Form des Online-Auftritts gewählt wurde, da ein Showroom auf Basis eines Online-Shopsystems eine zwingende Voraussetzung für

Abb. 5.19 Arten der E-Commerce-Distribution

die Option T2 darstellt. Des Weiteren determiniert auch das Investitionsbudget die Entscheidung. Kanalkonflikte mit dem stationären Handel beeinflussen die Entscheidung für das B2B-Portal unerheblich, da sich die damit angebotenen Services ausschließlich an den Handel richten. (Stationäre) Handelspartner werden ein B2B-Transaktionsportal eines Herstellers, das dem Handel zusätzliche Services und eine schnellere und effizientere Abwicklung der Bestellungen ermöglicht, sogar als positiv empfinden.

5.2.2.5 Arten der externen E-Commerce-Distribution

Zu den vier dargestellten Bausteinen des E-Commerce-Strategiemodells, die den Online-Markenauftritt von produzierenden Unternehmen betreffen, kommt ein fünfter Bereich hinzu, der sich außerhalb des Online-Markenauftritts befindet. Er umfasst verschiedene Arten der E-Commerce-Distribution, die mit dem Online-Markenauftritt eines produzierenden Unternehmens nicht unmittelbar zusammenhängen. In diesem strategischen Bereich geht es darum, ob und in welcher Art und Weise ein Hersteller seine Produkte und Dienstleistungen neben dem stationären Handel auch über externe E-Commerce-Handelsunternehmen distribuiert. Diese werden unter dem Begriff *Arten der E-Commerce-Distribution* subsumiert. Hierbei lassen sich vier verschiedene Geschäftsmodelle unterteilen, die in Abb. 5.19 dargestellt und nachfolgend erläutert werden.

Pure-Player (S1)

Pure-Player sind Unternehmen, die der Gruppe der Versandhändler im Distanzhandel angehören und ihr gesamtes Geschäftsmodell höchstspezialisiert auf das Internet ausgerichtet haben, das als einziger Absatzkanal verwendet wird. Als Beispiel können Unternehmen wie *Amazon, redcoon.de, zalando* und *asos* genannt werden. Pure-Player trugen im Jahr 2012 35,4 % zum gesamten Online-Handel bei und stellen damit die größte Distributionsart im E-Commerce dar (vgl. IFH Retail Consultants 2013). Sie gelten als die Distributionsform der Zukunft mit den höchsten Wachstumschancen und werden vom stationären Handel als die größte Bedrohung im Zeitalter des E-Commerce wahrgenommen (vgl.

Haufe Online Redaktion 2013). Im Rahmen von Abschn. 4.3.3 wurden Pure-Player und Marktplätze behandelt und eine Handlungsempfehlung für produzierende Unternehmen formuliert.

Kooperativ/Intermediäre (S2)
Unter kooperativen Geschäftsmodellen sind zumeist Verbunde oder Branchenportale zu verstehen, die unter einer einheitlichen Händlermarke auftreten und als Intermediär bzw. Absatzmittler agieren. Als Beispiel können Unternehmen wie der *AmazonMarketplace*, *Bottica* und *eBay* genannt werden. Kooperative E-Commerce-Anbieter sind als Portale zu verstehen, die Produkte inszenieren, hinsichtlich des Kaufabschlusses jedoch an einen Handelspartner verweisen, was bedeutet, dass der Kauf auf fremden Namen und auf fremde Rechnung erfolgt.

Multi-Channel (S3)
Unter einem Multi-Channel-Geschäftsmodell versteht man (wie in Abschn. 3.3.1 dargestellt) ein mehrkanaliges Distributionssystem, das z. B. neben dem stationären Handel einen zusätzlichen Internetkanal bietet und dem Konsumenten Channel-Hopping[1] ermöglicht. Als Beispiel können Unternehmen wie *Conrad*, *Media-Saturn-Holding* oder *cyberport* angeführt werden.

Hybrid (S4)
Unter dem hybriden Online-Handel wird ein Parallelbetrieb aus klassischem und elektronischem Versand in einem gemeinsamen Distanzhandelskanal verstanden. Als Beispiele gelten *Otto* und *Neckermann*.

Abb. 5.20 fasst die beschriebenen E-Commerce-Geschäftsmodelle, die Herstellern hinsichtlich einer Zusammenarbeit zur Verfügung stehen, zusammen. *Prof. Heinemann* bezeichnet sie als Betriebstypen, die unterschiedliche Voraussetzungen für den Erfolg mit sich bringen. Die besten Voraussetzungen bringen laut *Prof. Heinemann* die Pure-Player mit, da sie alle Möglichkeiten ausspielen können, die der E-Commerce bietet (vgl. Fost 2013, S. 24). Ferner tragen diese keine Altlasten aus früheren, anderen Absatzkanälen mit, die bei der konsequenten E-Commerce-Ausrichtung hinderlich sein können (vgl. Heinemann und Haug 2010, S. 10). Betrachtet man die international erfolgreichsten E-Commerce-Unternehmen wie *Amazon*, *Zappos* oder *Vente-Privee*, so stößt man in der Tat häufig auf Unternehmen, die als Pure-Player bezeichnet werden (vgl. Fost 2013, S. 24). Ebenso überdurchschnittlich erfolgreich gestalten sich Geschäftskonzepte aus dem kooperativen Handel, dem der *AmazonMarketplace* zuzuordnen ist (vgl. Fost 2013, S. 24).

---

[1] Unter Channel-Hopping versteht man in diesem Fall das Wechseln des Absatzkanals vom Kaufvorbereitungsprozess zum Kaufabschlussprozess seitens des Konsumenten.

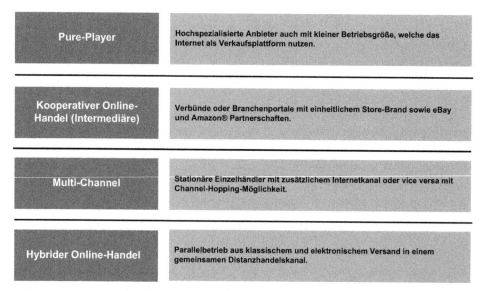

Abb. 5.20 Auszug aus den Betriebstypen des E-Commerce. (Quelle: in Anlehnung an Heinemann und Haug 2010)

5.2.3 Zusammenfassung des E-Commerce-Strategiemodells

Nachdem die einzelnen Bausteine des E-Commerce-Strategiemodells für produzierende Unternehmen dargestellt und erläutert wurden, stellt Abb. 5.21 das Strategiemodell als holistische Zusammenfassung dar.

Das Modell berücksichtigt den Online-Markenauftritt produzierender Unternehmen (in Abschn. 5.1 und 5.2.2.1 dargestellt) samt ihren Geschäftsmodellausprägungen (in Abschn. 5.2.2.2 ausgeführt), der Ausprägung des Betriebstyps (siehe Abschn. 2.3 und 4.3.4 hierzu) und der Bildung eines B2B-Portals für Handelspartner zur Reduktion der Transaktionskosten (siehe Abschn. 2.4.1 und 5.2.2.3). Darüber hinaus sind auch die Arten der externen E-Commerce-Distribution als strategierelevant zu verstehen und werden ebenfalls im Gesamtmodell berücksichtigt. Das E-Commerce-Strategiemodell formuliert für die einzelnen Bausteine die in Abschn. 5.2.5 dargestellten Reifegrade und stellt damit einen modularen, erweiterbaren Rahmen dar, in dem sich Entwicklungen eines Unternehmens abbilden lassen. Die Auswirkungen von Kanalkonflikten mit dem stationären Handel können völlig unterschiedlich ausfallen, da produzierende Unternehmen jeweils eine völlig unterschiedliche Markenstärke haben. Im folgenden Abschn. 5.2.4 wird das holistische E-Commerce-Strategiemodell jedoch nochmals unter besonderer Berücksichtigung der Verträglichkeit mit dem stationären Handel betrachtet.

5.2 E-Commerce-Strategiemodell für produzierende Unternehmen

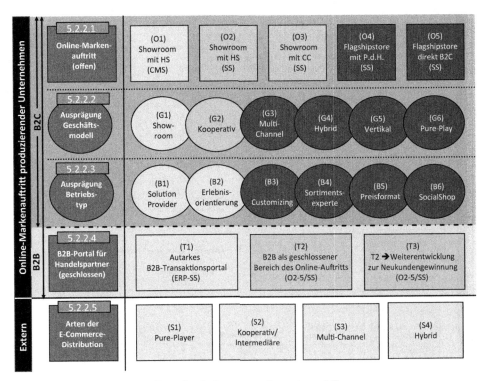

Abb. 5.21 Holistische Darstellung des E-Commerce-Strategiemodells

5.2.4 Handelsverträgliche E-Commerce-Strategie

In Abschn. 4.1 wurde die These aufgestellt, dass kooperative E-Commerce-Geschäftsmodelle zwischen Handel und Hersteller die einzige handelsverträgliche Strategieoption für substituierbare, produzierende Unternehmen mit einer stationären Handelsstruktur darstellen, die hinsichtlich des Umsatzverlustes kein hohes Risiko darstellt. Bei der späteren Überprüfung der Thesen in Abschn. 4.2.2 stellte sich hingegen heraus, dass es sich bei dieser These um die einzige handelt, die nicht eindeutig bestätigt, sondern von den befragten E-Commerce-Experten kontrovers gesehen wird (vgl. Kap. 7, Interviews, Antworten auf These 9). Dennoch konnten aus den Erkenntnissen der qualitativen Expertenbefragung drei Stufen der Handelsverträglichkeit gebildet werden.

- Grün = handelsverträglich
- Gelb = bedingt handelsverträglich
- Rot = eingeschränkte Handelsverträglichkeit

Da die Handelsverträglichkeit einer E-Commerce-Strategie für produzierende Unternehmen im Wesentlichen von der Markenstärke des Unternehmens selbst determiniert wird, kann das in Abb. 5.22 dargestellte E-Commerce-Strategiemodell nach Handelsverträglich-

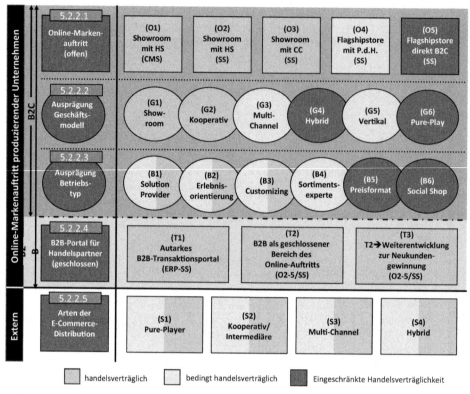

Abb. 5.22 E-Commerce-Strategiemodell nach Handelsverträglichkeit

keit nur eine tendenzielle Aussagekraft haben und damit lediglich den Risikograd angeben, mit dem produzierende Unternehmen bei der eventuellen Einführung der jeweiligen Optionen aus dem Gesamtmodell rechnen müssen.

Für Hersteller, die eine hohe Markenstärke aufweisen und im Handel kaum substituierbar sind, kann eine eingeschränkt handelsverträgliche Strategieoption durchaus vertretbar und die korrekte Entscheidung im Rahmen der Strategie sein. Im Folgenden werden die einzelnen Bausteine nach ihrer jeweiligen Handelsverträglichkeit bewertet.

- **Online-Markenauftritt (offen), siehe auch Abschn. 5.2.2.1**

Im Rahmen des Online-Auftritts ist ein Showroom ohne Kauffunktion, gleichgültig, ob dieser auf einem Content-Management-System (CMS) basiert oder auf einem Shop-System (SS), als absolut handelsverträglich einzustufen. Ob ein Showroom eines produzierenden Unternehmens bereits auf einem Shop-System basiert und damit den ersten Vorbereitungsschritt in Richtung einer eventuell aggressiveren Strategie darstellt, ist für Außenstehende Händler i. d. R. nicht ersichtlich und kann daher vernachlässigt werden. Ein

Showroom, der mittels eines *CommerceConnectors* Aufträge an den stationären Handel routet, ist sogar als große Unterstützung für den Handel anzusehen. Ein Flagshipstore aber wird von *Prof. Morschett* bereits nur noch bedingt als kooperative Strategie angesehen, da er die Auffassung vertritt, dass der Handel bei einer solchen Strategie des Herstellers bereits latent damit rechnet, dass ihm mittelfristig die Provision entzogen wird (vgl. Kap. 7, Interview mit Professor Morschett, Antwort auf Frage 5). Richtet sich ein Flagshipstore direkt an B2C-Kunden, ohne dass eine Provisionszahlung an den Handel erfolgt, so handelt es sich hierbei um eine Strategie, die nur eingeschränkt als handelsverträglich angesehen werden kann, insbesondere dann, wenn der Hersteller die Produkte zu Preisen anbietet, die unterhalb der unverbindlichen Preisempfehlung (UVP) liegen. Letzteres Modell ist in Branchen mit einer hohen E-Commerce-Penetration, wie z. B. Fashion, jedoch üblich und auch handelsseitig akzeptiert, was jedoch auch an der eminenten Markenstärke der Player innerhalb dieser Branche liegen mag.

- **Ausprägung Geschäftsmodell, siehe auch Abschn. 5.2.2.2**

Hinsichtlich der Ausprägung des Geschäftsmodells sind sowohl ein Showroom als auch ein kooperatives Geschäftsmodell als absolut handelsverträglich anzusehen, da diese herstellerseitig keine aktiven B2C-Vertriebsaktivitäten beinhalten. Multi-Channel- und vertikale Geschäftsmodelle sind nur bedingt als handelsverträglich einzustufen, da sie einen direkten B2C-Endkundenvertrieb beinhalten, was je nach Markenstärke zu Kollisionen mit dem bestehenden (stationären) Handel führen kann. Ein hybrides Geschäftsmodell, das den ausschließlichen Vertrieb über den Distanzhandel vorsieht, ist als nur sehr eingeschränkt handelsverträglich anzusehen. Ebenso ist das Pure-Play-Geschäftsmodell wenig handelsverträglich, da es die gesamte Unternehmensausrichtung hin zum E-Commerce vorsieht.

- **Ausprägung Betriebstyp, siehe auch Abschn. 5.2.2.3**

Hinsichtlich der Ausprägung des Betriebstyps sind sowohl ein Solution-Provider, ein erlebnisorientierter Online-Auftritt, als auch Customizing als Mischform zwischen handelsverträglich und bedingt handelsverträglich einzustufen, da diese Betriebstypen einen direkten B2C-Vertrieb des Herstellers nicht zwingend erforderlich machen. Der Betriebstyp eines Sortimentsexperten hingegen impliziert auch eine medienbruchfreie Möglichkeit, auf der Herstellerseite zum Kaufabschluss zu gelangen. Andernfalls dürfte es für produzierende Unternehmen kaum sinnvoll erscheinen, Sortimente eines Drittunternehmens auf dem eigenen Online-Markenauftritt anzupreisen. Der Betriebstyp Preisformat hingegen weist eine geringe Handelsverträglichkeit auf, da dieser implizit voraussetzt, dass ein Hersteller in den Preiswettbewerb mit dem Handel eintritt. Ebenso bedingt handelsverträglich erscheint der Betriebstyp Social-Shop, da dieser auf hohe Conversionsraten abzielen muss, um erfolgreich zu sein, sodass ein Hersteller in den Preiswettbewerb eintreten müsste.

- **B2B-Portal für Handelspartner (geschlossen), siehe auch Abschn. 5.2.2.4**

Ein B2B-Portal für Handelspartner ist hinsichtlich der Verträglichkeit mit dem stationären Handel in jeglicher Ausprägungsstufe als unkritisch anzusehen. Neben der Transaktionskostensenkungsfunktion beim Hersteller nimmt ein B2B-Portal dieselbe Funktion beim Händler ein. Daher kann davon ausgegangen werden, dass der Handel einen solchen Schritt als unterstützend ansieht und ihn begrüßen wird.

- **Arten der E-Commerce-Distribution, siehe auch Abschn. 5.2.2.5**

Hinsichtlich der Arten der E-Commerce-Distribution muss die Verträglichkeit mit dem bestehenden (stationären) Handel individuell geprüft werden. Pure-Player agieren häufig preisaggressiv, was zu Konflikten mit dem stationären Handel führen kann. Gleichzeitig empfehlen die E-Commerce-Experten den Herstellern grundsätzlich eine direkte Zusammenarbeit mit *Amazon* und *eBay* (vgl. Kap. 7, Interviews, Antworten auf Frage 3).

5.2.5 Kritische Würdigung des Strategiemodells

Das im Rahmen von Abschn. 5.2 dargestellte E-Commerce-Strategiemodell für produzierende Unternehmen mit einer stationären Handelsstruktur stellt einen ersten theoriegeleiteten Versuch dar, dieses komplexe Themenfeld in eine ganzheitliche, modellhafte Perspektive zu bringen, um die wechselseitigen Auswirkungen systematisch skizzieren zu können. Das Modell integriert alle bislang wichtigen Aspekte, die produzierende Unternehmen bei der Entwicklung einer E-Commerce-Strategie beachten müssen, und schafft einen strukturierten Rahmen, in dem Entwicklungen nachvollziehbar werden. In der Praxis erweist sich das Modell als äußerst hilfreich, um die komplexen Zusammenhänge und wechselseitigen Abhängigkeiten einer E-Commerce-Strategie für produzierende Unternehmen als holistisches Gesamtbild darzustellen, das mit dem Top-Management diskutiert werden kann. Hierbei zeigt das Modell die für produzierende Unternehmen möglichen Strategien kompakt auf und dient damit als systematische Grundlage für die weitere Ableitung der Detailausprägung sowie für die spätere Operationalisierung.

Da zahlreiche Einflussdeterminanten, die in Abschn. 6.1 vorgestellt werden, auf die zu präferierende E-Commerce-Strategie einwirken, lässt sich das Modell nicht in eine Scoring-Struktur bringen. Stattdessen wurden die existierenden Wenn-Dann-Beziehungen, die hinsichtlich der unterschiedlichen Reifegrade existieren, innerhalb des Modells mit dem in Abschn. 5.2.2 vorgestellten Farbcode kenntlich gemacht.

Im Rahmen des vorliegenden Buches konnte das Strategiemodell aufgrund der Vielzahl an Einflussdeterminanten nicht in eine Baukastenstruktur gebracht werden, die eine allgemeine Gültigkeit aufweist. Eine qualitative SWOT-Analyse wurde ausschließlich für den Modellbaustein der Ausprägung des Geschäftsmodells durchgeführt, da eine theoretisch mögliche Kombination von 2.160 Strategieausprägungen den Rahmen des Buches gesprengt hätte. Letztere Kritikpunkte mögen als Untersuchungsgegenstand für weiterführende Studien dienen.

Die Ableitung einer E-Commerce-Strategie erfolgt im Rahmen des Modells ausgehend von der Form des Online-Markenauftritts eines Unternehmens. Grundsätzlich ist zu diskutieren, ob die Ableitung des Strategiemodells ausgehend von der Geschäftsmodellausprägung nicht sinnvoller wäre, da diese im Wesentlichen auch die Notwendigkeit einer bestimmten Form des Online-Markenauftritts determiniert. In der Praxis ist es jedoch gerade bei produzierenden Unternehmen üblich, die Strategiefrage ausgehend vom Online-Markenauftritt anzugehen, um mit der Komplexität der Wechselwirkungen umgehen zu können. Gerade Entscheider aus der Unternehmensleitung haben häufig konkretere Vorstellungen die Ausprägung des firmeneigenen Online-Markenauftritts betreffend als bei der – oftmals unbekannten – Ausprägung des E-Commerce-Geschäftsmodells (Abschn. 5.2.2.2). Daher erscheint es in der Praxis sinnvoll, die modelltheoretischen Überlegungen ausgehend von der Ausprägung des Online-Markenauftritts (Abschn. 5.2.2.1) abzuleiten.

Die Hierarchie innerhalb des Strategiemodells soll dazu führen, dass Strategien mit möglichst wenigen Iterationsschleifen diskutiert werden können. Durch das gewählte Darstellungsformat in Abb. 5.21 werden die möglichen Kombinationen farblich gekennzeichnet. Hierbei kann ein höherer Reifegrad grundsätzlich mit einem niedrigeren Reifegrad kombiniert werden. Nicht in jedem Fall erscheint dies jedoch sinnvoll. Eine ähnliche Darstellung wurde in Abb. 5.22 gewählt, um die Handelsverträglichkeit des jeweiligen Modells möglichst anschaulich darzustellen. Bei den Indikationen der Handelsverträglichkeit handelt es sich um tendenzielle Aussagen, die je nach Branche und Markenstärke eines Unternehmens abweichen können. Zudem ist bisher keine Studie bekannt, in der die Gültigkeit dieser Aussagen empirisch nachgewiesen werden konnte. Auch dieses Themenspektrum möge ggf. in einer weiterführenden empirischen Untersuchung analysiert werden.

Literatur

Amazon.com. (2013a). Verkaufen bei Amazon. amazon services europe. http://services.amazon.de/programme/online-verkaufen/so-funktionierts.html. Zugegriffen: 24. Nov. 2013.

Brüning, R. (2005). *E-Commerce-Strategien für kleine und mittlere Unternehmungen*. Köln: Eul.

Diekmann, M., Grab, H., & Bomm, S. (2012). *eCommerce lohnt sich nicht*. Gescher: Shopmacher.

Fost, M. (2013). *E-Commerce Existenzgründung mittels Amazon*. Norderstedt: Books on Demand.

Haufe Online Redaktion. (2013). Internet Pure Player kaum aufzuhalten. http://www.haufe.de/marketing-vertrieb/vertrieb/internet-pure-player-kaum-aufzuhalten_130_191462.html. Zugegriffen: 01. Dez. 2013.

Heinemann, G., & Haug, A. (2010). *Web-Exzellenz im E-Commerce – Innovation und Transformation im Handel*. Wiesbaden: Gabler.

IFH Retail Consultants. (2013). Online-Verdrängungswettbewerb hält weiter an - Internet Pure Player weiterhin vorn. Pressemitteilung. http://www.ifhkoeln.de:http://www.ifhkoeln.de/News-Presse/Online-Verdraengungswettbewerb-haelt-an-Internet-Pure-Player. Zugegriffen: 01. Dez. 2013.

Kerth, K., Asum, H., & Stich, V. (2011). *Die besten Strategietools in der Praxis*. München: Carl Hanser.

6 Modellierung der E-Commerce-Strategie für produzierende Unternehmen mit einer stationären Handelsstruktur

> *Es geht nicht mehr darum, was die Zukunft des Handels ist, sondern darum, was der Handel der Zukunft ist!*
> (Jochen Krisch (1967), E-Commerce-Experte)

Im Rahmen dieses Kapitels wird die praktische Anwendung des E-Commerce-Strategiemodells für produzierende Unternehmen mit einer stationären Handelsstruktur skizziert. Es wird dargestellt, wie eine E-Commerce-Strategie sinnvoll modelliert werden kann. Der Anspruch dieses Kapitels liegt nicht darin, dem Leser einen vollumfänglichen Umsetzungsleitfaden zu bieten, sondern es umreißt grob die erforderlichen Schritte bei der Anwendung des Modells. Hierzu wird in Abschn. 6.1 zunächst eine Analyse zur Bestimmung übergeordneter Rahmenbedingungen vorgenommen, innerhalb derer produzierende Unternehmen sich für strategische Schritte entscheiden. In Abschn. 6.1.1 und 6.1.2 werden in diesem Zusammenhang der marktorientierte Ansatz und der ressourcenorientierte Ansatz vorgestellt und in Abschn. 6.1.3 in einen komplementären Ansatz überführt, der die wichtigsten Elemente beider Ansätze berücksichtigt. Sie stellen wichtige Einflussdeterminanten auf das entwickelte Strategiemodell dar (in Abschn. 6.1.4 erläutert). In Abschn. 6.2 erfolgt die Modellierung einer exemplarischen E-Commerce-Strategie für produzierende Unternehmen mit einer stationären Handelsstruktur, die abschließend (Abschn. 6.3) einer SWOT-Analyse unterzogen wird, um ihre Stärken/Schwächen sowie Chancen/Risiken zu verdeutlichen.

6.1 Übergeordnete strategische Rahmenbedingungen

▶ **Strategie** Der Begriff „Strategie" entstammt dem altgriechischen *strategós* und findet seine etymologischen Wurzeln im militärischen Bereich. Er kann als *die Ausrichtung des Handelns an übergeordneten Zielen* verstanden werden (vgl. Brüning 2005, S. 23). Der

Strategiebegriff wurde in den 1950er Jahren in der Betriebswirtschaft unter Bezugnahme auf die Spieltheorie eingeführt und kann vereinfacht als grundlegendes Handlungsmuster mit definierter Zielsetzung des Unternehmens beschrieben werden (vgl. Schmeken 2007, S. 16 ff.). Innerhalb eines Unternehmens können drei verschiedene Ebenen von Strategien unterschieden werden:

- Unternehmensgesamtstrategie (Corporate Strategy)
- Wettbewerbsstrategie (Competitive Strategy)
- Interne Strategien (Internal Strategy) (vgl. Brüning 2005, S. 24)

Welche grundsätzlichen Unternehmens- und Wettbewerbsstrategien produzierende Unternehmen verfolgen können und wie deren Ausgestaltung zur Erlangung von Wettbewerbsvorteilen aussehen kann, wird zunächst in Abschn. 6.1.1 auf Basis des marktorientierten Ansatzes (Market-Based-Approach) sowie in Abschn. 6.1.2 in Bezug auf den ressourcenbasierten Ansatz (Resource-Based-Approach) aufgezeigt (vgl. Brüning 2005, S. 24).

6.1.1 Marktorientierter Ansatz (Market-Based-Approach)

Der marktorientierte Ansatz beruht auf den Erkenntnissen der Industrieökonomie, wurde von *Edward S. Mason* begründet und von *Joe Bain* fortgeführt (vgl. Schmeken 2007, S. 74). Forscher der *Harvard Business School* wie *Michael E. Porter* stellen im Rahmen des marktorientierten Ansatzes einen Transfer wettbewerbstheoretischer Überlegungen in den betriebswirtschaftlichen Kontext her, weswegen auch im Zusammenhang mit dem Market-Based-Approach von der *Harvardschule* gesprochen wird (vgl. Schmeken 2007, S. 74). *Porter* entwirft darin ein Konzept der fünf Triebkräfte (Five Forces) des Branchenwettbewerbs, in dem das Unternehmen mit seiner Umwelt, den Wettbewerbern innerhalb der Branche, möglichen Substitutionsprodukten sowie neuen Konkurrenten, Lieferanten und Abnehmern in Beziehung gesetzt wird und unter Berücksichtigung all dieser Faktoren einer Situationsanalyse unterzogen wird, die der strategischen Maßnahmengenerierung dient (vgl. Brüning 2005, S. 24). *Larry Downes* und *Chunka Mui* schlagen eine Erweiterung des *Porterschen* Five-Forces-Konzepts um die drei neuen Triebkräfte der Deregulierung, Globalisierung und Digitalisierung vor, die mit Pfeilen in Abb. 6.1 dargestellt sind (vgl. Brüning 2005, S. 24). Deregulierungstendenzen haben in einigen Branchen (wie z. B. der Telekommunikationsindustrie oder der Versicherungsbranche) in den vergangenen Jahren signifikant zugenommen, und die sogenannte Globalisierung hat weltweite Beschaffungs-, Absatz- und Know-how-Transfernetzwerke hervorgebracht. Die dritte, neue Kraft – die Digitalisierung –, die *Downes* und *Mui* einführen, verweist darauf, dass Unternehmen durch den Wettbewerbsdruck gezwungen werden, neue IuK-Technologien in breiter Form einzusetzen (vgl. Brüning 2005, S. 25).

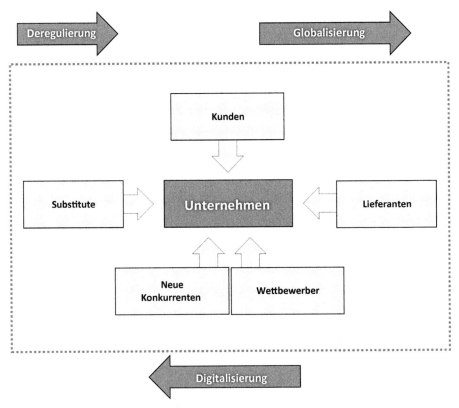

Abb. 6.1 Porters Five Forces innerhalb der drei neuen Kräfte. (Quelle: in Anlehnung an Brüning 2005)

Wie in Abb. 6.1 dargestellt, können die Zusammenhänge dieser drei neuen Kräfte vereinfacht als Kreislaufbeziehung dargestellt werden. Bereits in Abschn. 2.4 wurde dargestellt, dass die zunehmende Digitalisierung im Rahmen von E-Commerce zu einer Vereinfachung des Aufbaus und der Pflege von Geschäftsbeziehungen mit lokalen und globalen Transaktionspartnern führt, woraus wiederum eine immer stärker werdende Vernetzung der Internationalen Märkte (Globalisierung) resultiert (vgl. Brüning 2005, S. 25). Die daran anknüpfende Deregulierung einzelner Märkte führt dazu, dass betroffene Unternehmen dem freien Wettbewerb ausgesetzt sind und aufgrund des hohen Wettbewerbsdrucks vermehrt in digitale Technologien investieren müssen, sodass der Kreislauf wieder von Neuen beginnt (vgl. Brüning 2005, S. 25). Da *Porters* Konzept der *Five Forces* die drei neuen Kräfte im Wesentlichen bereits implizit berücksichtigt, wird im Folgenden auf die einzelnen Komponenten seines Konzepts eingegangen.

- **Kunden:** Für produzierende Unternehmen mit einer stationären Handelsstruktur ist es für sinnvoll, ihre Sichtbarkeit im Internet zu erhöhen, um neue Kundengruppen bzw.

Absatzpotenziale zu erschließen. Dies geschieht, indem eine Online-Markenpräsenz (siehe Abschn. 5.1) eingerichtet wird, auf welcher der Hersteller seine Produkte und Dienstleistungen offeriert (vgl. Brüning 2005, S. 26). Inwieweit über die Online-Markenpräsenz des Herstellers bereits zum Kaufabschluss geführt wird, hängt davon ab, ob die Endkunden ein medienbruchfreies Kauferlebnis beim Hersteller erwarten, bzw. von der Reaktion der stationären Handelspartner auf diesen Schritt. Die bestehenden Chancen zur Absatzsteigerung und Kundenbindung sind gleichermaßen mit Risiken und Problemen behaftet. Neben dem Risiko der Reaktion des stationären Handels (z. B. Auslistung der Produkte des Unternehmens) ist ein professioneller Online-Markenauftritt als Voraussetzung für eine erfolgreiche Markenbildung mit hohen Kosten verbunden. Aufgrund der höheren Markttransparenz im Internet scheint zudem die Loyalität der Kunden abzunehmen, sodass zusammenfassend festgestellt werden kann, dass sich das Kräfteverhältnis zwischen Anbieter und Nachfrager im E-Commerce in Richtung des Letzteren verschiebt (vgl. Brüning 2005, S. 27).

- **Lieferanten:** Ebenso wie die Kunden versuchen auch die Anbieter selbst gegenüber ihren Lieferanten eine möglichst große Verhandlungsmacht zu erreichen, sodass die Verhandlungsmacht gegenüber den Lieferanten der des Kunden entgegengesetzt ist (vgl. Brüning 2005, S. 25). Eine hohe Verhandlungsmacht des Lieferanten hingegen wird dazu führen, dass dieser entweder höhere Preise verlangen bzw. eine geringere Qualität zum gleichen Preis liefern könnte, was sich jedoch negativ auf das Gewinnpotenzial des Unternehmens auswirken würde, weswegen eine Branche umso attraktiver ist, je geringer die Verhandlungsmacht der Lieferanten ist (vgl. Sztuka o. J.).
- **Wettbewerber:** Die erhöhte Markttransparenz durch das Internet führt zu einer zunehmenden Marktverlagerung zu den Nachfragern, womit eine verschärfte Rivalität der Unternehmen einhergeht (vgl. Brüning 2005, S. 27). Das veränderte Konsumentenverhalten, das zur Kanalverschiebung (offline zu online) führt, birgt das Risiko signifikanter Marktanteilsverschiebungen, sofern ein produzierendes Unternehmen den präferierten Beschaffungskanal der Kunden nicht in optimaler Weise bedienen kann. Zudem scheint der Wettbewerb im E-Commerce grenzenlos zu sein, da in nahezu jeder Branche neben Nischenanbieter diverse weitere Betriebstypen (in Abschn. 4.3.7 dargestellt) existieren, die neben den Marktplätzen (siehe Abschn. 4.3.4 hierzu) und Pure-Playern die Bedürfnisse eines bestimmten Kundentyps befriedigen.
- **Neue Konkurrenten:** Während die Existenzberechtigung des stationären Handels theoretisch mithilfe der Transaktionskostentheorie begründet werden kann, wonach er als Mittler zwischen Hersteller von Produkten und Dienstleistungen sowie den Nachfragern fungiert, um die Transaktionskosten in zeitlicher und räumlicher Hinsicht zu minimieren, ermöglicht E-Commerce die Umgehung maßgeblicher Distributionsstufen, z. B. durch Online-Shops der Industrie- oder anderer Großhändler (vgl. Brüning 2005, S. 27). E-Commerce verstärkt also den Trend zur Disintermediation, die sich speziell auf den stationären Handel negativ auswirkt und besonders von kleineren Handelsunternehmen als Bedrohung angesehen wird (vgl. Brüning 2005, S. 27). Das Ausmaß der Bedrohung hängt von der Höhe der jeweiligen Markteintrittsbarriere ab, die für

neue Marktteilnehmer insbesondere durch E-Commerce dadurch sinkt, dass kein physischer Marktzugang vor Ort benötigt wird und dadurch der Wettbewerbsdruck auf lokale Anbieter erhöht werden kann (vgl. Brüning 2005, S. 28). Dies kann dazu führen, dass sich neue Konkurrenten wie Pure-Player innerhalb der Branche bilden, um den bestehenden Wettbewerbern Marktanteile wegzunehmen.

- **Substitute:** Durch technologische Innovationen und aufgrund steigender Konvergenz und Überlappung bisheriger Branchenstrukturen werden zunehmend Produkte und Dienstleistungen entwickelt, die durch neue Funktionen zu Substitutionsprodukten für andere Branchen werden können, wie z. B. das Smartphone in vielen Bereichen die Digitalkamera substituiert hat (vgl. Brüning 2005, S. 29).

Beim marktorientierten Ansatz dominiert die Outside-in-Perspektive, in welcher das Unternehmen aus der Marktperspektive bewertet wird und letztlich die Anforderungen und Strukturen des Marktes die Erfolgspotenziale des Unternehmens determinieren (vgl. Benkenstein und Uhrich 2010, S. 18). Darin liegt auch die Kritik am marktorientierten Ansatz, da die Outside-in-Perspektive bei einer dogmatischen und einseitigen Auslegung den Eindruck einer defensiven, reaktiven strategischen Ausrichtung vermittelt, was jedoch nicht der Fall ist, wenn sich die Marktorientierung nicht nur auf etablierte Märkte, sondern auch auf potenzielle Märkte, die sich in der Entstehungsphase befinden, fokussiert (vgl. Benkenstein und Uhrich 2010, S. 18). Obwohl es aufgrund der rasant fortschreitenden technologischen Veränderungen immer schwieriger wird, eine Branche zu untersuchen und eine für produzierende Unternehmen darauf aufbauende Positionierung vorzunehmen, erscheint die *Portersche* Five-Forces-Analyse der Wettbewerbskräfte dennoch geeignet, die Chancen und Risiken eines Unternehmens zu bestimmen (vgl. Brüning 2005, S. 29).

6.1.2 Ressourcenbasierter Ansatz (Resource-Based-Approach)

Bezogen auf die zeitliche Dimension der historischen Entwicklung handelt es sich beim ressourcenbasierten Ansatz wohl um die neueste Denkrichtung der Managementlehre als Gegenpol zum insbesondere von den Vertretern der *Harvard Business School* favorisierten marktorientierten Ansatz (vgl. Schöfer 1996, S. 35). Im Gegensatz zur marktorientierten Sichtweise konzentriert sich der ressourcenbasierte Ansatz auf die Analyse der internen Situation von Unternehmen und basiert auf der Annahme, dass sich deren Erfolg durch interne, materielle und immaterielle Vermögenswerte und Ressourcen determiniert (vgl. Brüning 2005, S. 29).

Im Zentrum stehen diejenigen Ressourcen, die nicht einfach über den Markt beschafft bzw. imitiert werden können. Die Analyse findet innerhalb eines Funktions-/Ressourcen-Schemas statt, um hieraus ableiten zu können, welche Funktionen erforderlich sind, um Wettbewerbsvorteile zu erlangen (vgl. Brüning 2005, S. 30). Als Basisressource wird bei produzierenden Unternehmen die finanzielle Ausstattung gesehen, die je nach Branche und fallbezogenem Unternehmen völlig unterschiedlich ausgeprägt sein kann. Vor diesem

Hintergrund stellen Kosteneinsparungen, die durch E-Commerce-Prozesse, insbesondere durch die Reduktion der Transaktionskosten (siehe Abschn. 2.4), entstehen, einen Anreiz dar, eine E-Commerce-Strategie im Unternehmen zu implementieren (vgl. Brüning 2005, S. 30).

Neben den Einsparungen im Bereich der Transaktionskosten, die beispielsweise durch ein B2B-Bestellportal realisiert werden, in dem die Kunden wesentliche Teile bis hin zur gesamten Auftragsabwicklung mittels der Self-Service-Funktionalitäten abwickeln, die das Portal bietet, werden durch E-Commerce auch die Geschäftsprozesse beschleunigt, da durch die elektronische Abwicklung die Raumüberwindungskosten im Rahmen der Kommunikation entfallen. Dennoch müssen E-Commerce-Prozesse nicht zwangsläufig zu positiven Kosteneffekten bei produzierenden Unternehmen führen, da sowohl die finanziellen Einmalaufwendungen in die benötigten Systeme, Schnittstellen, Middleware und die prozessualen Anpassungen als auch die laufenden Kosten der Lizenz-, Wartungs- und Hosting-Gebühren derart ins Gewicht fallen, dass insbesondere bei kleinen Unternehmen der wirtschaftliche Aspekt zu Restriktionen in der Umsetzung einer E-Commerce-Strategie führen kann.

Voraussetzung für die Amortisierung der getätigten Aufwendungen ist ein gewisses Geschäftsvolumen auf der Online-Markenpräsenz des Herstellers, das sich zumeist nur durch entsprechende Marketingbudgets erreichen lässt, um Off- und Online-Werbung, SEO, SEA etc. (siehe auch Abschn. 4.3.6) zu finanzieren (vgl. Brüning 2005, S. 31).

Als weitere Restriktion bei produzierenden Unternehmen erweist sich oftmals die zu geringe Ausstattung an Personal (quantitativer Aspekt), das über das notwendige Knowhow (qualitativer Aspekt) verfügt, ein E-Commerce-Projekt zu planen und zu realisieren (vgl. Kap. 7, Interview mit Dr. Wittmann, Antwort auf Frage 9). Kleinere und mittlere Unternehmen (KMU) haben im Vergleich zu großen Unternehmen jedoch oftmals Stärken in puncto Flexibilität, Schnelligkeit und Marktnähe und können durch ihre geringere Komplexität Lösungen schneller umsetzen, was insbesondere im E-Commerce von bedeutendem Vorteil ist, da die Geschwindigkeit der Digitalisierung rasant zunimmt (vgl. Brüning 2005, S. 31). Die Kritik am ressourcenbasierten Ansatz besteht darin, dass er die Marktbetrachtung nur komplementieren, nicht aber substituieren kann.

Eine zielführende Strategiebildung im Rahmen des E-Commerce für produzierende Unternehmen kann nur unter Berücksichtigung beider Ansätze erfolgen, wie im nachfolgenden Abschnitt dargestellt wird.

6.1.3 Komplementarität von markt- und ressourcenorientiertem Ansatz

Produzierende Unternehmen können (wie in Abschn. 6.1.1 dargestellt) mithilfe des marktorientierten Ansatzes die existierenden Chancen und Risiken in Bezug auf E-Commerce analysieren (vgl. Brüning 2005, S. 32). Parallel dazu ermöglicht der in Abschn. 6.1.2 dargestellte ressourcenorientierte Ansatz, dass Unternehmen ein weitreichendes Verständnis für die eigenen Stärken und Schwächen entwickeln (vgl. Brüning 2005, S. 32). Um eine

6.1 Übergeordnete strategische Rahmenbedingungen

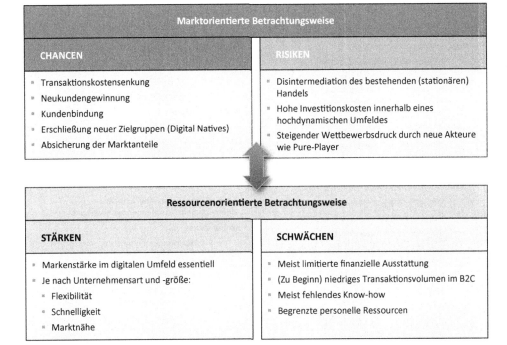

Abb. 6.2 Komplementärer Analyseansatz mittels SWOT-Analyse-Modell. (Quelle: in Anlehnung an Brüning 2005)

E-Commerce-Strategie für produzierende Unternehmen mit einer stationären Handelsstruktur zu entwickeln, müssen beide Ansätze integriert werden, damit eine enge Abstimmung zwischen den exogenen Einflüssen und den internen Ressourcen erfolgen kann. Hierzu eignet sich die bereits in Abschn. 6.1.3 dargestellte SWOT-Analyse. Die SWOT-Analyse – **S**trengths (Stärken), **W**eaknesses (Schwächen), **O**pportunities (Chancen), **T**hreats (Risiken) – ermöglicht eine Stärken-Schwächen-Chancen-Risiken-Analyse (vgl. Kerth et al. 2011, S. 168). Sie bietet mit ihrem modellhaften Charakter einen Rahmen, in dem sowohl die Elemente des marktorientierten als auch des ressourcenorientierten Ansatzes integriert werden können. In Abb. 6.2 werden die zentralen Inhalte beider Ansätze für eine E-Commerce-Strategie produzierender Unternehmen mit einer stationären Handelsstruktur im Rahmen des SWOT-Analyse-Modells dargestellt.

6.1.4 Einflussdeterminanten auf das Strategiemodell

Die Einflussdeterminanten eines Unternehmens, die bei der Entwicklung eines Strategiemodells berücksichtigt werden müssen, sind (wie in Abschn. 6.1.1 und 6.1.2 dargestellt) äußerst vielschichtig. Für ihre Bestimmung wird der in Abschn. 6.1.3 dargestellte kom-

Exogene, primär marktorientierte Betrachtungsweise	Endogene, primär ressourcenbasierte Betrachtungsweise

Kunden (B2C):
• Customer Journey der (End-)Kunden innerhalb der relevanten Warengruppe
• Anteil der Online-Ausgaben der (End-)Kunden innerhalb der relevanten Warengruppe
Kunden (B2B):
• Markenstärke des produzierenden Unternehmens
• Multi-Channel-Fähigkeit des Handels
Distributionsumfeld/neue Konkurrenten:
• Digitalisierungsgeschwindigkeit
• Vertriebssstruktur des Wettbewerbs
• Disintermediationstendenzen
• Pure-Player-Penetration innerhalb der Branche
• E-Commerce-Portale als Nischenanbieter
• Markteintrittsbarrieren neuer Konkurrenten
Substitute:
• Gefährdung des Geschäftsmodells durch technologische Innovationen
	• **E-Commerce-Reifegrad des Unternehmens**
	  • Vorhandene E-Commerce-Prozesse
	  • Existente IT-Infrastruktur
	  • Datenverfügbarkeit & Qualität
	• **Produktportfolio**
	  • Online-Fähigkeit
	• **Finanzielle Ressourcen**
	  • Investitionsbudget
	  • Budget für strukturelle Anpassungen der Distributionsstrategie
	• **Transaktionskosten innerhalb des Unternehmens, insbesondere im Vertrieb**
	• **Organisation**
	  • Personalressourcen für E-Commerce
	  • Know-how
	• **Existenter Kundenmix**
	  • Kundenstrukturanalyse zur Bestimmung der Abhängigkeit vom stationären Handel

Abb. 6.3 Komplementäre Einflussdeterminanten auf das Strategiemodell

plementäre Ansatz aus der marktorientierten und ressourcenbasierten Betrachtungsweise herangezogen (siehe Abb. 6.3).

Unter der exogenen, primär marktorientierten Betrachtungsweise ist es zunächst notwendig, die Customer Journey[1] der B2C-Kunden zu analysieren, um die Interaktionspunkte zwischen Kunde und Unternehmen festzustellen. Darüber hinaus müssen produzierende Unternehmen den gegenwärtigen Online-Anteil ihrer Warengruppe (siehe hierzu auch Abb. 2.7) kennen und eine Prognose für die Zukunft ableiten. Hinsichtlich der Kanalverträglichkeit mit dem stationären Handel spielt einerseits die Multi-Channel-Fähigkeit des Handels, die innerhalb der Branchen sehr unterschiedlich ausfallen kann, eine übergeordnete Rolle. Andererseits hängt es letztendlich von der Markenstärke und der Relevanz eines Unternehmens ab, ob ein Geschäftsmodell mit Tendenzen zur Disintermediation in den stationären Handel gewählt werden kann. Auch die Höhe der Markteintrittsbarriere sowie die Digitalisierungsgeschwindigkeit innerhalb der Branche durch neue Wettbewerber wie Pure-Player und E-Commerce-Portale beeinflussen die Wahl der Strategie sowie die Ausgestaltung eines notwendigen Stufenplans maßgeblich. Letztlich ist darüber hinaus zu analysieren, inwieweit durch die technologische Innovation und die daraus resul-

---

[1] Unter dem Begriff der Customer Journey versteht man die Reise, die ein Kunde durchläuft, bevor er sich entscheidet, ein Produkt oder eine Dienstleistung zu erwerben.

tierende mögliche Entwicklung von Substituten für das bestehende Geschäftsmodell des produzierenden Unternehmens ein Risiko besteht, das im E-Commerce-Strategiemodell berücksichtigt werden muss. Als Beispiel hierfür sind vornehmlich digitale Güter wie Tonträger, Videos, Software und inzwischen auch E-Books zu nennen, in deren Branchen sich das Geschäftsmodell in den vergangenen Jahren disruptiv verändert hat.

Bei der endogenen, primär ressourcenbasierten Betrachtungsweise determiniert der vorherrschende E-Commerce-Reifegrad im jeweiligen Unternehmen das Strategiemodell maßgeblich in Bezug auf die zeitliche Komponente von Implementierungsprojekten im E-Commerce, da diese i. d. R. sehr komplex sind und hohe Anforderungen an die IT-Infrastruktur sowie die Datenverfügbarkeit und Qualität stellen (auch in Abschn. 4.3.5 ausgeführt). Auch die Online-Fähigkeit des Produktportfolios nimmt Einfluss auf die Strategie sowie auf die Ausprägung des Betriebstypen (in Abschn. 4.3.4 dargestellt). Da die Implementierung einer modernen Online-Markenpräsenz mit den notwendigen Schnittstellen einen hohen Aufwands- und Komplexitätscharakter aufweist, haben die vorhandenen Finanzmittel bzw. zur Verfügung stehenden Budgets einen signifikanten Einfluss auf die E-Commerce-Strategie eines produzierenden Unternehmens.

Eine Veränderung der Distributionsstrategie in Richtung eines Selektivvertriebs ist zudem mit temporären Opportunitätskosten verbunden, die i. d. R. ausschließlich finanzstarken Unternehmen vorbehalten sind. Auch die interne Organisation eines produzierenden Unternehmens kann die E-Commerce-Strategie beeinflussen, sofern die notwendigen Ressourcen nicht aufgebaut werden können. Einen maßgeblichen, endogenen Einflussfaktor stellt die existente Kundenstruktur eines produzierenden Unternehmens dar, da beispielsweise ein hoher Anteil rein stationärer Händler mit einer abwehrenden E-Commerce-Haltung ein nicht unerhebliches Risiko von Kanalkonflikten in sich birgt, die bei der Strategiekonzeption in jedem Fall bewusst eingeschätzt werden müssen.

6.2 Entwicklung einer exemplarischen E-Commerce-Strategie

Nachdem produzierende Unternehmen die übergeordneten Einflussdeterminanten auf das E-Commerce-Strategiemodell im Rahmen des komplementären Analysemodells SWOT (Abb. 6.2 und Abb. 6.3) bestimmt haben, können sie mit der Entwicklung einer geeigneten E-Commerce-Strategie beginnen.

In den folgenden Unterabschnitten wird exemplarisch eine mögliche Vorgehensweise für ein produzierendes Unternehmen, das seinen Hauptumsatz über den stationären Fachhandel realisiert, beschrieben. Das Beispiel geht von einem Markenhersteller aus, der einen hohen Bekanntheitsgrad aufweist und über eine begrenzte Markenstärke verfügt. Aufgrund der hohen Wettbewerbsintensität sind seine Produkte substituierbar, weswegen er Channel-Konflikte mit dem stationären Handel vermeiden muss.

Dieses Beispiel wurde gewählt, da viele produzierende Unternehmen vor diesem Dilemma stehen, was eine besondere Herausforderung an die Wahl einer geeigneten E-Commerce-Strategie stellt. Es wird davon ausgegangen, dass es sich um ein Unternehmen

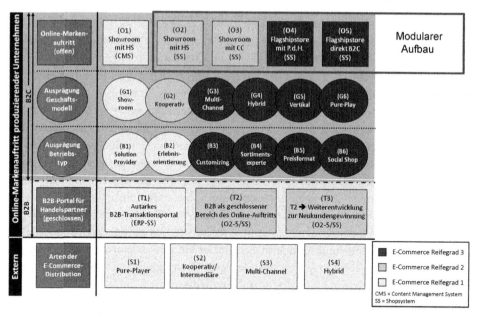

Abb. 6.4 Modularer Aufbau des E-Commerce-Strategiemodells

handelt, das technische Lösungen für bestimmte Zielgruppen im B2B- und B2C-Segment anbietet. Insgesamt wird aber ein branchenübergreifender Ansatz verfolgt. Ferner befindet sich das Unternehmen in einer Branche, in welcher der Online-Anteil unter 30 % liegt, der stationäre Fachhandel jedoch seit Jahren stagniert und die Kanalverschiebung – offline zu online – rapide fortschreitet. Vor diesem Hintergrund möchte sich das produzierende Unternehmen möglichst optimal auf die unsichere Zukunft vorbereiten und gleichzeitig sicherstellen, dass seine Investitionskosten für Systeme so erfolgen, dass ein modularer Aufbau gewährleistet ist.

6.2.1 Modularer Aufbau zur Sicherung der Zukunftsfähigkeit

Selten hatte *Robert Nieschlags* Lehre von der Dynamik der Betriebsformen so viel Gültigkeit wie heute, in einer Zeit der nie endenden Evolution im Handel (vgl. Heinemann 2012b, S. V). Die disruptiven Veränderungen in diesem Bereich führen dazu, dass Hersteller sich gezielt auf eine Anpassung der Handelsstrukturen vorbereiten müssen. Die E-Commerce-Strategie dient somit der Sicherung der Zukunftsfähigkeit des Unternehmens. Vor diesem Hintergrund ist das E-Commerce-Strategiemodell für produzierende Unternehmen (siehe Abschn. 5.2) modular angelegt, sodass es Herstellern möglich ist, ihren Online-Markenauftritt von einem Showroom zu einem Flagshipstore weiterzuentwickeln, ohne dass eine erneute Gesamtinvestition in die Systeme und Schnittstellen erfolgen muss. Veranschaulicht wird dies in Abb. 6.4.

Voraussetzung für eine modulare Entwicklung ist es, den Showroom von Beginn an auf Basis eines Online-Shops aufzusetzen (siehe O2 in Abb. 6.4), auch wenn in dieser ersten Phase noch keine E-Commerce-Funktionalitäten gegeben sein sollen. Während die sonstigen Arten der E-Commerce-Distribution neben einer funktionierenden Datenbereitstellung auch in Reifegrad 1 erfolgen können und in keiner direkten Abhängigkeit vom Online-Markenauftritt sowie vom B2B-Portal stehen, ist das Weiterentwicklungspotenzial innerhalb der Bausteine *Online-Markenauftritt* sowie *B2B-Portal* im Reifegrad 1 begrenzt. Um in den Reifegrad 2 zu gelangen, sind bei beiden Bausteinen umfangreiche System- und Schnittstelleninvestitionen erforderlich. So muss hinsichtlich des Online-Markenauftritts die statische Webseite auf Basis eines Content-Management-Systems (CMS) durch ein Shopsystem (SS) erneuert werden. Hinsichtlich des B2B-Portals ist es erforderlich, ein autarkes, zumeist ERP-nahes Transaktionssystem abzulösen, sobald der Anspruch besteht, B2B-Kunden auch ein Einkaufserlebnis zu bieten, wie es bislang den B2C-Kunden im Showroom vorbehalten ist. Spätestens jedoch bei der Weiterentwicklung des B2B-Portals zur Neukundengewinnung ist es erforderlich, das B2B-Portal in das Shopsystem zu integrieren.

Zur Absicherung der Zukunftsfähigkeit empfiehlt es sich für das exemplarisch dargestellte produzierende Unternehmen daher, hinsichtlich des Online-Markenauftritts die Ausprägung O1 zu überspringen und unmittelbar auf ein Shopsystem (SS) zu setzen. Zwar sind die initialen Implementierungskosten sowie die laufenden Kosten höher, dies dient jedoch zur Vorbereitung auf eine unsichere Zukunft, da sich die Ausprägung sukzessive modular erweitern lässt (O2 bis O5). Eine solche Vorgehensweise entspricht der Empfehlung von *Prof. Heinemann*, sich mittels einer kombinierten, multioptionalen Lösung auf eine unsichere Zukunft vorzubereiten (vgl. Kap. 7, Interview mit Prof. Heinemann, Antwort auf Frage 6). Das E-Commerce-Strategiemodell kann mit seinem modularen Aufbau als Flexible-Response-Modell angesehen werden und stellt eine risikoarme Form dar, sich als Hersteller auf die unsichere Zukunft des Handels vorzubereiten.

6.2.2 Restriktionen zur Sicherung der Handelsverträglichkeit

Bevor im folgenden Abschnitt mit der Grobkonzeption der E-Commerce-Strategie begonnen werden kann, ist es zunächst erforderlich, die zu präferierende Strategie einer Prüfung hinsichtlich der Handelsverträglichkeit zu unterziehen. Diese Vorgehensweise wurde in Abschn. 5.2.4 bereits vorgestellt. Für produzierende Unternehmen mit den in Abschn. 6.2 vorgestellten Merkmalen dürfen die Umsätze des stationären Handels aus Sicht des E-Commerce-Experten *Prof. Morschett* nicht gefährdet werden, weswegen er Herstellern bei der derzeitigen 80/20-Verteilung des Umsatzes zugunsten des stationären Handels gegenüber dem Online-Handel eine kooperative E-Commerce-Strategie (gemeinsam mit dem Handel) empfiehlt (vgl. Kap. 7, Interview mit Prof. Morschett, Antwort auf These 9).

Vor diesem Hintergrund empfiehlt es sich, das in Abb. 5.22 dargestellte E-Commerce-Strategiemodell nach Handelsverträglichkeit zugrunde zu legen, um die möglichen Stra-

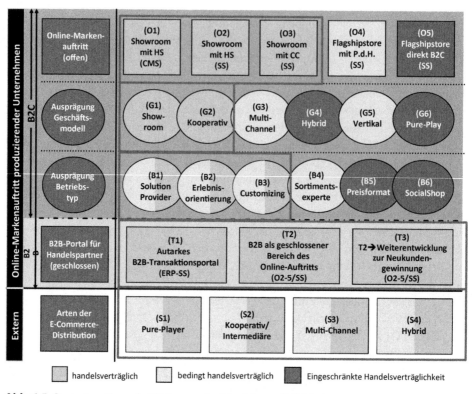

Abb. 6.5 Strategieoptionen bei Sicherung der Handelsverträglichkeit

tegieoptionen unter der vorgenannten Prämisse zu determinieren. Auf diese Weise kann eine Selektion vorgenommen werden, indem nicht realisierbare Strategieoptionen ausgeschlossen werden. Unter der Prämisse der Gewährleistung der Handelsverträglichkeit stehen hinsichtlich des *Online-Markenauftritts* die drei Strategieoptionen O1 bis O3 zur Verfügung. Für den Baustein *Geschäftsmodellausprägung* stehen die Optionen Showroom (G1) und Kooperativ (G2) zur Verfügung. Bei der *Ausprägung des Betriebstyps* stehen die Optionen B1 bis B3 analog zum B2B-Portal (T1 bis T3) zur Verfügung. Hinsichtlich der Arten der externen E-Commerce-Distribution müssen die potenziellen Vertriebspartner hinsichtlich der Handelsverträglichkeit individuell geprüft werden. Abbildung 6.5 subsumiert die genannten Strategieoptionen innerhalb der einzelnen Bausteine. Die möglichen Optionen unter der Prämisse der Verträglichkeit mit dem stationären Handel sind in der Abbildung eingerahmt, sodass auf diese Weise bereits eine Eingrenzung erfolgen konnte.

6.2.3 Grobkonzeption einer E-Commerce-Strategie

Nachdem die Restriktionen zur Sicherung der Handelsverträglichkeit vorgenommen wurden, erfolgt die weitere Spezifikation der Strategieausprägung zunächst im Rahmen einer Grobkonzeption. Für das exemplarisch dargestellte Unternehmen beginnt die Strategieentwicklung im Rahmen des in Abschn. 6.2.1 vorgestellten modularen Aufbaus,

6.2 Entwicklung einer exemplarischen E-Commerce-Strategie

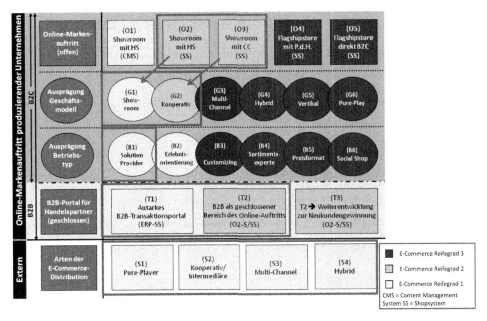

Abb. 6.6 Grobkonzeption einer E-Commerce-Strategie

ausgehend von einem Showroom (O2) mit Händlersuche auf Basis eines Shopsystems. Hinsichtlich der Geschäftsmodellausprägung kann damit ein Showroom (G1) betrieben werden. Der Online-Markenauftritt soll im Zuge eines kooperativen Online-Handels (in Abschn. 5.2.2.2 dargestellt) mittels CommerceConnector erweitert werden, um so den stationären Fachhandel zu unterstützen. Der CommerceConnector ermöglicht ein qualitatives Routing des Kunden bzw. des Kundenauftrags an den Handel, was dem Geschäftsmodell des kooperativen Online-Handels (G2) (in Abschn. 5.2.2.2 dargestellt) entspricht. Das Routing des Kunden kann je nach Ausprägung mit oder ohne Medienbruch erfolgen.

Die Ausprägung des Betriebstyps (in Abschn. 5.2.2.3 dargestellt) eines Solution Providers ergibt sich aus den Rahmenbedingungen des exemplarischen Unternehmens (siehe Abschn. 6.2). Hinsichtlich des Bausteins B2B-Portal für Handelspartner (in Abschn. 5.2.2.4 dargestellt) kommen für das produzierende Unternehmen sowohl ein autarkes B2B-Transaktionsportal (T1) als auch das im geschlossenen Bereich des Online-Markenauftritts integrierte B2B-Transaktionsportal (T2) infrage. Die Weiterentwicklung zur aktiven B2B-Neukundengewinnung soll im initialen Schritt nicht vorgenommen werden, da dies den Projektrahmen hinsichtlich Laufzeit und Kosten sprengen könnte. Außerdem kann die Weiterentwicklung von der Strategieoption T2 → T3 auch als Modul jederzeit innerhalb der bestehenden Systemlandschaft erfolgen. Hinsichtlich der Arten der externen E-Commerce-Distribution (in Abschn. 5.2.2.5 dargestellt) erscheint es sinnvoll, sämtliche E-Commerce-Handelspartner zu prüfen. Die Erläuterung der exakten Vorgehensweise diesbezüglich erfolgt in Abschn. 6.2.4 im Rahmen der Feinkonzeption. Abbildung 6.6 veranschaulicht die getroffenen Aussagen und reduziert die strategischen Optionen auf die Ausprägungen, die im Rahmen der Feinkonzeption in Abschn. 6.2.4 noch detaillierter ausgeführt werden.

Investitionsplanung E-Commerce-Systemlandschaft		
	CAPEX	OPEX
Projekt Onlinemarkenauftritt		
Showroom (O2)		
Software, Dienstleistung, Lizenzen, Wartung, Hosting	400.000 €	50.000 €
Schnittstellen PIM/ERP	60.000 €	- €
Datenbereitstellung und Aktualisierung	40.000 €	- €
CommerceConnector (O3)		
Option 1: Light - Version	15.000 €	2.000 €
Option 2: Integrated - Version	65.000 €	4.000 €
Projekt B2B Bestell- und Serviceplattform		
(T1) Autarkes B2B-Transaktionskostenportal	50.000 €	Transaktionskosten
(T2) B2B TP als geschlossener Bereich des Onlineauftritts	150.000 €	- €
Datenbereitstellung für externe E-Commerce-Distributionsfunktionen		
Basis Setup (PIM & ERP Datenexport)	50.000 €	5.000 €
Setup je Mandant	1.000 €	- €

Abb. 6.7 Exemplarische Grobplanung der E-Commerce-Systeminvestition

6.2.3.1 Investitionsplanung zur Bestimmung des Budgets

Nach der Grobkonzeption empfiehlt sich eine Investitionsplanung zur Bestimmung des zur Verfügung stehenden Budgets und der anfallenden Kosten. Die Grobkonzeption der E-Commerce-Strategie kann dazu verwendet werden, ein erstes, indikatives Angebot bei E-Commerce-Agenturen einzuholen, das eine Orientierungsgröße hinsichtlich der Investitionskosten gibt. In Abb. 6.7 wird eine exemplarische grobe Planung der E-Commerce-Systeminvestition auf Basis der Grobkonzeption vorgestellt. Die Investitionskosten werden hierbei als CAPEX[2] (Einmalinvestition) und OPEX[3] (laufende Betriebskosten pro Jahr) dargestellt. Zur Vereinfachung werden die wesentlichen Kostenpositionen aggregiert, die zur Ableitung einer Entscheidung für die relevanten Strategieoptionen notwendig sind.

6.2.3.2 Technische/organisationale Voraussetzungen

Neben der Investitionsplanung gilt es, im Rahmen der Grobkonzeption auch die technischen und organisationalen Voraussetzungen zu klären, die ein Unternehmen zur Umsetzung der gewählten E-Commerce-Strategie erfüllen sollte. Diese können ausgehend von den in Abb. 6.8 dargestellten notwendigen Teilprozessen im E-Commerce abgeleitet werden. Die Inhalte der Abbildung wurden von der Firma *SHOPMACHER*, einem E-Commerce-Dienstleister, der sich auf die Umsetzung von Online-Markenauftritten spezialisiert

---

[2] CAPEX steht für die Abkürzung der englischen Bezeichnung „Capital Expenditure" und subsumiert Investitionsausgaben eines Unternehmens für längerfristige Anlagegüter.

[3] OPEX steht für die Abkürzung der englischen Bezeichnung „Operational Expenditure", worunter laufende Betriebskosten zu verstehen sind.

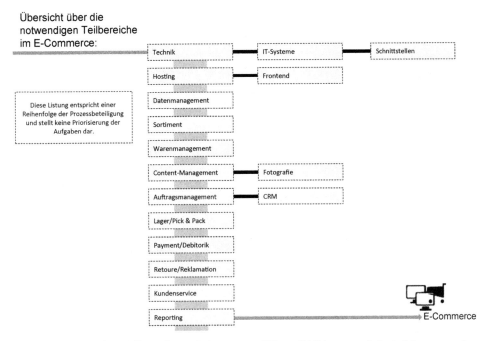

Abb. 6.8 Notwendige Teilbereiche im E-Commerce. (Diese Abbildung wurde in Anlehnung an eine Abbildung aus einer PowerPoint-Präsentation von Shopmacher erstellt)

hat, formuliert. Sie beinhaltet die Teilbereiche, die im Rahmen einer E-Commerce-Strategie produzierender Unternehmen mit einer stationären Handelsstruktur zum Tragen kommen. Diese Teilbereiche müssen bereits im Rahmen der Strategiephase berücksichtigt werden, da ihre Ausprägung Einfluss auf die möglichen Strategieoptionen nimmt.

Abbildung 6.8 verdeutlicht die Notwendigkeit einer interdisziplinären Organisation über sämtliche Unternehmensbereiche. Auch wenn die Kernbereiche in der IT, im Marketing und im Vertrieb liegen, müssen sich produzierende Unternehmen im Rahmen einer E-Commerce-Strategie auf neue Bereiche wie Daten- und Content-Management einstellen. Dies verlangt Kompetenzen bei Mitarbeitern (z. B. SEO/SEA), die in vielen produzierenden Unternehmen heute noch nicht anzutreffen sind. Es ist wichtig, diese Voraussetzungen bereits in der Grobkonzeption zu bestimmen, um sie im Rahmen einer Feinkonzeption detailliert qualitativ und quantitativ zu berücksichtigen.

6.2.4 Feinkonzeption einer möglichen E-Commerce-Strategie

Nachdem im Rahmen von Abschn. 6.2.3 die Grobkonzeption erfolgte, wird im Rahmen dieses Abschnitts die mögliche Feinkonzeption des exemplarischen Unternehmens skizziert. Sie erfolgt ausgehend vom Online-Markenauftritt. Wie in Abb. 6.6 ersichtlich, mündet der Baustein O2 (Showroom mit Händlersuche auf Basis eines Shopsystems) in die

	CommerceConnector „light"	CommerceConnector „integrated"
Ausprägung	• Weiterleitung auf Produktdetailseiten des Händlers unter Berücksichtigung qualitativer Merkmale	• Integrierte Händleranbietung mittels eines Vendor-Portals unter Berücksichtigung multidimensionaler Merkmale
Vorteile	• Leads messbar • Qualitative Händlermerkmale ausspielbar • Verfügbarkeitsanzeige möglich • Kostengünstige, rasche Implementierung	• Keine Preiserosionen • B2C-Endkundendaten werden auf der Herstellerseite erhoben • Medienbruchfreies Einkaufserlebnis
Nachteile	• Conversions nicht vollständig messbar • Medienbruch • Keine Sammlung von B2C-Kundendaten • Preiserosionen möglich	• Komplexe Anbindung • Höhere Investitionskosten

Abb. 6.9 Gegenüberstellung der Arten des CommerceConnectors

Geschäftsmodellausprägung eines Showrooms ohne Commerce-Funktionalität, was bedeutet, dass der B2C-Kunde auf dem Online-Markenauftritt des Herstellers nicht direkt einkaufen kann. Die Kosten für den Showroom wurden in Abschn. 6.2.3.1 quantifiziert, sodass dieser Baustein keiner weiteren Analyse bedarf.

Hinsichtlich des Bausteins O3 (Showroom mit CommerceConnector auf Basis eines Shopsystems) gibt es zwei Optionen: Der CommerceConnector ermöglicht produzierenden Unternehmen die Realisierung eines kooperativen E-Commerce-Geschäftsmodells, in dem entweder der B2C-Kunde zum Handelspartner geroutet wird (CommerceConnector „light") oder der Auftrag, den der B2C-Kunde auf der Online-Markenpräsenz des Herstellers platziert hat, zum Handelspartner weitergeleitet wird (CommerceConnector „integrated"). Beide Möglichkeiten werden hinsichtlich ihrer Ausprägung sowie ihrer Vor- und Nachteile in Abb. 6.9 einander gegenübergestellt. Während es sich bei der CommerceConnector-„light"-Variante um eine Weiterleitung des B2C-Kunden auf die Produktdetailseiten des Händlers unter Berücksichtigung qualitativer Merkmale (z. B. der Verfügbarkeit oder den Händlerbewertungen) handelt, stellt die Variante CommerceConnector „integrated" eine integrierte Händleranbindung unter Berücksichtigung multidimensionaler Merkmale dar, in welcher der Händler über ein Vendor-Portal angebunden wird. Das Vendor-Portal dient dabei als Schnittstelle zwischen dem Handelspartner und dem Hersteller. Neben der Pflege der Bestände empfängt der Handelspartner in diesem Portal auch die Bestellungen der B2C-Kunden, die auf der Herstellerseite platziert wurden. Ferner dient das Vendor-Portal als Kommunikationsplattform zwischen Handel und Hersteller.

Während die „Light"-Variante den Vorteil einer raschen, kostengünstigen Implementierung mit sich bringt, lassen sich damit auf der Herstellerseite keine B2C-Kundendaten erheben. Ferner sind keine Conversionsraten messbar. Außerdem sind Preiserosionen durch die Händler möglich. Bei der „Integrated"-Variante werden im Gegensatz dazu Preiserosionen vermieden, indem der Hersteller einen Auftrag zur Preisstellung des UVPs an den Handelspartner weiterreicht. Hersteller können zudem mittels dieser Variante B2C-Kundendaten erheben und ermöglichen den B2C-Kunden außerdem ein medienbruchfreies Einkaufserlebnis, wie es von den befragten E-Commerce-Experten gefordert wird (vgl. Kap. 7, Interviews, Antworten auf These 1).

Die Nachteile der „Integrated"-Version liegen in den höheren Investitionskosten (siehe Abb. 6.7) aufgrund der Einbindung des Vendor-Portals sowie der komplexeren technischen Anbindung und notwendigen Organisation der Betreuung der teilnehmenden Handelspartner. Welche Variante des CommerceConnectors letztlich zum Einsatz kommt, muss individuell unter Abwägung der Vor- und Nachteile entschieden werden. Innerhalb der Elektrowerkzeugbranche setzt z. B. die Firma *Fein* den CommerceConnector in der beschriebenen „Light"-Variante ein (vgl. C. & E. FEIN GmbH 2013), während der Wettbewerber *Flex* auf den CommerceConnector in der „Integrated"-Version vertraut (vgl. FLEX-Elektrowerkzeuge GmbH o. J.).

Der Betriebstyp bedarf im Rahmen der Feinkonzeption keiner näheren Erläuterung, da er aufgrund des in Abschn. 6.2 definierten exemplarischen Unternehmens und seiner Rahmenbedingungen als Solution-Provider gesetzt ist. Bei diesem Betriebstyp steht im Rahmen der Frontend-Gestaltung bei der Implementierung die Lösungskompetenz im Vordergrund, die dementsprechend herausgearbeitet und auch funktional dargestellt werden muss.

Bezüglich des B2B-Portals für Handelspartner wurden im Rahmen der Grobkonzeption in Abschn. 6.2.3 zwei Optionen in die engere Auswahl genommen, die in Abb. 6.10) näher analysiert werden. Das autarke B2B-Transaktionsportal (T1) kommt zwar ohne wechselseitige Schnittstellen zum Shopsystem des Showrooms aus (wodurch eine kostengünstigere Implementierung auch ohne Voraussetzung eines Showrooms möglich wird), allerdings besteht der Nachteil, dass Produkte weniger gut inszeniert werden, es nicht zu Neukundengewinnung geeignet ist und sich auch kaum dahin gehend entwickeln lässt.

Weil ein autarkes B2B-Transaktionsportal meist sehr ERP-nah aufgebaut ist, woraus eine hohe Datenorientierung resultiert, lässt sich (aufgrund der Abstriche seitens der Produktinszenierung) keine Erlebnisorientierung realisieren, wie es der B2B-Kunde von B2C-Shops gewohnt ist. Ein unzureichendes Einkaufserlebnis bzw. eine suboptimale Bedienbarkeit des B2B-Transaktionsportals kann zu Akzeptanzproblemen seitens des Handels führen, sodass die angestrebte Transaktionskostensenkung nicht erreicht werden kann. Zwar ist die Implementierung eines autarken B2B-Transaktionsportals i. d. R. deutlich kostengünstiger (siehe hierzu Abb. 6.7), es können jedoch – je nach System – transaktions-

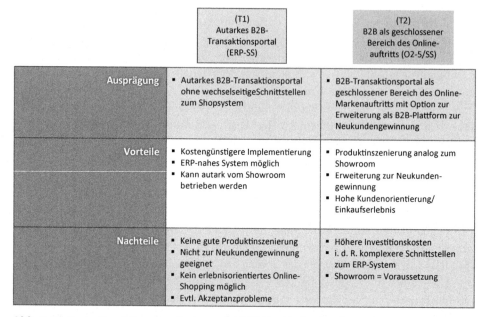

Abb. 6.10 Gegenüberstellung der Optionen des B2B-Portals für Händler

kostenbasierte Nutzungsentgelte hinzukommen. Vor diesem Hintergrund empfiehlt es sich für produzierende Unternehmen in den meisten Fällen, ein B2B-Transaktionsportal als geschlossenen Bereich des Online-Markenauftritts (T2) zu implementieren.

Innerhalb dieser Option lässt sich auch für B2B-Kunden eine hervorragende Produktinszenierung erreichen, da B2B-Kunden auf dasselbe Frontend zugreifen wie B2C-Kunden, jedoch eine erweiterte Informationsebene haben, in der z. B. die Verfügbarkeit des Produktes oder die Preise des Handelspartner angezeigt werden. Zudem lässt sich die Baustein-Stufe T2 zur Neukundengewinnung nutzen, ohne dass hierzu eine Investition in eine neue Systemlandschaft erforderlich wird. Produzierende Unternehmen sollten daher abwägen, ob sie die höheren Investitionskosten (wie in Abb. 6.7) indikativ dargestellt) in Kauf nehmen, um damit in eine zukunftsfähigere und modular erweiterbare Plattform zu investieren. Ferner ließe sich hierdurch das gesamte B2B-Portal in die Online-Markenpräsenz des Herstellers integrieren, was der Stringenz und Stärkung einer zentralen Plattform dienen würde.

Als letzten Baustein im Rahmen der Feinkonzeption gilt es, die Vorgehensweise hinsichtlich der *externen Arten der E-Commerce-Distribution* festzulegen. Hinsichtlich des Umsatzpotenzials kommt diesem Baustein eine übergeordnete Bedeutung zu, da davon auszugehen ist, dass ca. 90 % der E-Commerce-Umsätze eines Herstellers über externe E-Commerce-Distributionskanäle (wie in Abb. 5.19 dargestellt) realisiert werden. Aufgrund der immensen Wichtigkeit dieses Bausteins ist es für produzierende Unternehmen generell empfehlenswert, einen Akquise-Prozess aufzusetzen, wie er in Abb. 6.11 beispielhaft dargestellt wird.

6.2 Entwicklung einer exemplarischen E-Commerce-Strategie

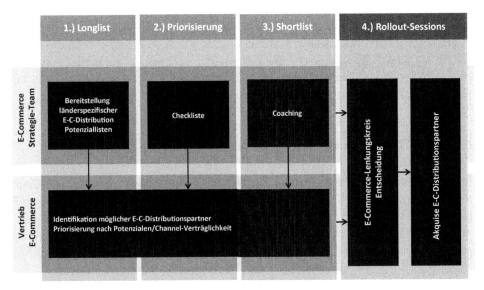

Abb. 6.11 Möglicher Akquise-Prozess von E-Commerce-Distributionspartnern

Der dargestellte Akquise-Prozess geht davon aus, dass die E-Commerce-Distributionspartner durch einen speziell geschulten Vertrieb betreut werden, der organisatorisch der Gesamtvertriebsleitung unterstellt ist. Demgegenüber existiert ein E-Commerce-Strategieteam, das in der ersten Phase der Longlist eine länderspezifische Potenzialliste mit den größten E-Commerce-Handelsunternehmen erstellt und dem Vertrieb übermittelt, damit dieser die potenziellen E-Commerce-Distributionspartner für das Unternehmen identifizieren kann.

Für die Priorisierungsphase (2. Phase) empfiehlt sich die Entwicklung einer Checkliste durch das E-Commerce-Strategieteam, die der Vertrieb zur besseren Bewertbarkeit zugrunde legen kann. Die Checkliste muss unternehmensindividuell konzipiert werden.

In der dritten Phase (Shortlist) empfiehlt es sich, ein E-Commerce-Strategieteam als Coaching-Partner zur Diskussion der vom Vertrieb entwickelten Shortlist einzusetzen, bevor ein E-Commerce-Lenkungskreis, der mit Mitgliedern der Geschäftsleitung besetzt sein sollte, die finale Entscheidung darüber trifft, mit welchen E-Commerce-Distributionspartnern eine Zusammenarbeit erfolgen soll. Diesem Bewertungsprozess wird eine wichtige Rolle beigemessen, da in diesem Baustein neben dem Umsatzpotenzial auch erhebliche Risiken hinsichtlich Preiserosionen (siehe Abschn. 4.3.2) und der Kanalverträglichkeit mit dem stationären Handel (in Abschn. 5.2.4 dargestellt) bestehen.

Die im Rahmen dieses Abschnitts vorgenommene Feinkonzeption einer E-Commerce-Strategie stellt eine mögliche Vorgehensweise exemplarisch dar. In der Praxis empfehlen sich Workshop-Kaskaden, die über mehrere Monate verteilt sind, um von der Entwicklung über die Grobkonzeption zur Feinkonzeption einer E-Commerce-Strategie zu gelangen. Dieser Entwicklungsprozess ist vielschichtig und erfordert häufig mehrere Iterationsschleifen, sodass die hier geschilderte Vorgehensweise nur als Beispiel auf einer holistischen Ebene angesehen werden kann und keinen Anspruch auf Vollständigkeit erhebt. Da es sich um eine rein strategische Konzeption handelt, wurde im Rahmen dieses Abschnitts kein Bezug auf eine Roadmap bzw. einen Rollout-Plan oder auf die Bildung der notwendigen Organisationseinheit genommen, obwohl diese in der Praxis einen wesentlichen Bestandteil der Vorbereitung auf die Implementierung darstellen.

6.3 SWOT-Analyse der entwickelten E-Commerce-Strategie

Im Rahmen dieses Abschnitts wird die in Abschn. 6.2 entworfene exemplarische E-Commerce-Strategie einer SWOT-Analyse unterzogen. Hinsichtlich der theoretischen Grundlagen der SWOT-Analyse sei auf die Abschnitte 5.2.2.2 und 6.1.3 verwiesen, in denen diese bereits zum Einsatz kam. Bei der gewählten Strategie handelt es sich um eine Online-Markenpräsenz mit einem Showroom mit Commerce Connector (O3), einer kooperativen Ausprägung des Geschäftsmodells (G2), dem Betriebstyp des Solution-Providers (B1) und einem B2B-Portal als geschlossenem Bereich des Online-Markenauftritts (T2). Außerdem werden alle Arten der externen E-Commerce-Distributionsfunktionen (S 1, S 2, S 3, S 4) berücksichtigt. In Abb. 6.12 erfolgt die SWOT-Analyse durch die gezielte Gegenüberstellung der Stärken/Schwächen und der Chancen/Risiken der ausgearbeiteten Strategie.

Die externen E-Commerce-Distributionsfunktionen wurden in der SWOT-Analyse nicht berücksichtigt, da es hierzu notwendig wäre, jeden einzelnen Partner wie *Amazon*, *eBay* und sonstige Pure-Play-Geschäftsmodelle im Rahmen einer autarken SWOT-Analyse zu untersuchen.

Die Darstellung verdeutlicht, dass die gewählte E-Commerce-Strategie für ein produzierendes Unternehmen (mit den in Abschn. 6.2 definierten Eckdaten) eine klare Markenkommunikation sowie ein eindeutiges Markenimage – sowohl im B2C-Bereich durch den Showroom als auch im B2B-Bereich durch das Transaktionsportal – aufweist und ferner eine ansprechende Produktpräsentation nach klaren und einheitlichen Vorgaben beinhaltet. Durch die Wahl der Ausprägung des CommerceConnectors „integrated" lassen sich die Absatzzahlen, die der Handel durch das Auftragsrouting erreicht, konkret messen. Ferner werden dabei Preiserosionen vermieden, indem der Artikel auf der Online-Markenpräsenz des Herstellers ausschließlich zum UVP bezogen werden kann, auch wenn der Auftrag selbst durch den Handel realisiert wird.

Die Schwäche des gewählten Modells besteht bei der Ausprägung des CommerceConnectors „integrated" im relativ hohen Betreuungsaufwand der teilnehmenden Handelspartner im Vendor-Portal. Ferner obliegt die Prozesshoheit nicht dem Hersteller, obwohl sich dieser gegenüber dem B2C-Kunden hierzu verpflichtet und die Prozessqualität auf der Handelsseite sicherstellen muss.

Die Chance der gewählten Strategie besteht darin, ein echtes Markenerlebnis auf der Herstellerseite zu schaffen, das sowohl auf die B2C- als auch auf die B2B-Zielgruppe abge-

6.3 SWOT-Analyse der entwickelten E-Commerce-Strategie

Stärken
- Klare Markenkommunikation und eindeutiges Markenimage im B2B & B2C
- Ansprechende Produktpräsentation (B2B & B2C)
- Produktpräsentation nach klaren, einheitlichen Vorgaben im B2B & B2C
- Erfolgskontrolle durch Absatzzahlen
- Preiskontrolle je nach Ausprägung des Geschäftsmodells möglich (nur CC „integrated")

Schwächen
- Hoher Betreuungsaufwand des Vendor-Portals und der teilnehmenden Handelspartner (nur CC integrated")
- Prozessqualität muss vom Hersteller beim Handelspartner sichergestellt und überwacht werden.
- Prozesshoheit bei der Auftragsabwicklung liegt beim Händler

Chancen
- Schaffung eines Markenerlebnisses im B2B & B2C
- Nutzung als Imagekanal
- Traffic-Generierung durch hochwertigen Content
- Umsatzsteigerung des kooperierenden Handels durch Online-Kaufimpulse
- Stärkung des Händlernetzwerkes
- Reduktion der Transaktionskosten durch ein modernes B2B-Portal mit Self-Service-Funktionalität

Risiken
- Kooperatives Modell aus Endkundensicht unattraktiver als Multi-Channel oder Pure-Play-Geschäftsmodelle
- Erfolg ist abhängig von der B2C-Endkundenakzeptanz
- Konsequente Ausrichtung auf die Bedürfnisse des Endkunden (B2C) ist aufgrund der dazwischenliegenden Handelsstufe schwierig

Abb. 6.12 SWOT-Analyse der entwickelten E-Commerce-Strategie

stimmt ist und einen der wichtigsten Imagekanäle für produzierende Unternehmen darstellt. Der Betriebstyp des Solution-Providers erfordert die Schaffung von hochwertigem Content in Bezug auf das Produkt bzw. die Dienstleistung des Herstellers. Dies sollte bei hinreichender SEO-Optimierung den Web-Traffic des Herstellers signifikant erhöhen, wodurch sich neben dem Interesse auch die Kaufimpulse steigern lassen. Hiervon kann wiederum der kooperierende Handel profitieren. Auf diese Weise kann der Hersteller sein Händlernetzwerk stärken. Nicht zuletzt birgt die gewählte E-Commerce-Strategie die Chance zur Reduktion der Transaktionskosten durch ein modernes B2B-Portal mit Self-Service-Funktionalität.

Die Risiken des gewählten E-Commerce-Strategiemodells liegen darin, dass ein solches kooperatives Modell aus Endkundensicht (B2C) unattraktiver ist als die Angebote von Multi-Channel-Händlern oder Pure-Playern und damit weder hinsichtlich der Preisgestaltung noch hinsichtlich der Sortimentstiefe und -breite konkurrenzfähig wird. Der Erfolg wird also im Wesentlichen durch die B2C-Endkundenakzeptanz determiniert.

Bei der hohen Transparenz, die das Internet mit sich bringt, wird die gewählte E-Commerce-Strategie vermutlich nicht zu massiven Umsätzen auf der herstellereigenen Online-Markenpräsenz führen. Nicht zuletzt erschwert ein kooperatives Strategiemodell gemeinsam mit dem Handel aufgrund der dazwischenliegenden Handelsstufe die konsequente Ausrichtung des Herstellers auf die Bedürfnisse des Endkunden (B2C).

Literatur

Benkenstein, M., & Uhrich, S. (2010). *Strategisches Marketing*. Stuttgart: Kohlhammer.
Brüning, R. (2005). *E-Commerce-Strategien für kleine und mittlere Unternehmungen*. Köln: Eul.
FLEX-Elektrowerkzeuge GmbH. (o. J.). www.flex-tools.com/de/index.php. Zugegriffen: 16. Dez. 2013.
Kerth, K., Asum, H., & Stich, V. (2011). *Die besten Strategietools in der Praxis*. München: Carl Hanser.
Schmeken, G. M. (2007). *Erfolgreiche Strategien für E-Commerce*. Wiesbaden: Deutscher Universitäts Verlag.
Schöfer, K. (1996). *Die Entwicklung der Managementlehre*. Norderstedtd: GRIN.
Sztuka, A. (o. J.). Branchenstrukturanalyse (Five Forces) nach Porter. *Manager Wiki*. http://www.manager-wiki.com/externe-analyse/22-branchenstrukturanalyse-qfive-forcesq-nach-porter. Zugegriffen: 07. Dez. 2013.

Experteninterviews 7

In diesem Kapitel finden sich die vollständigen Interviews mit den Experten.[1] Es handelte sich um Telefoninterviews, die auf der Grundlage eines Interviewleitfadens geführt und mitgeschnitten wurden. Der standardisierte Interviewleitfaden ermöglichte einen strukturierten Befragungsansatz, der Vergleichbarkeit zwischen den einzelnen Interviews gewährleistete. Die Gesprächspartner konnten innerhalb der vorgegebenen Struktur hinsichtlich ihrer Antwortmöglichkeiten unbeschränkt agieren. Durch diese Vorgehensweise wurden eine hohe Inhaltsvalidität und ein tiefer Informationsgehalt der Ergebnisse erreicht. Im Fokus standen die subjektiven Wirklichkeiten der Experten, die auf profunden Wissensständen und weitreichenden Erfahrungswerten beruhen. Um sich optimal vorbereiten zu können, wurde den Experten der Interviewleitfaden vorab per E-Mail zugeschickt. Die Interviews wurden transkribiert, in Textform aufbereitet und den Experten anschließend nochmals zur Durchsicht und Freigabe vorgelegt.

7.1 Experteninterview mit Prof. Gerrit Heinemann

Prof. Dr. Gerrit Heinemann studierte Betriebswirtschaftslehre in Münster und promovierte als wissenschaftlicher Mitarbeiter am Institut für Marketing bei Prof. Dr. Dr. h.c. mult. Heribert Meffert. Er begann seine außeruniversitäre Laufbahn als Zentralbereichsleiter für Marketing bei der Douglas Holding AG, bevor er zur Kaufhof Warenhaus AG wechselte, dort ein Trainee-Programm nachholte und anschließend Warenhausgeschäftsführer wurde. Als Zentralgeschäftsführer der Drospa Holding kehrte er zurück zur Douglas-Gruppe, wechselte dann zur internationalen Unternehmensberatung Droege & Comp. und führte dort das „Competence Center Handel und Konsumgüter". 2005 erhielt Heinemann einen

---

[1] Aufgeführt werden die Interviewtexte der Experten Prof. Heinemann, Prof. Morschett, Dr. Georg Wittmann und Marcus Diekmann. Einer der fünf interviewten Experten hat der Veröffentlichung seines Interviews nicht zugestimmt.

Ruf an die Hochschule Niederrhein, wo er das eWeb-Research-Center leitet und die Fächer Betriebswirtschaftslehre, Management und Handel lehrt. Er ist Autor mehrerer Fachbuch-Bestseller zu E-Commerce-Themen und stellvertretender Aufsichtsratsvorsitzender der buch.de internetstores AG.

[These 1] Markus Fost: Endverbraucher erwarten heutzutage das gesamte Produktportfolio eines Herstellers auf deren Online-Markenauftritt und möchten neben einer stationären Händlersuche auch online möglichst ohne Medienbruch zum Kaufabschluss gelangen.

[Stellungnahme These 1] Prof. Dr. Gerrit Heinemann: Absolut d'accord. Zu dieser These stimme ich Ihnen 100 % zu.

[Frage 1] Markus Fost: Welche sinnvollen strategischen Optionen stehen den produzierenden Herstellern hinsichtlich des Online-Markenauftritts zur Verfügung?

[Antwort 1] Prof. Dr. Gerrit Heinemann: Sinnvoll ist eine multioptionale Lösung, welche verschiedene, komplexe Distributionsformen von eigenem Retailing bis hin zu Verbundlösungen mit dem (Groß-)Handel ermöglicht. Wichtig hierbei ist, dass eine solche Option auch das Thema Internationalität berücksichtigt und Anbindungen an Marktplätze ermöglicht. Stark im Kommen sind auch interaktive Plattformen als zusätzliche Absatzkanäle, die weit über die Funktionalität der bisherigen Marktplätze hinausgehen. Plattformen wie DaWanda und etsy.com rüsten massiv auf, sodass davon auszugehen ist, dass in Zukunft Alternativen zu Amazon und eBay bestehen werden. Diese sogenannte Reintermediation, d. h. die Neuerfindung von Intermediären im digitalen Bereich, wird dazu führen, dass traditionelle intermediäre Händler und Fachhändler zunehmend ersetzt werden. Daher ist es wichtig, dass Hersteller diese Tatsache in ihrer E-Commerce-Strategie berücksichtigen. Von radikalen Outsourcinglösungen, wie z. B. der Auslagerung eines exklusiven Markenshops an den Handel, rate ich ab.

[These 2] Markus Fost: Das Internet sorgt für vollkommenere Märkte, vorwiegend durch eine hohe Preistransparenz. Demzufolge differenzieren sich viele Online-Anbieter primär durch den Preis. Dies stellt insbesondere für Premium-Hersteller ein großes Problem dar.

[Stellungnahme These 2] Prof. Dr. Gerrit Heinemann: Richtig, allerdings resultieren die Probleme vielmehr daraus, dass Hersteller am Anfang falsche Weichenstellungen vorgenommen haben, die über selektivere und kontrollierte Absatzwege hätten verhindert werden können. Dies im Nachhinein auszugleichen, gestaltet sich jedoch schwierig.

[Frage 2] Markus Fost: Welche Methoden empfehlen Sie Markenherstellern, um Preiserosionen zu vermeiden?

[Antwort 2] Prof. Dr. Gerrit Heinemann: Hier empfehle ich eine stärkere Kontrolle im Absatzkanal, was zu selektiveren Distributionsmodellen führt. Es gibt auch Marktplätze bzw. marktplatzähnliche Modelle, die diese Kontrolle zulassen, weil sie geschlossen sind. Das Partnermodell von Zalando oder auch der eBay-Markenshop sind markenverträgliche Plattformlösungen, bei denen Preisverhau nicht allgegenwärtig ist. Amazon hingegen nutzt die Preisaggressivität bei Markenartikeln egoistisch, um damit auch mehr Frequenz für Eigensortimente zu schaffen. Künftig wird es im Bereich der Marktplätze noch sehr viel differenziertere Modelle geben. Markenanbietern würde ich raten, eher Dinge sein zu lassen, bevor man eine zu schnelle, unüberlegte Partnerschaft eingeht. Vor allem in Bezug auf Marktplätze sind Pricingstrategien irreversibel.

[These 3] **Markus Fost:** Pure-Player wie Amazon können für einen Hersteller Fluch und Segen zugleich sein. Derartige Marktplätze dominieren die E-Commerce Landschaft zunehmend. Die Entscheidung Amazon als Hersteller direkt zu beliefern, bietet wohl die höchsten Umsatzchancen im E-Commerce. Gleichermaßen begibt sich der Hersteller damit in ein gewisses Abhängigkeitsverhältnis und steuert damit auf den „point of no return" zu. So wurde Amazon für viele Markenhersteller aus dem Stand heraus der größte Kunde in Deutschland. Der Umgang mit Pure-Playern ist in Bezug auf die Online-Umsatzchancen eines Markenherstellers eines der wichtigsten Elemente einer E-Commerce-Strategie.

[Stellungnahme These 3] **Prof. Dr. Gerrit Heinemann:** Richtig, Amazon bietet die größten Umsatzchancen, allerdings auch die größten Risiken bis hin zu einer faktischen Abhängigkeit, die in zahlreichen Branchen schon allgegenwärtig ist. Pure-Player bzw. Marktplätze sehe ich nicht als das wichtigste Element einer E-Commerce-Strategie. Ich würde jedoch sagen, dass die Einschätzung über den richtigen Umgang mit Portalen und Marktplätzen ein sehr wichtiges Element jeder E-Commerce-Strategie für eine Marke sein sollte. Dies geht jedoch über reine Pure-Play-Konzepte hinaus. Hier kann ein Markenhersteller ggf. mit Wettbewerbern erwägen, als Option einen eigenen Marktplatz zu gründen. Aktuell tut dies jedoch noch kein Hersteller, da ein solches Modell einen hohen E-Commerce-Reifegrad voraussetzt.

[Frage 3] **Markus Fost:** Welche Vorgehensweise empfehlen Sie Herstellern hinsichtlich einer Zusammenarbeit mit Amazon?

[Antwort 3] **Prof. Dr. Gerrit Heinemann:** Hinsichtlich Amazon empfehle ich eine kontrollierte Zusammenarbeit, in welcher der Hersteller die Intensität bestimmt. Wichtig ist, dass Hersteller sich der Gefahren durch Amazon bewusst sind und wissen, wie damit umzugehen ist.

[Frage 4] **Markus Fost:** Halten Sie eBay bzw. einen eBay-Markenshop für einen geeigneten Marktplatz für Hersteller?

[Antwort 4] **Prof. Dr. Gerrit Heinemann:** eBay halte ich für einen geeigneten Marktplatz für Markenhersteller, da eBay stark in die Richtung Markenshops expandiert und Preiserosionen dort nicht im Fokus stehen werden. Obwohl der Aufwand, auf eBay zu verkaufen, im Vergleich zu Amazon höher ist, sehe ich eBay-Markenshops als absolut empfehlenswerte Plattform für Hersteller und Markenanbieter.

[These 4] **Markus Fost:** Die disruptiven Veränderungen der Konsumenten und Medienlandschaften führen dazu, dass die Beschaffung von Gebrauchs- und Konsumgütern zunehmen über das Internet erfolgt. Während viele Hersteller mit einer klassisch stationären Handelsstruktur diesen Trend zwar feststellen, fürchten sie gleichermaßen die Sanktionen des Handels. Hersteller, die keine Lösung dieser Problematik haben, werden unweigerlich Marktanteile verlieren.

[Stellungnahme These 4] **Prof. Dr. Gerrit Heinemann:** Sehe ich genauso.

[Frage 5] **Markus Fost:** Wie können Hersteller dem Dilemma der vorgenannten These entgegentreten?

[Antwort 5] **Prof. Dr. Gerrit Heinemann:** Hier empfehle ich Herstellern mit genügend Selbstbewusstsein, proaktiv auf das Thema E-Commerce zuzugehen. Darüber hinaus ist dies auch ein Test für die Stärke einer Marke. Der Hersteller sollte im E-Commerce-Terrain die Führung übernehmen und den Handel dabei unterstützen. Keinesfalls sollte sich ein Hersteller auf die E-Commerce-Kompetenz seiner Händler verlassen. Hinsichtlich möglicher Sanktionen für E-Commerce-Strategien der Hersteller zeigt mir die Erfahrung, dass die Ängste der Hersteller häufig nicht berechtigt waren. Wichtig ist es, dass der Hersteller die E-Commerce-Strategie gegenüber dem Handel offen kommuniziert. Hier empfiehlt es sich als Hersteller, dem Handel eine beratungsorientierte Information zur E-Commerce-Strategie zu geben.

[Frage 6] **Markus Fost:** Viele Hersteller formulieren eine „handelsverträgliche Wachstumsstrategie" als ihr Ziel im E-Commerce. Welche Betriebstypen schlagen Sie einem Hersteller vor, um mit vertretbaren Kanalkonflikten bestmöglich am E-Commerce-Wachstum partizipieren zu können?

[Antwort 6] **Prof. Dr. Gerrit Heinemann:** Hier empfiehlt sich immer eine kombinierte, multioptionale Lösung, um für alle denkbaren Varianten, die man heute noch nicht vorhersehen kann, „warmgelaufen" zu sein. Die multioptionale Lösung soll händlerverträglich sein, jedoch muss ein Hersteller auch in der Lage sein, den Hebel rasch auf alternative Absatzkanäle umzulegen. Letztlich entscheidet der Endkunde, welchen Beschaffungskanal er wählen möchte. Wenn sich also ein Endkunde bewusst dafür entscheidet, das Produkt über den Online-Shop des Herstellers zu kaufen, dann hätte er das Produkt nicht im Handel gekauft. Letztendlich partizipiert der Händler in einem kooperativen E-Commerce-Modell trotzdem an dem Online-Kauf, indem er eine Provision erhält. Der Vorteil der Hersteller liegt darin, dass der Partizipationsgrad des Handels in einem kooperativen E-Commerce-Modell jederzeit angepasst werden kann, da der Hersteller sämtliche Prozesse bereits selbst ausführt. Ein solches „Flexible Response" Modell stellt aus meiner Sicht die risikoärmste Form eines E-Commerce-Modells dar, um auf die unsichere Zukunft möglichst gut vorbereitet zu sein.

[These 5] **Markus Fost:** E-Commerce senkt die Transaktionskosten des Abnehmers bzw. des Kunden. E-Commerce kann die Transaktionskosten des Herstellers senken. Voraussetzungen hierfür sind jedoch rationelle Prozesse sowie eine skalierbare, kosteneffiziente IT-Landschaft, die der Dynamik standhält. Die Systeme der IT-Landschaft sind für Hersteller daher ein kritischer Erfolgsfaktor im Hinblick auf deren E-Commerce-Strategie.

[Stellungnahme These 5] **Prof. Dr. Gerrit Heinemann:** Richtig, mit dieser These bin ich absolut d'accord.

[Frage 7] **Markus Fost:** Welche Optionen hinsichtlich der IT-Landschaft stehen Herstellern aus Ihrer Sicht zur Verfügung? Wo sehen Sie die jeweiligen Stärken und Schwächen der genannten Optionen?

[Antwort 7] **Prof. Dr. Gerrit Heinemann:** Hier teile ich die Meinung von Herrn Diekmann und stehe im ständigen Austausch mit ihm in Bezug auf IT-Landschaften.

[These 6] **Markus Fost:** Suchmaschinen determinieren den Nachfragerstrom im E-Commerce. Die Top-Platzierungen von Google stellen die 1a-Lage des stationären Handels im Internet dar. Demzufolge hat das Thema SEO und Contentqualität für Hersteller eine besonders hohe Relevanz im Hinblick auf die erfolgreiche Positionierung ihrer Marke im Internet. Dieses Ziel zu erreichen wird zunehmend komplexer und kostspieliger.

[Stellungnahme These 6] **Prof. Dr. Gerrit Heinemann:** Richtig. Suchmaschinen werden jedoch auch zunehmend von anderen Modellen abgelöst, die man auf dem Schirm haben sollte. Für die Produktsuche werden anstatt Suchmaschinen wie Google zunehmend Portale wie Amazon eingesetzt. Zudem muss berücksichtigt werden, dass Kunden, welche die Marke kennen, gezielt die Herstellerwebseite aufrufen. Deswegen sollte diese heutzutage ein Flagshipstore sein. Untersuchungen zeigten, dass die Herstellerwebseite ähnlich häufig wie Suchmaschinen zur Produktsuche verwendet wird. Dies ist nicht so teuer, jedoch genauso wichtig, was häufig vernachlässigt wird. Markenhersteller haben immer eine organische Suche jenseits der Suchmaschine. Je besser und optimierter die Webseite eines Herstellers konzipiert und SEO-optimiert ist, desto besser ist auch das Suchmaschinenranking, ohne dass SEM-Investitionen erfolgen müssen.

[Frage 8] **Markus Fost:** Welche Content-/SEO-Strategie empfehlen Sie produzierenden Unternehmen? Gibt es aus Ihrer Sicht Alternativen zu dieser Strategie?

[Antwort 8] **Prof. Dr. Gerrit Heinemann:** Ohne ein SEO-Spezialist zu sein, ist es wichtig, dass sämtlicher Content, unerheblich ob dieser für Printmedien oder das Internet erstellt wurde, SEO-optimiert erfolgt. Häufig werden auch gedruckte Flyer elektronisch archiviert und in das Internet gestellt. Die Mühe lohnt sich also, generell einen SEO-Spezialisten zur Optimierung der Texte einzusetzen.

[These 7] **Markus Fost:** Stationär geprägten Herstellern fehlt häufig das Gespür für das E-Commerce Geschäft. Für die Etablierung eines erfolgreichen E-Commerce-Absatzkanals im Unternehmen ist eine dafür eigens geschaffene E-Commerce-Organisationseinheit elementar.

[Stellungnahme These 7] **Prof. Dr. Gerrit Heinemann:** Sehe ich genauso. Wenngleich dies auch abhängig vom E-Commerce-Reifegrad des Unternehmens ist. In der höchsten Evolutionsstufe der digitalen Reife ist es möglich und auch sinnvoll, wieder zusammenzugehen. Bis dahin ist es allerdings ein weiter Weg für Unternehmen, der i. d. R. nur mit einer eigens geschaffenen Organisationseinheit funktioniert.

[Frage 9] **Markus Fost:** Im Rahmen welcher Organisationsform empfehlen Sie Herstellern die Eingliederung des Bereichs E-Commerce?

[Antwort 9] **Prof. Dr. Gerrit Heinemann:** E-Commerce ist und bleibt Chefsache. Insofern muss die Abteilung direkt der Geschäftsleitung unterstellt sein. Einige Unternehmen beginnen bereits damit, das Vorstandsressort E-Commerce zu schaffen. Dieses Ressort kann aus meiner Sicht nicht erfolgreich in die Organisation delegiert werden, sodass ich jedem Vorstandsvorsitzenden empfehle, dieses Ressort aufzugreifen.

[These 8] **Markus Fost:** Hinsichtlich der Distributionsstrategien führt die Omnipräsenz auf allen Kanälen zu einem erhöhten Preis- und Margendruck. Um diesen zu kompensieren, stehen Online-Offline-Pricing- sowie Produktportfolio-Strategien zur Verfügung. Marktplätze sorgen jedoch für weiter zunehmende Transparenz, sodass manchen Markenherstellern letztlich nur der Schritt in eine selektive Distribution bleibt.

[Stellungnahme These 8] **Prof. Dr. Gerrit Heinemann:** Richtig, allerdings ist der erhöhte Preis- und Margendruck häufig selbst verschuldet, da vielen Herstellern und deren Händlern der Einfallsreichtum fehlt, sich über andere Kriterien als über den Preis zu differenzieren. Aus meiner Sicht haben es manche Marken überhaupt nicht nötig, sich über den Preis zu differenzieren. Leider differenziert sich der Handel häufig über den Preis und nimmt die Haltung ein, dass der Preis im Internet niedriger sein muss als stationär. Dies muss jedoch gar nicht sein. Ich empfehle dem Handel, die Vorteile, die das Online-Shopping hat, herauszustellen. Schließlich hat der Kunde dadurch eine Zeitersparnis durch geringere Lieferkosten, als wenn er in die Stadt fahren muss. Beispielsweise hat Amazon es im Büchersegment trotz Preisbindung geschafft, die gesamte Branche neu aufzurollen. Jeder Buchhändler kann analog zu Amazon auf Sortimentsgroßhändler, die unmittelbar liefern können, zugreifen. Insofern wäre es auch anderen Händlern möglich gewesen, ein ähnliches Konzept wie Amazon auf die Beine zu stellen.

[Frage 10] **Markus Fost:** Einige Markenhersteller – wie z. B. adidas und Kettler – haben kürzlich ein selektives Vertriebssystem zur Markenpflege eingerichtet, insbesondere, um dem Preisverfall aus Marktplätzen wie Amazon entgegenzutreten. Das Bundeskartellamt prüft aktuell die Zulässigkeit des Selektivvertriebs von adidas. Dieser Präzedenzentscheidung wird von vielen Herstellern mit Spannung entgegengesehen. Mit welchem Ausgang rechnen Sie und welche Option schlagen Sie kleineren Herstellern vor, die temporäre Umsatzeinbrüche – das Risiko, dass die Einführung eines solchen Systems mit sich bringt – nicht eingehen können?

[Antwort 10] **Prof. Dr. Gerrit Heinemann:** Ich glaube, dass es schwierig ist, ein solches selektives System nachträglich einzuziehen. Auch adidas hat den Vertrieb auf Marktplätzen zu lange ausufern lassen und versucht, dies nun zu beheben. Jedoch wird auch ein selektives Vertriebssystem nicht per se, sondern nur unter bestimmten Voraussetzungen funktionieren. Viele Hersteller verstehen bis heute nicht, wie der moderne Kunde tickt. Der Kunde hat durch das mobile Internet die totale Markttransparenz, was dazu führt, dass er Preisvergleiche durchführen kann. Der moderne Kunde möchte künftig selbst bestimmen, ob er eine Beratung im Handel beanspruchen möchte, und ist nur noch bereit dafür zu bezahlen, wenn er sich aktiv dafür entschieden hat. Daher ist es meiner Einschätzung nach erforderlich, dass der Handel und auch die Hersteller ihre Geschäftsmodelle neu bewerten. Die qualitativen Anforderungen an eine optionale Beratungsleistung, die monetär vergütet wird, werden massiv steigen. Künftige Geschäftsmodelle sollten die Anforderungen der Konsumenten berücksichtigen, indem sie den Kunden die Produkte vergünstigt, ohne Beratung anbieten und sich die optionale Beratung monetär vergüten lassen.

Auch ein selektives Vertriebsmodell wird sich nur dann durchsetzen können, wenn dadurch ein echter Vorteil für den Kunden geschaffen wird. Dies sehe ich bei vielen selektiven Vertriebsmodellen nicht.

[These 9] **Markus Fost:** Kooperative E-Commerce-Geschäftsmodelle zwischen Handel und Hersteller stellen die einzige handelsverträgliche E-Commerce-Strategieoption für substituierbare, produzierende Unternehmen mit einer stationären Handelsstruktur dar, die nicht mit dem Risiko behaftet ist, temporär massiv Umsatz im stationären Handel zu verlieren.

[Stellungnahme These 9] **Prof. Dr. Gerrit Heinemann:** Dies hängt meiner Einschätzung nach primär von der Markenstärke eines Herstellers ab. Wenn die Marke stark genug ist, kann es auch am risikolosesten sein, nicht auf den Handel zu hören. Letztlich stellt es auch ein Risiko dar, aufgrund der zu starken Einbindung des Handels zu einer Kompromisslösung zu gelangen, welche kontraproduktiv ist. Das Thema E-Commerce verlangt eine kompromisslose Kanalexzellenz. Überall wo Händler integriert worden sind (z. B. in Verbundgruppenmodelle), führen die Kompromisse dazu, dass die Kanalexzellenz konterkariert wird und das Konzept dadurch eine Totgeburt wird. Aus meiner Sicht ist die Kritik der Händler nicht das größte Risiko, sondern ich sehe vielmehr die Kompromisslösungen, die ein Hersteller aus Rücksicht auf den Handel eingeht, als das viel größere Risiko. Die Händler zu fragen, kann im Zweifel auch ein großes Risiko sein, denn im Zweifel verstehen die nicht viel von E-Commerce.

[Frage 11] **Markus Fost:** Welches E-Commerce-Geschäftsmodell schlagen Sie einem Hersteller aus einer Branche mit einem niedrigeren E-Commerce-Reifegrad vor, die von einer stationären Fachhandelslandschaft dominiert wird?

[Antwort 11] **Prof. Dr. Gerrit Heinemann:** Hier empfehle ich, in Stufenmodellen zu arbeiten. Der Vorteil in Branchen mit niedrigem Reifegrad ist, dass die Entwicklungsgeschwindigkeit im E-Commerce wesentlich geringer ist als in onlineaffinen Branchen wie Büchern, Reisen oder Elektronik. Daher empfiehlt sich auch für Branchen mit einem niedrigen E-Commerce-Reifegrad eine multioptionale Lösung, mittels welcher man sich bestmöglich auf die zukünftige Entwicklung vorbereitet.

[Frage 12] **Markus Fost:** Gibt es aus Ihrer Sicht neben kooperativen E-Commerce Geschäftsmodellen weitere strategische Optionen, die ein Hersteller in Erwägung ziehen kann, ohne zugleich ein unkalkulierbares Risiko einzugehen, temporär massive Umsatzrückgänge durch stationäre Auslistungen hinzunehmen?

[Antwort 12] **Prof. Dr. Gerrit Heinemann:** siehe Antwort auf These 9.

[Frage 13] **Markus Fost:** Wenn Sie ein zusammenfassendes Resümee ziehen, welche strategischen Handlungsoptionen haben sich bei Markenherstellern mit einer vorwiegend stationär ausgeprägten Handelslandschaft als besonders erfolgreiche E-Commerce-Strategie erwiesen?

[Antwort 13] **Prof. Dr. Gerrit Heinemann:** Mit einem Blick über den Teich in die USA können wir am Beispiel Macy`s sehen: Macy`s hatte bis 2008 einen Sturzflug – ähnlich wie Karstadt & Co. – erfahren. Durch eine konsequente Mobilisierung aller Investitionsmittel ist es Macy`s mit einer radikalen Lösung gelungen, alle Vertriebskanäle miteinander zu verschmelzen und eine No-Line-Lösung aufzubauen. Mit einem hochprofitablen Wachstum ist Macy`s glänzend aus der Krise hervorgegangen und heute exzellent in allen Kanälen positioniert. Damit hat Macy`s das Warenhaus neu erfunden. Eine solche Strategie gilt es, auf Markenhersteller zu adaptieren, um besonders erfolgreich sein zu können.

[Frage 14] **Markus Fost:** Mit welchen Risiken sehen Sie produzierende Markenhersteller hinsichtlich einer E-Commerce-Strategie konfrontiert und wie würden Sie diesen entgegentreten?

[Antwort 14] **Prof. Dr. Gerrit Heinemann:** Die größte Herausforderung ist es heute, eine Investitionsentscheidung in der notwendigen E-Commerce-IT-Landschaft zu treffen, welche die notwendige Funktionalität der nächsten Jahre abbilden muss. Auch wenn diese Investitionen gestuft sind, ist es das größte Risiko für Markenhersteller, hier auf das falsche Pferd zu setzen. Die meisten Hersteller haben für derartige Investitionen nur einen Schuss frei. Bei Macy`s hat dieser Schuss gesessen, bei JC Penny hingegen nicht, weshalb sich dieser US-Einzelhändler in der Restrukturierung befindet. Etliche Markenhersteller mussten aufgrund der falschen E-Commerce-Systementscheidung saniert werden. Hierbei ist es elementar, dass sich Markenhersteller für die richtigen Dienstleister entscheiden, um nicht am Ende mit falsch dimensionierten Lösungen und langfristigen Verträgen den Break-Even nicht mehr zu erreichen.

[Frage 15] **Markus Fost:** Welche Tipps und Empfehlungen können Sie produzierenden Unternehmen hinsichtlich derer E-Commerce-Strategie abschließend mit auf den Weg geben?

[Antwort 15] **Prof. Dr. Gerrit Heinemann:** Aus meiner Sicht ist es am wichtigsten, sich die richtigen Kompetenzen in der richtigen Dosierung ins Haus zu holen. Hierbei sollten produzierende Unternehmen darauf achten, sich reine E-Commerce Spezialisten ins Haus zu holen, und von großen Beratungsgesellschaften, die unter anderem auch E-Commerce-Consulting-Dienstleistungen anbieten, eher Abstand nehmen. Parallel ist es notwendig, dass sich die eigene Führungsmannschaft radikal E-Commerce-Kompetenz aufbaut und den Biss hat, in diesem Bereich zu lernen. Intelligenz kann man sich nur temporär einkaufen. Anschließend muss die Organisation jedoch den Biss haben, sich die Kompetenz selbst anzueignen, auch wenn diese Transformationsphase eine gewisse Zeit andauern wird.

[ENDE] **Markus Fost:** Vielen herzlichen Dank, Herr Heinemann, für das ausführliche Interview!

7.2 Experteninterview mit Prof. Dirk Morschett

Univ.-Professor Dr. Dirk Morschett ist Professor für Management an der Universität Fribourg/Schweiz. Seine Forschungsschwerpunkte liegen im Bereich des Internationalen Managements sowie des Handelsmanagements, insbesondere Online-Handel, Betriebstypen und Retail Branding. Zu diesen Themen hat er zahlreiche Bücher und Artikel verfasst. Daneben ist er auch als Referent, Moderator und Berater in diesen Themenbereichen aktiv.

[These 1] **Markus Fost:** Endverbraucher erwarten heutzutage das gesamte Produktportfolio eines Herstellers auf deren Online-Markenauftritt und möchten neben einer stationären Händlersuche auch online möglichst ohne Medienbruch zum Kaufabschluss gelangen.

[Stellungnahme These 1] **Prof. Dr. Dirk Morschett:** Hierzu stimme ich zu 100 % zu. Zumindest als zusätzliche Option sehe ich dies neben der stationären Händlersuche als notwendig an. Zwar ist es prognostisch in den nächsten fünf bis zehn Jahren so, dass der Kunde in den meisten Fällen in den stationären Laden gehen will, aber sich eben wundern würde, wenn nicht die Online-Kaufmöglichkeit geboten werden würde. Deswegen muss ein Kaufabschluss auch online medienbruchfrei möglich sein.

[Frage 1] **Markus Fost:** Welche sinnvollen strategischen Optionen stehen den produzierenden Herstellern hinsichtlich des Online-Markenauftritts zur Verfügung?

[Antwort 1] **Prof. Dr. Dirk Morschett:** Die detaillierte Produktinformation auf der Einzelartikelebene ist unabdingbar. Ein Online-Markenauftritt des Herstellers muss also dem Informationsbedürfnis des Konsumenten vollumfänglich gerecht werden. Die Frage, die sich stellt, ist daher nur noch, wie das Verkaufen auf dem Online-Markenauftritt des Herstellers passieren soll. Hierzu gibt es aus meiner Sicht zwei große Optionen: 1) durch den Hersteller direkt oder 2) durch einen Händler. In der Basis erwartet man von einem Hersteller einen Nischen- oder Monomarkenanbieter mit dem gesamten Sortiment. Die Erwartungshaltung der Konsumenten ist aus meiner Sicht nicht auf Anhieb, einen Outlet oder einen discountierenden Betriebstypen als Hersteller anzubieten, obwohl dies durchaus „nice to have" wäre. Die Basiserwartung, die ein Hersteller erfüllen muss, ist ein vollständiges Sortimentsangebot zu einer Preisgestaltung im Sinne des UVPs zu einem „Normalpreis".

[These 2] **Markus Fost:** Das Internet sorgt für vollkommenere Märkte, vorwiegend durch eine hohe Preistransparenz. Demzufolge differenzieren sich viele Online-Anbieter primär durch den Preis. Dies stellt insbesondere für Premium-Hersteller ein großes Problem dar.

[Stellungnahme These 2] Prof. Dr. Dirk Morschett: Stand heute ist dies sicherlich so. Ich bin mir jedoch nicht sicher, ob dies die Zukunft ist, welche sich nachhaltig darstellen lässt. Auch wenn Pure-Player keine Ladenlokale finanzieren müssen, sind deren Online-Marketingkosten durch Keywords etc. durchaus hoch, sodass ich denke, dass sich dieses preisaggressive Vorgehen der Pure-Player eher abmildern wird. Die aktuelle Preisdifferenzierung sehe ich daher primär als temporäres Phänomen, bis sich der Markt eingeordnet hat. Es wird dann auch weiterhin Billiganbieter geben, aber eben auch mehrere Servicedienstleister, die mit einem breiten Sortiment die Kundenbedürfnisse befriedigen, die in Warenkörben denken und nicht zu fünf verschiedenen Online-Spezialisten gehen, um fünf Produkte zu bestellen. Diese Kunden werden bevorzugt auch online dorthin gehen, wo sie bereits registriert sind und entsprechende Konditionen vereinbart wurden. Daher werden auch online weiterhin Händler, welche den gesamten Warenkorb anbieten können, für den Endkunden attraktiver sein als Hersteller, die nur über ein begrenztes Produktportfolio verfügen.

[Frage 2] Markus Fost: Welche Methoden empfehlen Sie Markenherstellern, um Preiserosionen zu vermeiden?

[Antwort 2] Prof. Dr. Dirk Morschett: Ein Punkt ist sicherlich die Preisgestaltung. Hier wäre eine Möglichkeit, mit Preisen zu arbeiten, die dem Handel auf direktem Wege keine sehr großen Nettomargen ermöglichen, sondern bei denen der Fachhandelspartner seinen Bonus über Umwege wie z. B. Rückvergütungen, Schulungsmaßnahmen, Werbekostenzuschüsse etc. erhält. Mit einem solchen System können Hersteller quasi Graumärkte, auf denen Produkte deutlich günstiger angeboten werden, vermeiden. Luxushersteller wie Rolex müssen dieses Thema weltweit im Griff haben. Daher unterscheidet sich z. B. der Einkaufspreis eines Rolex-Konzessionärs in Kolumbien nicht sehr von dem eines Händlers in der Schweiz. Dieser bekommt hinterher einen höheren Ausstellungsrabatt, Mengenrabatt, Werbekostenzuschüsse etc. So kann der Händler im Endeffekt zwar günstiger verkaufen, der Hersteller hat die Preispolitik jedoch stärker in der Hand, als wenn diese direkt über den Einkaufspreis gesteuert wird. Eine weitere Möglichkeit wäre eine stärkere Exklusivität hinsichtlich der Distribution, sodass ein Hersteller nur noch Händler beliefert, die gewisse Qualitätskriterien erfüllen. *[Anmerkung Markus Fost: Auf das Thema selektive Distribution wird in These 8 sowie der darauffolgenden Frage näher eingegangen.]* Darüber hinaus halte ich es für sinnvoll, wenn Hersteller den Fachhandel hinsichtlich Tools, Instrumenten, Konfiguratoren, Logistiklösungen etc. unterstützen, sodass dieser wettbewerbsfähiger auf dem Online-Markt sein kann. Beispielsweise sollte der Händler auf die Lagerbestandsdaten des Herstellers zugreifen können, um verlässliche Lieferterminaussagen treffen zu können. Optional sollte den Händlern auch Drop-Shipping angeboten werden. Diese unterstützenden Services eines Herstellers können sich für ihn auch in puncto Preiserosionen positiv auswirken.

[These 3] **Markus Fost:** Pure-Player wie Amazon können für einen Hersteller Fluch und Segen zugleich sein. Derartige Marktplätze dominieren die E-Commerce-Landschaft zunehmend. Die Entscheidung, Amazon als Hersteller direkt zu beliefern, bietet wohl die höchsten Umsatzchancen im E-Commerce. Gleichermaßen begibt sich der Hersteller damit in ein gewisses Abhängigkeitsverhältnis und steuert damit auf den „point of no return" zu. So wurde Amazon für viele Markenhersteller aus dem Stand heraus der größte Kunde in Deutschland. Der Umgang mit Pure-Playern ist in Bezug auf die Online-Umsatzchancen eines Markenherstellers eines der wichtigsten Elemente einer E-Commerce-Strategie.

[Stellungnahme These 3] **Prof. Dr. Dirk Morschett:** Zu dieser These stimme ich zu. Allerdings ist Amazon auch ein äußerst riskantes Element der E-Commerce-Strategie. Nicht ohne Grund versuchen einige Hersteller, den Verkauf über Amazon auszuschließen. Wenn der Hersteller also selbst aktiv über Amazon vertreibt, ist ein späterer Ausschluss der Händler, diesen Vertriebskanal zu nutzen, wohl nicht mehr möglich. Wenn man also nicht möchte, dass die Händler bei Amazon verkaufen, dann gibt es die Option, selbst über Amazon zu verkaufen, nicht mehr. Die Gefahr bleibt natürlich, dass die Händler Amazon beliefern. Diese kann ich ohne selektives Vertriebssystem ohnehin nicht vermeiden. Sollte dies der Fall sein, kann sich ein Hersteller natürlich fragen, ob es nicht sinnvoll ist, über Amazon zu verkaufen. Anstatt Amazon direkt zu beliefern, halte ich es für die ehrlichere Variante, deren Marketplace zu nutzen und gegenüber den Händlern offen damit aufzutreten. Auf diesem Weg hat ein Hersteller zumindest die Preisgestaltung auf diesem Kanal selbst in der Hand.

[Frage 3] **Markus Fost:** Welche Vorgehensweise empfehlen Sie Herstellern hinsichtlich einer Zusammenarbeit mit Amazon?

[Antwort 3] **Prof. Dr. Dirk Morschett:** Ein Hersteller sollte aus meiner Sicht auch als Anbieter auf dem Marketplace von Amazon agieren, jedoch Amazon nicht direkt beliefern, da Amazon die zur Verfügung gestellten Informationen gegen den Hersteller verwenden kann, indem er bei hoher Nachfrage Konkurrenzprodukte etabliert oder auch Eigenmarken forciert, wie am Beispiel Amazon Basics oder dem Kindle ersichtlich ist. Ein kontrolliertes Anbieten über den Amazon Marketplace kann aus meiner Sicht auch der Handelsorganisation kommuniziert werden, da man als Hersteller in diesem Modell quasi mit gleichlangen Schwertern arbeitet wie die anderen Händler und die gesamte Preisgestaltung des Herstellers im Sinne des Handels erfolgen kann.

[Frage 4] **Markus Fost:** Halten Sie eBay bzw. einen eBay-Markenshop für einen geeigneten Marktplatz für Hersteller?

[Antwort 4] **Prof. Dr. Dirk Morschett:** Für eBay sehe ich es ähnlich wie bei Amazon. Viele gewerbliche Kunden nutzen eBay bereits seit mehreren Jahren als Beschaffungskanal. Amazon testet in den USA zwar Amazon Supply für gewerbliche Kunden, hat jedoch in Deutschland noch bei Weitem nicht die Verbreitung wie eBay. Die Produkte eines Markenherstellers werden ohnehin auf eBay angeboten. Insofern empfehle ich Markenherstellern, einen eBay-Markenshop aufzubauen. Hinsichtlich des Einstiegszeitpunktes bei eBay halte ich es für plausibel, diesen simultan zu Amazon zu wählen.

[These 4] **Markus Fost:** Die disruptiven Veränderungen der Konsumenten und Medienlandschaften führen dazu, dass die Beschaffung von Gebrauchs- und Konsumgütern zunehmend über das Internet erfolgt. Während viele Hersteller mit einer klassisch stationären Handelsstruktur diesen Trend zwar feststellen, fürchten sie gleichermaßen die Sanktionen des Handels. Hersteller, die keine Lösung dieser Problematik haben, werden unweigerlich Marktanteile verlieren.

[Stellungnahme These 4] **Prof. Dr. Dirk Morschett:** Sehe ich nicht vollständig so, denn wenn der Kunde die Ware möchte, dann bekommt er diese auf einem bestimmten Kanal. Ich denke daher, dass es von der Markenstärke abhängt, inwieweit ein Hersteller dadurch Marktanteile verliert. Da der Online-Anteil in Deutschland im Durchschnitt bei ca. 15 % über alle Produktgruppen liegt, glaube ich nicht, dass der Marktanteilsverlust durch eine suboptimale Bedienung der Online-Kanäle signifikant ausfallen würde.

[Frage 5] **Markus Fost:** Wie können Hersteller dem Dilemma der vorgenannten These entgegentreten?

[Antwort 5] **Prof. Dr. Dirk Morschett:** Stand heute darf man den stationären Händler nicht vor den Kopf stoßen, da dieser je nach Branche ca. 85 % des Umsatzes distribuiert. Ein Hersteller sollte daher mit seiner Online-Markenpräsenz eine hervorragende Informationsfunktion bieten, hinsichtlich des Kaufabschlusses jedoch mittels eines Commerce-Connectors den Kunden bzw. Auftrag zum Händler routen. Der Fachhandel wird solche Lösungen begrüßen. Man könnte beim Auftragsrouting – ceteris paribus – auch den stationären Händler etwas besser bewerten als den Pure-Player und somit bevorzugt behandeln. Natürlich sollten die Pure-Player wie z. B. Amazon auch mit aufgelistet werden, aber eben hinter dem jeweilig regionalen Fachhandelspartner. Die Option, dass sämtliche Fulfillment-Prozesse durch den Hersteller abgewickelt werden und der Handel eine Provision für den Auftrag erhält, ohne faktisch in dem Verkaufsprozess mit eingebunden zu sein, bewerte ich als „Second-Best"-Lösung. Die Handelsorganisationen werden feststellen, dass dies ein noch stärkerer Schritt ist, an ihnen vorbeizugehen, und ein solches Vorgehen auch dementsprechend bewerten. Diese Option habe ich bereits mit diversen Verbundgruppen diskutiert. Der Fachhändler vor Ort wird eine solche Lösung sicherlich nicht verneinen, sich jedoch auch fragen, wie lange er vom Hersteller dafür eine Provision erhält. Hier ist das Vertrauen in die Nachhaltigkeit eines Auftragsroutings zum Händler doch deutlich größer. Zudem werden dann auch Händler belohnt, die über den physischen Lagerbestand verfügen.

[Frage 6] **Markus Fost:** Viele Hersteller formulieren eine „handelsverträgliche Wachstumsstrategie" als ihr Ziel im E-Commerce. Welchen Betriebstypen schlagen Sie einem Hersteller vor, um mit vertretbaren Kanalkonflikten bestmöglich am E-Commerce-Wachstum partizipieren zu können?

[Antwort 6] **Prof. Dr. Dirk Morschett:** Hier empfehle ich ein Auftragsrouting an den Handel mittels eines Commerce-Connectors. Die teilnehmenden Händler sollten objektivierbare Kriterien erfüllen und ggf. in Bronze-, Silber- und Gold-Partner eingeteilt werden. Man sollte ferner versuchen, als Hersteller in den Online-Fachmärkten vertreten zu sein, um die Kunden, die ganze Warenkörbe benötigen, dementsprechend bedienen zu können.

[These 5] **Markus Fost:** E-Commerce senkt die Transaktionskosten des Abnehmers bzw. des Kunden. E-Commerce kann die Transaktionskosten des Herstellers senken. Voraussetzungen hierfür sind jedoch rationelle Prozesse sowie eine skalierbare, kosteneffiziente IT-Landschaft, die der Dynamik standhält. Die Systeme der IT-Landschaft sind für Hersteller daher ein kritischer Erfolgsfaktor im Hinblick auf deren E-Commerce-Strategie.

[Stellungnahme These 5] **Prof. Dr. Dirk Morschett:** Den ersten Teil der These hinsichtlich der Prozesse unterstütze ich, den zweiten Teil würde ich nicht nur fokussiert auf die IT-, sondern erweitert auf Zusammenarbeits-, Cross-Channel- und Logistikprozesse sehen. Die reinen IT-Prozesse als Hygienefaktor müssen sicherlich stimmen, dennoch bin ich der Meinung, dass die Logistikprozesse noch entscheidender sind.

[Frage 7] **Markus Fost:** Welche Optionen hinsichtlich der IT-Landschaft stehen Herstellern aus Ihrer Sicht zur Verfügung? Wo sehen Sie die jeweiligen Stärken und Schwächen der genannten Optionen?

[Antwort 7] **Prof. Dr. Dirk Morschett:** In Bereich der IT-Landschaft sehe ich mich nicht als Experte und möchte diese Frage daher unbeantwortet lassen.

[These 6] **Markus Fost:** Suchmaschinen determinieren den Nachfragerstrom im E-Commerce. Die Top-Platzierungen von Google stellen die 1a-Lage des stationären Handels im Internet dar. Demzufolge hat das Thema SEO und Contentqualität für Hersteller eine besonders hohe Relevanz im Hinblick auf die erfolgreiche Positionierung ihrer Marke im Internet. Dieses Ziel zu erreichen, wird zunehmend komplexer und kostspieliger.

[Stellungnahme These 6] **Prof. Dr. Dirk Morschett:** Ja, allerdings gilt dies eher für Kunden, die eine geringe Markenloyalität aufweisen. Neben den reinen Suchmaschinen haben sich auch Händler wie Amazon inzwischen eine Marke als Produktsuchmaschine aufgebaut. Dasselbe baut gerade Conrad Electronic auf. .
Ich möchte damit nicht die Wichtigkeit von SEO unterreden, denn SEO ist sicherlich wichtig und auch teuer. Und gerade deshalb ist die Alternative, nämlich der Aufbau einer vertrauensvollen Marke im Internet, eminent wichtig. Ein Amazon oder Zalando verkauft einen größeren Anteil seiner Artikel nicht mehr dadurch, dass das Produkt in die Suchmaschine eingegeben wird, sondern dass der Kunde direkt auf Amazon und Zalando nach Produkten sucht. Auch Reuter.de im Sanitärbereich hat inzwischen eine Marke aufgebaut und muss sich die Kunden nicht mehr teuer über Suchwörter erkaufen, sondern zieht diese direkt über den vertrauensvollen Online-Shop an. Dass man sich diesen Weg anfangs über Suchwörter teuer erkaufen muss, das ist sicherlich Fakt.

[Frage 8] **Markus Fost:** Welche Content-/SEO-Strategie empfehlen Sie produzierenden Unternehmen? Gibt es aus Ihrer Sicht Alternativen zu dieser Strategie?

[Antwort 8] **Prof. Dr. Dirk Morschett:** Grundsätzlich sollte ein Hersteller sämtliche Texte SEO-optimiert erstellen. Es gibt heutzutage keinen Grund mehr, noch Texte zu erstellen, die nicht SEO-optimiert sind. Ferner ist es für einen Hersteller unabdingbar, diesem Thema eine hohe Bedeutung zukommen zu lassen. Wie viel Geld später dann für das Suchmaschinenmarketing (SEM) ausgegeben werden muss, ist dann ein anderes Thema. Dass jede Produktbeschreibung unter SEO-Aspekten optimiert sein muss, halte ich für eine Selbstverständlichkeit.

[These 7] **Markus Fost:** Stationär geprägten Herstellern fehlt häufig das Gespür für das E-Commerce-Geschäft. Für die Etablierung eines erfolgreichen E-Commerce-Absatzkanals im Unternehmen ist eine dafür eigens geschaffene E-Commerce-Organisationseinheit elementar.

[Stellungnahme These 7] **Prof. Dr. Dirk Morschett:** Jein, das hängt für mich von der Zielsetzung ab. Wenn die Zielsetzung lautet, dass ein Hersteller im reinen Online-Handel Umsatz und Erträge optimieren möchte, dann stimmt die These. Dann sollte eine eigene E-Commerce-Organisationseinheit als eigenes Profitcenter etabliert werden. Wenn jedoch weiterhin der große Schwerpunkt im Geschäft mit dem stationären Fachhandel gesehen wird, dann sollte man besser eine E-Commerce-Subeinheit im Vertrieb ansiedeln. Wenn hingegen eine eigene Organisationseinheit etabliert wird, dann kann ja nur das Ziel sein, so viel reinen Online-Umsatz zu generieren wie möglich. Sämtliche Cross-Channel-und Cross-Marketing-Effekte hingegen bekäme die eigenständige Organisationseinheit jedoch nicht gelöst.

[Frage 9] **Markus Fost:** Im Rahmen welcher Organisationsform empfehlen Sie Herstellern die Eingliederung des Bereichs E-Commerce?

[Antwort 9] **Prof. Dr. Dirk Morschett:** Hier gilt aus meiner Sicht der Grundsatz: „Structure follows Strategy". Ein Hersteller muss sich zunächst die Zielsetzung des Online-Auftritts insgesamt überlegen. Hiervon sollte abhängig gemacht werden, ob eine integrierte oder autarke Organisationseinheit die bessere Wahl ist.

[These 8] **Markus Fost:** Hinsichtlich der Distributionsstrategien führt die Omnipräsenz auf allen Kanälen zu einem erhöhten Preis- und Margendruck. Um diesen zu kompensieren, stehen Online-Offline-Pricing- sowie Produktportfolio-Strategien zur Verfügung. Marktplätze sorgen jedoch für weiter zunehmende Transparenz, sodass manchen Markenherstellern letztlich nur der Schritt in eine selektive Distribution bleibt.

[Stellungnahme These 8] **Prof. Dr. Dirk Morschett:** Dieser These stimme ich zu, jedoch denke ich nicht, dass letztlich nur der Schritt in eine selektive Distribution bleibt. Das Thema selektive Distribution sehe ich allerdings als sehr interessante Distributionsstrategie. Es ist sicherlich eine nicht ganz risikoarme, jedoch durchaus hilfreiche Strategieoption. Meine Grundannahme ist ja, dass am Ende des Tages 80 % des Umsatzes stationär bleiben werden, während 20 % des Umsatzes über Online-Kanäle abgewickelt werden. Der 20 Prozent-Online-Anteil schmerzt jedoch den 80 Prozent-Offline-Anteil über diesen Anteil hinaus in puncto Preisgestaltung, Margendruck etc. Eine selektive Distribution sorgt mit einer gewissen Exklusivität bei den Anbietern auch dafür, dass die Preiserosionen durch den Online-Handel zurückgehen und der Offline-Handel dadurch hinsichtlich seiner Margen stabilisiert wird. Ich sehe in der Summe viele Vorteile in einer selektiven Distributionsstrategie und denke, dass wir die Einführung einer solchen auch vermehrt beobachten werden.

[Frage 10] Markus Fost: Einige Markenhersteller, wie z. B. adidas und Kettler, haben kürzlich ein selektives Vertriebssystem zur Markenpflege eingerichtet, insbesondere, um dem Preisverfall aus Marktplätzen wie Amazon entgegenzutreten. Das Bundeskartellamt prüft aktuell die Zulässigkeit des Selektivvertriebs von adidas. Dieser Präzedenzentscheidung wird von vielen Herstellern mit Spannung entgegengesehen. Mit welchem Ausgang rechnen Sie und welche Option schlagen Sie kleineren Herstellern vor, die temporäre Umsatzeinbrüche – das Risiko, dass die Einführung eines solchen Systems mit sich bringt – nicht eingehen können?

[Antwort 10] Prof. Dr. Dirk Morschett: Einer reinen Diskriminierung des Online-Kanals wird sicherlich nicht stattgegeben werden. Daran jedoch Qualitätskriterien zu knüpfen, die dann de facto einen großen Teil des Online-Handels ausschließen, wird meiner Einschätzung nach rechtlich möglich sein. Ich denke auch, dass adidas hinsichtlich der Präzedenzentscheidung in letzter Instanz damit durchkommen wird. Während es einem Hersteller wie adidas wohl darum gehen wird, die Marktplätze später direkt zu beliefern, geht es vielen anderen Herstellern, die sich für die selektive Distribution entscheiden, primär darum, dass der Online-Handel ihre Produkte an feste Qualitätskriterien, wie beispielsweise das Vorhandensein eines Markenshops, knüpft. Hinsichtlich der Größe eines Herstellers liegt der Vorteil darin, dass ein großer Player wie adidas, der sich diesen Rechtsstreit auch finanziell leisten kann, mit seinem Präzedenzfall in ca. einem halben Jahr Rechtssicherheit schaffen wird. Die Frage ist, wie dann damit ein kleinerer Hersteller umgeht. Welches Risiko hinsichtlich temporärer Umsatzeinbrüche bei der Einführung einer selektiven Distributionsstrategie tatsächlich besteht, müssen Hersteller präzise kalkulieren können. Darüber hinaus hängt dies auch davon ab, wie streng die Qualitätskriterien der selektiven Distribution sein sollen. Da diese der Hersteller selbst bestimmt und auch stufenweise höher setzen kann, determiniert er damit auch das konkrete Umsatzrisiko durch den Ausschluss der Händler, die die Qualitätskriterien nicht erfüllen. Der übrigen Händlerschaft dürfte sich eine selektive Distributionsstrategie recht gut verkaufen lassen. Zwar werden auch diese hinsichtlich ihrer Absatzart und ggf. auch der Absatzwege beschränkt, jedoch kommt dies den gesamten Händlern zugute, indem es deren Margen insgesamt erhöht und eine Marke von übermäßigen Preiserosionen außen vorhält.

[These 9] Markus Fost: Kooperative E-Commerce-Geschäftsmodelle zwischen Handel und Hersteller stellen die einzige handelsverträgliche E-Commerce-Strategieoption für substituierbare, produzierende Unternehmen mit einer stationären Handelsstruktur dar, die nicht mit dem Risiko behaftet ist, temporär massiv Umsatz im stationären Handel zu verlieren.

[Stellungnahme These 9] Prof. Dr. Dirk Morschett: Dieser These stimme ich vollumfänglich zu. Es muss in jeder E-Commerce-Strategie sichergestellt werden, dass der Umsatz im stationären Handel nicht gefährdet wird. Vor dem Hintergrund der 80/20-Verteilung des Umsatzes zwischen dem stationären Handel und dem Online-Handel müssen

Hersteller auf ein gesundes Verhältnis der Chancen zum Risiko achten. Eine Distributionsstrategie, die am Handel vorbei geht, halte ich für sehr risikoreich. Daher plädiere ich eindeutig für eine kooperative E-Commerce-Strategie. Eine Provisionierung des Handels für Direktlieferungen des Herstellers zum Händler halte ich nur noch am Rande für eine kooperative E-Commerce-Strategie. Ich denke, dass damit das Vertrauen in eine solche Lösung und ihre Wertschätzung nicht gewonnen werden könnten.

[Frage 11] **Markus Fost:** Welches E-Commerce-Geschäftsmodell schlagen Sie einem Hersteller aus einer Branche mit einem niedrigeren E-Commerce-Reifegrad vor, die von einer stationären Fachhandelslandschaft dominiert wird?

[Antwort 11] **Prof. Dr. Dirk Morschett:** Ich denke, dass genau in Branchen mit niedrigem E-Commerce-Reifegrad die Chance groß ist, den Handel mit Multi-Channel-Ansätzen zu unterstützen. Der Charme darin, stationäre Händler im Online-Handel zu unterstützen, ist, dass die Artikel dort i. d. R. nicht preisaggressiv angeboten werden, wie das bei den Pure-Playern der Fall ist. Man sollte als Hersteller den Handel auch hinsichtlich E-Commerce-Absatzwegen unterstützen.

[Frage 12] **Markus Fost:** Gibt es aus Ihrer Sicht neben kooperativen E-Commerce Geschäftsmodellen weitere strategische Optionen, die ein Hersteller in Erwägung ziehen kann, ohne zugleich ein unkalkulierbares Risiko einzugehen, temporär massive Umsatzrückgänge durch stationäre Auslistungen hinzunehmen?

[Antwort 12] **Prof. Dr. Dirk Morschett:** Man kann langsam einsteigen, beispielsweise über einen Ersatzteilshop oder einen begrenzten Ausschnitt aus dem Sortiment. Dadurch kann ein Hersteller Daten zu den Endkunden sammeln und Prozesse einüben, um sich bereit zu machen, in den Direktvertrieb einzusteigen, sofern die Entwicklung anders eintritt, als ich es zum heutigen Tag einschätze. Sollte sich dann in drei bis vier Jahren herausstellen, dass der stationäre Handel doch einen wesentlich höheren Anteil an den Online-Handel verloren hat, sind die Hersteller zumindest hierfür gewappnet. Exklusive Online-Markenshops, die vom Handel betrieben werden, sind daneben eine weitere Option, die sich aus meiner Sicht weitestgehend konfliktfrei und risikoarm einsetzen lassen. Diese Möglichkeit sollten produzierende Unternehmen nutzen, um ihre Marke zu präsentieren und die Online-Sichtbarkeit zu erhöhen.

[Frage 13] **Markus Fost:** Wenn Sie ein zusammenfassendes Resümee ziehen, welche strategischen Handlungsoptionen haben sich bei Markenherstellern mit einer vorwiegend stationär ausgeprägten Handelslandschaft als besonders erfolgreiche E-Commerce-Strategie erwiesen?

[Antwort 13] **Prof. Dr. Dirk Morschett:** Wichtig ist es, dass Hersteller Einfluss und Druck auf den Handel ausüben, sich schnellstmöglich in die Richtung des Online-Handels zu bewegen. In der Tat stelle ich fest, dass der stationäre Handel in einigen Branchen hinsichtlich der Affinität zum Online-Handel sehr träge ist. Ferner ist es wichtig, dass sich ein Hersteller des Risikos hinsichtlich Pure-Player bewusst ist und sich hier individuell mit dem jeweiligen Konzept beschäftigt. Neben Amazon und eBay gibt es zahlreiche Pure-Player, die kommen und gehen. Nur wenige davon etablieren sich nachhaltig. Hier gilt es, als Hersteller auf die richtigen Pferde zu setzen, um nicht am Ende an der Restrukturierung eines Pure-Players beteiligt zu werden. Zudem werden Pure-Player als „Feind" des stationären Händlers wahrgenommen. Hersteller sollten daher versuchen, den stationären Händler als Multi-Channel-Händler zu entwickeln.

[Frage 14] **Markus Fost:** Mit welchen Risiken sehen Sie produzierende Markenhersteller hinsichtlich einer E-Commerce-Strategie konfrontiert und wie würden Sie diesen entgegentreten?

[Antwort 14] **Prof. Dr. Dirk Morschett:** Aus meiner Seite ist die Preisgestaltung auf der Online-Markenpräsenz des Herstellers ein ernst zu nehmendes Risiko. Wenn ein Hersteller hier aggressive Preise angibt, dann wird er damit seine stationären Händler verärgern. Wenn er hingegen einen Mondpreis angibt, was einige UVPs[2] darstellen, dann wird dies den informierten Kunden verärgern. Ein weiteres Risiko sehe ich in der richtigen Partnerwahl innerhalb der Pure-Player-Welt. Hier haben sich nur wenige Anbieter etablieren können, während die Mehrzahl heute nicht mehr existent am Markt ist. Wenn Hersteller hier den falschen Partner wählen, besteht neben dem Risiko des Geldverlustes auch noch das Risiko der Abstrafung aus dem stationären Handel in Form einer Auslistung. Das Hauptrisiko liegt allerdings im bestehenden Handel, der sehr genau analysiert, was ein Hersteller tut. Deswegen dürfen sich Hersteller zwar nicht große Chancen mit Pure-Playern entgehen lassen, müssen hier jedoch die richtigen Partner wählen.

[Frage 15] **Markus Fost:** Welche Tipps und Empfehlungen können Sie produzierenden Unternehmen hinsichtlich deren E-Commerce-Strategie abschließend mit auf den Weg geben?

[Antwort 15] **Prof. Dr. Dirk Morschett:** Mein Tipp ist es, bei allem Hype für den E-Commerce-Handel nicht den klaren Blick darauf zu verlieren, dass auch in Zukunft die stationären Händler den größten Teil des Handelsumsatzes darstellen werden.

[ENDE] **Markus Fost:** Vielen herzlichen Dank, Herr Morschett, für das ausführliche Interview!

7.3 Experteninterview mit Dr. Georg Wittmann

Dr. Georg Wittmann, Dipl.-Kfm., studierte von 1997 bis 2002 Betriebswirtschaftslehre an der Universität Regensburg mit den Schwerpunkten Bankinformatik, Finanzierung und Statistik. Von 1999 bis 2002 war er nebenberuflich im Business Development/Marketing bei Consors Discount-Broker tätig. Nach Abschluss seines Studiums war er bis 2005 Wissenschaftlicher Mitarbeiter am Lehrstuhl für Bankinformatik an der Universität Regensburg. Seit 2005 ist er Senior Consultant und Projektleiter bei ibi research an der Universität Regensburg.

---

[2] Unverbindliche Preisempfehlung des Herstellers.

[These 1] **Markus Fost:** Endverbraucher erwarten heutzutage das gesamte Produktportfolio eines Herstellers auf deren Online-Markenauftritt und möchten neben einer stationären Händlersuche auch online möglichst ohne Medienbruch zum Kaufabschluss gelangen.

[Stellungnahme These 1] **Dr. Georg Wittmann:** Diese These unterstütze ich grundsätzlich. Bei sehr beratungsintensiven oder hochwertigen bzw. hochpreisigen Produkten wird zum Teil ein Medienbruch akzeptiert, wie es beispielsweise in der Möbelbranche der Fall ist. In diesem Produktsegment kommt es bei einer reinen Online-Abwicklung häufig zu Reklamationen oder zusätzlichen Rückfragen nach dem Kaufabschluss. Bei hochpreisigen Artikeln existiert bei vielen Konsumenten der Wunsch nach einem haptischen Erlebnis. Letztendlich wird es jedoch so sein, dass die junge Generation, die mit dem Medium Internet aufwächst, die Einschränkungen, die das Medium Internet mit sich bringt, aufweicht.

[Frage 1] **Markus Fost:** Welche sinnvollen strategischen Optionen stehen den produzierenden Herstellern hinsichtlich des Online-Markenauftritts zur Verfügung?

[Antwort 1] **Dr. Georg Wittmann:** Neben der Option, in diesem Bereich gar nichts zu tun, die ich nicht empfehlen kann, gibt es aus meiner Sicht drei wesentliche Optionen, die sinnvoll sind. Eine Option wäre, über einen eigenen Shop zu agieren, wie z. B. adidas oder Kärcher. Letzterer differenziert das Sortiment, indem die Home & Garden Linie über den eigenen Online-Shop direkt angeboten wird, während die Professional Line ausschließlich über den Fachhandel erhältlich ist und auf diesen verwiesen wird. Eine weitere Option wäre, von der Herstellerseite zu einem Online-Händler zu verweisen. Als dritte Option sehe ich die Möglichkeit, über Marktplätze zu verkaufen. Diese Optionen lassen sich auch als Mischform anwenden, indem beispielsweise bestimmte Teilsortimente auf Marktplätzen, direkt und über Händler zugleich angeboten werden.

[These 2] **Markus Fost:** Das Internet sorgt für vollkommenere Märkte, vorwiegend durch eine hohe Preistransparenz. Demzufolge differenzieren sich viele Online-Anbieter primär über den Preis. Dies stellt insbesondere für Premium-Hersteller ein großes Problem dar.

[Stellungnahme These 2] **Dr. Georg Wittmann:** Diese These kann ich bestätigen. Die „Geiz ist geil"-Mentalität ist innerhalb der Produktsegmente unterschiedlich ausgeprägt. Letztendlich hängt die Preisstrategie jedoch davon ab, inwieweit der Hersteller dafür sorgt, dass die unverbindliche Preisempfehlung eingehalten wird bzw. die Produkte in den Markt drückt, sodass die Preise „verramscht" werden. Dies ist beispielsweise im Bereich der Unterhaltungselektronik der Fall.

[Frage 2] **Markus Fost:** Welche Methoden empfehlen Sie Markenherstellern, um Preiserosionen zu vermeiden?

[Antwort 2] **Dr. Georg Wittmann:** Ein Hersteller sollte ein kontinuierliches Monitoring der Internetpreise betreiben. Zudem gibt es eine Vielzahl an Unternehmen, die keine unverbindliche Preisempfehlung festgelegt haben. Dies ist aus meiner Sicht in jedem Fall erforderlich und sinnvoll, sofern die Produkte eine gewisse Wertigkeit haben. Ein Hersteller sollte ferner versuchen, sich über erweiterte Serviceleistungen, wie z. B. längere Garantieversprechen, Aufbau- oder Installationsservices, höhere Wartungstransparenz, Anleitungen etc., zu differenzieren.

[These 3] **Markus Fost:** Pure-Player wie Amazon können für einen Hersteller Fluch und Segen zugleich sein. Derartige Marktplätze dominieren die E-Commerce-Landschaft zunehmend. Die Entscheidung, Amazon als Hersteller direkt zu beliefern, bietet wohl die höchsten Umsatzchancen im E-Commerce. Gleichermaßen begibt sich der Hersteller damit in ein gewisses Abhängigkeitsverhältnis und steuert damit auf den „point of no return" zu. So wurde Amazon für viele Markenhersteller aus dem Stand heraus der größte Kunde in Deutschland. Der Umgang mit Pure-Playern ist in Bezug auf die Online-Umsatzchancen eines Markenherstellers eines der wichtigsten Elemente einer E-Commerce-Strategie.

[Stellungnahme These 3] **Dr. Georg Wittmann:** Dadurch, dass Amazon der größte Player im Markt ist, stellt dieser auch den größten Umsatzhebel dar. Ich bin der Meinung, dass Amazon für viele Produkte und Hersteller ein guter Weg sein kann, sofern sich der Hersteller diesen Weg hinsichtlich der Margen leisten kann. Für ein produzierendes Unternehmen, das bislang keine E-Commerce-Erfahrung hat, ist der Einstieg über Amazon, eBay und andere Plattformen recht einfach und stellt daher eine Möglichkeit dar, sehr schnell Umsätze zu generieren. Kurzfristig halte ich es daher für sinnvoll, ein Engagement mit Amazon einzugehen, sofern es die Marge des Herstellers möglich macht, und stimme daher dieser These zu. Langfristig muss ein Hersteller abwägen, welchen Einfluss diese Partnerschaft auf das Pricing hat und ggf. nachsteuern, so, wie das bei Adidas der Fall ist.

[Frage 3] **Markus Fost:** Welche Vorgehensweise empfehlen Sie Herstellern hinsichtlich einer Zusammenarbeit mit Amazon?

[Antwort 3] **Dr. Georg Wittmann:** Ich empfehle in den meisten Fällen die Nutzung des Marketplaces, da sich hier bessere Margen erzielen lassen und die Lernkurve für den Hersteller am steilsten ist, da er die Prozesshoheit behält. Sofern sich dies prozessual oder hinsichtlich der Ressourcen nicht sinnvoll darstellen lässt, empfehle ich die direkte Belieferung von Amazon. Jedem Unternehmen empfehle ich allerdings, die AGBs und Prozessabläufe, die Amazon von Herstellern fordert, detailliert zu analysieren, bevor eine Entscheidung getroffen wird. Bei einer direkten Belieferung von Amazon bestehen oftmals im Nachhinein dadurch Probleme mit dem stationären Handel, dass Amazon sehr preisaggressiv vorgeht. Dies ist auch der Grund, weswegen ich die Nutzung des Amazon Marketplace präferiere, da der Hersteller in diesem Modell die Preisgestaltung selbst übernimmt.

[Frage 4] **Markus Fost:** Halten Sie eBay bzw. einen eBay-Markenshop für einen geeigneten Marktplatz für Hersteller?

[Antwort 4] **Dr. Georg Wittmann:** Ja, allerdings hängt dies aus meiner Sicht stark vom Produkt ab. Ein Hersteller sollte daher vorher genau analysieren, ob eBay genügend Nachfrager für das jeweilige Produkt aufweist. Sofern dies der Fall ist, halte ich auch eBay für einen geeigneten Absatzkanal für Hersteller. Ähnlich wie auch bei der Eröffnung eines eigenen Online-Shops ist es auch hier wichtig, die Händler darüber proaktiv zu informieren.

[These 4] **Markus Fost:** Die disruptiven Veränderungen der Konsumenten und Medienlandschaften führen dazu, dass die Beschaffung von Gebrauchs- und Konsumgütern zunehmend über das Internet erfolgt. Während viele Hersteller mit einer klassisch stationären Handelsstruktur diesen Trend zwar feststellen, fürchten sie gleichermaßen die Sanktionen des Handels. Hersteller, die keine Lösung dieser Problematik haben, werden unweigerlich Marktanteile verlieren.

[Stellungnahme These 4] **Dr. Georg Wittmann:** Dieser These stimme ich zu, da dieser Trend klar ersichtlich ist. Gerade Verbände versuchen momentan, auf diese Kanalverschiebung zu reagieren. So bietet beispielsweise Intersport den Händlern hierfür Lösungen an, indem eine zentrale Plattform geschaffen wurde, in der die Händler eingebunden sind. Ein Verband in der Möbelbranche erstellt momentan einen zentralen Shop, in dem die Verbandsmitglieder integriert werden und der Kunde seine Online-Bestellung in allen angeschlossenen Möbelhäusern abholen kann.

[Frage 5] **Markus Fost:** Wie können Hersteller dem Dilemma der vorgenannten These entgegentreten?

[Antwort 5] **Dr. Georg Wittmann:** Wenn die Produzenten den Händlern echte Lösungen anbieten, kann man dem Trend aus Ihrer vorgenannten These tatsächlich entgegentreten.

[Frage 6] **Markus Fost:** Viele Hersteller formulieren eine „handelsverträgliche Wachstumsstrategie" als ihr Ziel im E-Commerce. Welchen Betriebstypen schlagen Sie einem Hersteller vor, um mit vertretbaren Kanalkonflikten bestmöglich am E-Commerce-Wachstum partizipieren zu können?

[Antwort 6] **Dr. Georg Wittmann:** Hinsichtlich der Betriebstypen empfehle ich Herstellern den Solution Provider mit erweiterten Kaufargumenten wie einem Installationsservice, also der Vernetzung der Produktlieferung mit erweiterten Dienstleistungen, die in Bezug zum Produkt relevant sein können. Dem angeschlossenen Händlernetzwerk könnte der Hersteller zudem ein Bestellterminal für sein Ladenlokal zur Verfügung stellen, damit Endkunden die Ware, die der Händler nicht verfügbar hat, direkt online beim Hersteller bestellen können und diese zu ihnen nach Hause gesendet wird. Auf diesem Weg lassen sich Händler in die E-Commerce-Strategie der Hersteller einbinden.

[These 5] **Markus Fost:** E-Commerce senkt die Transaktionskosten des Abnehmers bzw. des Kunden. E-Commerce kann die Transaktionskosten des Herstellers senken. Voraussetzungen hierfür sind jedoch rationelle Prozesse sowie eine skalierbare, kosteneffiziente IT-Landschaft, die der Dynamik standhält. Die Systeme der IT-Landschaft sind für Hersteller daher ein kritischer Erfolgsfaktor im Hinblick auf deren E-Commerce-Strategie.

[Stellungnahme These 5] **Dr. Georg Wittmann:** Diese These kann ich bejahen. IT-Systeme sind ein kritischer Erfolgsfaktor. Der Online-Shop selbst und die dafür notwendige IT-Landschaft sind nur ein Baustein. Die große Herausforderung liegt darin, die bestehenden Systeme wie ERP, Logistik, CRM etc. mit der E-Commerce-Systemlandschaft zu verbinden. In vielen Fällen wird das E-Commerce-System als Insellösung integriert und zumeist noch mit dem ERP-System verknüpft. Bei den weiteren Anwendungen erfolgt jedoch zumeist keine Verknüpfung.

[Frage 7] **Markus Fost:** Welche Optionen hinsichtlich der IT-Landschaft stehen Herstellern aus Ihrer Sicht zur Verfügung? Wo sehen Sie die jeweiligen Stärken und Schwächen der genannten Optionen?

[Antwort 7] **Dr. Georg Wittmann:** Bei dieser Entscheidung kommt der zeitlichen Komponente eine übergeordnete Bedeutung zu. Ein produzierendes Unternehmen, das über einen geringen E-Commerce-Reifegrad verfügt, sollte sich einen Generalpartner suchen, der nachweislich über umfangreiche Erfahrungen im E-Commerce verfügt und den Aufbau der Prozesse und der IT-Landschaft vornehmen kann. Langfristig macht es allerdings Sinn, viele IT-Systeme und Prozesse inhouse zu pflegen, außer es besteht ein sehr attraktives Outsourcing-Angebot mit niedrigeren Kosten als bei einer Inhouse-Lösung. Betrachtet man Branchengrößen wie Amazon oder Zalando, stellt man fest, dass sie sämtliche IT-Prozesse intern abbilden und dadurch besser an der kontinuierlichen Prozessoptimierung arbeiten können.

[These 6] **Markus Fost:** Suchmaschinen determinieren den Nachfragerstrom im E-Commerce. Die Top-Platzierungen von Google stellen die 1a-Lage des stationären Handels im Internet dar. Demzufolge hat das Thema SEO und Contentqualität für Hersteller eine besonders hohe Relevanz im Hinblick auf die erfolgreiche Positionierung ihrer Marke im Internet. Dieses Ziel zu erreichen, wird zunehmend komplexer und kostspieliger.

[Stellungnahme These 6] **Dr. Georg Wittmann:** Dieser These stimme ich zu. Das SEO-Feld unterliegt zudem einer sehr hohen Dynamik. Durch die letztjährigen Google Updates Pinguin und Panda wurde der semantische Suchalgorithmus derart verändert, dass gesamte Geschäftsmodelle gekippt wurden. Das Thema Content-Marketing, also durch Textinhalte auf der eigenen Seite zu glänzen, wird zunehmend wichtiger und auch kostspieliger. Welche Veränderungen die kürzlich eingeführten Services wie Google+ und GoogleShopping nach sich ziehen werden, wird noch zu beobachten sein. Während es früher für Google nachrangig war, welche Qualität die Stammdaten eines Herstellers hatten, bestimmten diese heutzutage zunehmend das Ranking der Suchmaschine. Demzufolge erfordert Suchmaschinenoptimierung ein hervorragendes Content-Marketing und „Storytelling" auf der eigenen Webseite. Eine tolle Produktbeschreibung alleine ist heutzutage nicht mehr ausreichend. Vielmehr ist es erforderlich, eine Geschichte um das Produkt herum darzustellen.

[Frage 8] **Markus Fost:** Welche Content-/SEO-Strategie empfehlen Sie produzierenden Unternehmen? Gibt es aus Ihrer Sicht Alternativen zu dieser Strategie?

[Antwort 8] **Dr. Georg Wittmann:** Ich würde empfehlen, sich hinsichtlich der Google-Anforderungen permanent aktuell zu halten. Es sollte versucht werden, Mehrwerte durch den Text zu generieren. Aus Gesichtspunkten der Differenzierung sollten neben dem textlichen Suchmaschinenmarketing auch die zusätzlichen Elemente wie Google+ bzw. Social Marketing im Allgemeinen, aber auch Videomarketing durch YouTube berücksichtigt werden. Gerade bei Markenherstellern empfiehlt sich diese Strategie.

Letztendlich ist es nebensächlich, ob der Kunde auf die Webseite oder das Video bzw. Bild eines Herstellers klickt. Wichtig ist, dass der Kunde über seine Suchanfrage zum Ziel kommt und beim Markenhersteller landet.

[These 7] **Markus Fost:** Stationär geprägten Herstellern fehlt häufig das Gespür für das E-Commerce-Geschäft. Für die Etablierung eines erfolgreichen E-Commerce-Absatzkanals im Unternehmen ist eine dafür eigens geschaffene E-Commerce-Organisationseinheit elementar.

[Stellungnahme These 7] **Dr. Georg Wittmann:** Würde ich so nicht pauschal unterschreiben. Aus meiner Sicht ist eine eigene E-Commerce-Organisationseinheit nicht zwingend erforderlich. Zunächst ist es wichtig, dass das Management erkennt, dass der E-Commerce-Kanal zunehmend wichtiger wird, und einschätzen kann, welche Möglichkeiten mit einem bestimmten Budget überhaupt zur Verfügung stehen. Häufig ist es der Fall, dass das Management von Unternehmen, die noch keine Berührungspunkte mit E-Commerce hatten, überhaupt nicht einschätzen kann, welche Budgets für bestimmte Maßnahmen erforderlich sind. Nachdem das Management diesen Prozess durchlaufen hat und ein Verständnis von E-Commerce erhalten hat, kann im späteren Ergebnis durchaus eine E-Commerce-Organisationseinheit herauskommen. Jedoch sehe ich dies als zweiten Schritt.

[Frage 9] **Markus Fost:** Im Rahmen welcher Organisationsform empfehlen Sie Herstellern die Eingliederung des Bereichs E-Commerce?

[Antwort 9] **Dr. Georg Wittmann:** Sicherlich ist es notwendig, eine Person zu bestimmen, die das Thema E-Commerce verantwortet und in diesem Kontext auch die Entscheidungskompetenz zugesprochen bekommt. Diese Person sollte direkt der Geschäftsleitung unterstellt sein. Hinsichtlich der organisationalen Eingliederung in das Unternehmen ist es möglich, das E-Commerce-Team im Vertrieb oder Marketing einzubetten. Es spricht allerdings auch vieles dafür, mittelfristig hierfür eine eigene Organisationseinheit zu schaffen, da die Themenvielfalt doch sehr breit angesiedelt ist. Wichtig ist es, dass das E-Commerce-Team mit Spezialisten aus den Kernbereichen, nämlich dem Vertrieb, Marketing und der IT-Abteilung, besetzt wird.

[These 8] **Markus Fost:** Hinsichtlich der Distributionsstrategien führt die Omnipräsenz auf allen Kanälen zu einem erhöhtem Preis- und Margendruck. Um diesen zu kompensieren, stehen Online-Offline-Pricing- sowie Produktportfolio-Strategien zur Verfügung. Marktplätze sorgen jedoch für weiter zunehmende Transparenz, sodass manchen Markenherstellern letztlich nur der Schritt in eine selektive Distribution bleibt.

[Stellungnahme These 8] **Dr. Georg Wittmann:** Diese These kann ich im Wesentlichen bestätigen. Bei Produkten, die preissensibel sind bzw. einem harten Preiskampf unterliegen, kann ich die These vollumfänglich bestätigen. Bei Produkten, die nicht preissensibel sind, die eine hohe Preistransparenz aufgrund von Produktnamen oder nicht vergleichbaren Produkteigenschaften haben, ist der Preis-und Margendruck weniger ein Thema. Bei diesen Produkten ist es auch weniger erforderlich, abweichende Online-/Offline-Preise vorzunehmen. Bei Produkten, die hingegen sehr vergleichbar sind, sollten sich Markenhersteller intensive Gedanken hinsichtlich eines unterschiedlichen Online-/Offline-Pricings machen.

[Frage 10] Markus Fost: Einige Markenhersteller, wie z. B. adidas und Kettler, haben kürzlich ein selektives Vertriebssystem zur Markenpflege eingerichtet, insbesondere, um dem Preisverfall aus Marktplätzen wie Amazon entgegenzutreten. Das Bundeskartellamt prüft aktuell die Zulässigkeit des Selektivvertriebs von adidas. Dieser Präzedenzentscheidung wird von vielen Herstellern mit Spannung entgegengesehen. Mit welchem Ausgang rechnen Sie und welche Option schlagen Sie kleineren Herstellern vor, die temporäre Umsatzeinbrüche – das Risiko, dass die Einführung eines solchen Systems mit sich bringt – nicht eingehen können?

[Antwort 10] Dr. Georg Wittmann: Aktuell ist es schwierig einzuschätzen, wie unsere Kartellhüter in dieser Angelegenheit entscheiden werden.

[These 9] Markus Fost: Kooperative E-Commerce-Geschäftsmodelle zwischen Handel und Hersteller stellen die einzige handelsverträgliche E-Commerce-Strategieoption für substituierbare, produzierende Unternehmen mit einer stationären Handelsstruktur dar, die nicht mit dem Risiko behaftet ist, temporär massiv Umsatz im stationären Handel zu verlieren.

[Stellungnahme These 9] Dr. Georg Wittmann: Dieser These stimme ich vollumfänglich zu.

[Frage 11] Markus Fost: Welches E-Commerce-Geschäftsmodell schlagen Sie einem Hersteller aus einer Branche mit einem niedrigeren E-Commerce-Reifegrad vor, die von einer stationären Fachhandelslandschaft dominiert wird?

[Antwort 11] Dr. Georg Wittmann: Herstellern aus einer Branche mit einem niedrigen E-Commerce-Reifegrad würde ich empfehlen, je nach Vertriebsstruktur, einen eigenen Webshop zu etablieren. Um das Verhältnis zum Handel nicht zu schwächen, wäre es auch hier sinnvoll, einen Rahmenauftritt zu schaffen, in dem der Handel integriert wird bzw. zumindest auf den Handel verlinkt wird.

[Frage 12] Markus Fost: Gibt es aus Ihrer Sicht neben kooperativen E-Commerce-Geschäftsmodellen weitere strategische Optionen, die ein Hersteller in Erwägung ziehen kann, ohne zugleich ein unkalkulierbares Risiko einzugehen, temporär massive Umsatzrückgänge durch stationäre Auslistungen hinzunehmen?

[Antwort 12] Dr. Georg Wittmann: Neben den kooperativen E-Commerce-Geschäftsmodellen gibt es aus meiner Sicht keine weiteren Strategieoptionen, von denen sowohl Hersteller als auch Handel gleichermaßen profitieren können. Intersport und Expert haben hier einen guten Weg gefunden, den Handel zu unterstützen.

[Frage 13] Markus Fost: Wenn Sie ein zusammenfassendes Resümee ziehen, welche strategischen Handlungsoptionen haben sich bei Markenherstellern mit einer vorwiegend stationär ausgeprägten Handelslandschaft als besonders erfolgreiche E-Commerce-Strategie erwiesen?

[Antwort 13] Dr. Georg Wittmann: Bei vielen Herstellern, die aus dem stationären Umfeld kommen, hat sich gezeigt, dass Rahmenauftritte, in denen auf den Händler verwiesen wird bzw. der Auftrag an diesen weitergeleitet wird, Erfolg versprechend sind. Die

Firma Kärcher als Beispiel hat hier einen gangbaren Weg aufgezeigt. Je nach Produkt kann es auch sinnvoll sein, anfänglich Marktplätze zu integrieren. Gegebenenfalls sollte auch eine langfristige Zusammenarbeit mit Marktplätzen wie Amazon und eBay erfolgen.

[Frage 14] Markus Fost: Mit welchen Risiken sehen Sie produzierende Markenhersteller hinsichtlich einer E-Commerce-Strategie konfrontiert und wie würden Sie diesen entgegentreten?

[Antwort 14] Dr. Georg Wittmann: Ein Fehler, der häufig begangen wird, ist es, vorschnell Aktivitäten im E-Commerce-Segment zu starten, ohne eine gut überlegte Strategie zu haben. Wichtig ist es also, klare Ziele in einem Strategiekonzept festzulegen, die mit erfahrenen E-Commerce-Experten diskutiert werden sollten. Ein weiteres Risiko ist es, als produzierendes Unternehmen den Facheinzelhandel nicht mit einzubinden. Die Händler sollten daher von vornherein ins Boot geholt werden. In der Umsetzung ist ein striktes Controlling wichtig, um sowohl die zeitlichen als auch die Budgetziele nicht aus dem Ruder laufen zu lassen. Schwierig ist es, auch einen Dienstleister zu finden, der eine agenturneutrale Beratung leisten kann. Die meisten Beratungsanbieter haben in diesem Segment eine Agentur bzw. einen Softwaredienstleister im Rücken und versuchen nicht selten auf eine opportunistische Art und Weise, die Beratung in deren gewünschte Richtung zu leiten. Es ist oftmals nicht zielführend, wenn die Entscheidungen auf solche Folgeprodukte hin optimiert werden. Am Beispiel der Entscheidung für ein Shopsystem sieht man diese Tendenz sehr deutlich. Jede Agentur hat ein von ihr präferiertes Shopsystem. Wird eine solche Agentur mit der Beratung beauftragt, versucht sie auch, ihr Shopsystem durchzusetzen, unabhängig davon, ob es die richtige Lösung für das Unternehmen ist.

[Frage 15] Markus Fost: Welche Tipps und Empfehlungen können Sie produzierenden Unternehmen hinsichtlich derer E-Commerce-Strategie abschließend mit auf den Weg geben?

[Antwort 15] Dr. Georg Wittmann: Hier habe ich mir zwei Punkte notiert, die ich als sehr wichtig empfinde: Produzierende Unternehmen sollten sich zunächst mit ihren Händlern unterhalten und eine Marktuntersuchung anstellen, um festzustellen, wie ihr Produkt im E-Commerce verkauft wird. Wichtig ist es, zu identifizieren, von wem die Produkte des Herstellers zu welchen Preisen angeboten werden. Des Weiteren ist es wichtig, sämtliche Aktionen mit sehr viel Bedacht vorzunehmen. Alles auf einmal zu tun, ist meistens zu viel. Daher sollte die Strategie ein Phasenmodell vorsehen und bei der Implementierung in Stufen vorgegangen werden. Mit allen Marktplätzen und Optionen in allen Ländern gleichzeitig zu starten, geht meistens schief. Daher sollte ein Hersteller unbedingt dem Markt zuhören und Schritt für Schritt vorgehen.

[ENDE] Markus Fost: Vielen herzlichen Dank, Herr Wittmann, für das ausführliche Interview!

7.4 Experteninterview mit Marcus Diekmann

Marcus Diekmann ist Mitgesellschafter und Geschäftsführer von SHOPMACHER eCommerce für Marken. SHOPMACHER konzentriert sich auf die wichtigen Kernthemen, die für Marken und Multi-Channel-Händler relevant sind, wenn diese im E-Commerce erfolgreich arbeiten wollen. Das beginnt bereits vor der eigentlichen Konzeption und Umsetzung eines Online-Shops mit der betriebswirtschaftlichen und prozessorientierten Beratung der Unternehmen. Zusätzlich deckt SHOPMACHER die Bereiche Design und technische Umsetzung ab und betreut hier unter anderem den Schwab-Versand, Matratzen Concord, Schiesser, Zippo, Jones Fashion und Hülsta.

[These 1] **Markus Fost:** Endverbraucher erwarten heutzutage das gesamte Produktportfolio eines Herstellers auf deren Online-Markenauftritt und möchten neben einer stationären Händlersuche auch online möglichst ohne Medienbruch zum Kaufabschluss gelangen.

[Stellungnahme These 1] **Marcus Diekmann:** Richtig, da stationär nur ein begrenztes Produktportfolio eines Markenherstellers angeboten werden kann und gerade diese Beschränkungen des Sortiments durch den Online-Handel aufgehoben werden sollen. Bei Direktvertreibern, wie z. B. Vorwerk, kommt es jedoch zu Einschränkungen im Warensortiment, die allerdings keiner logischen Natur entsprechen, sondern aus vertragsrechtlichen Verbindlichkeiten gegenüber deren Vertretern resultieren. Auch diese könnten aufgelöst werden, indem die Vertreter auch für Online-Käufe Provisionen erhalten bzw. die Auslieferung des Produktes, sofern es der Endkunde wünscht, durch den Vertreter erfolgt. Online-Sortimente zu beschränken, ist jedenfalls in keinem Fall für Hersteller sinnvoll, da Endkunden deren Online-Markenauftritt mit der Erwartungshaltung besuchen, dass dort das gesamte Sortiment auffindbar ist. Ferner sollten die Artikel ohne Medienbruch bestellbar sein, da ansonsten der Zeitverlust aus Sicht der Endkunden zu hoch ist.

[Frage 1] **Markus Fost:** Welche sinnvollen strategischen Optionen stehen den produzierenden Herstellern hinsichtlich des Online-Markenauftritts zur Verfügung?

[Antwort 1] **Marcus Diekmann:** Der Online-Handel sollte im heutigen Zeitalter mehrschichtig betrachtet werden. Daher reduzieren wir diese Frage auf die eigene Herstellerwebseite und klammern Marktplätze wie Amazon und eBay bewusst aus. *[Anmerkung Markus Fost: Marktplätze werden im weiteren Interviewverlauf behandelt.]* Auf der eigenen Seite bleibt also die klassische Visitenkartenfunktion, in der die Philosophie des Unternehmens vorgestellt wird. Das heißt, es wird nur dargestellt, was das Unternehmen macht, ohne dass Produkte dargestellt werden. Dies ist jedoch eine veraltete Denkrichtung, die meiner Meinung nach nicht mehr zeitgemäß ist. Heutzutage macht es vielmehr Sinn, Marken mit Produkten in Verbindung zu bringen und die Markenkraft durch eine perfekte Produktinszenierung zur Geltung zu bringen. Hieraus resultieren für mich drei strategische Optionen:

1. Showroom (ohne Verkaufsfunktion)
2. Flagshipstore (mit Verkaufsfunktion, jedoch ohne Preisaggressivität unter Einhaltung des unverbindlich empfohlenen Verkaufspreises)
3. Vertikalisierung (Etablierung eines herstellereigenen Absatzkanals, auf dem zu Marktpreisen distribuiert wird)
   Die Vertikalisierung stellt für die meisten Hersteller heutzutage noch ein zu großes Risiko dar. Esprit ist in der Textilbranche diesen aggressiven Weg gegangen. Auch WMF ist dabei, den Online-Handel aggressiver zu forcieren. Die Entscheidung, online „radikaler" vorzugehen, setzt voraus, dass stationäre Umsatzeinbrüche bewusst in Kauf genommen werden und durch eigene Online-Aktivitäten kompensiert werden.

[These 2] **Markus Fost:** Das Internet sorgt für vollkommenere Märkte, vorwiegend durch eine hohe Preistransparenz. Demzufolge differenzieren sich viele Online-Anbieter primär über den Preis. Dies stellt insbesondere für Premium-Hersteller ein großes Problem dar.

[Stellungnahme These 2] **Marcus Diekmann:** Richtig für die meisten Branchen und Hersteller, allerdings liegt dies rückblickend daran, dass Anbieter immer versucht haben, das Sortiment schnell onlinefähig zu machen. Nach dem Motto: „Wenn Du es online kaufst, bekommst Du es günstiger." – Was die Motivation für einen Online-Kauf darstellen sollte. Dies hat in erster Linie nichts mit der Preistransparenz zu tun. Die Motivation hätte von Beginn an andere Mehrwerte wie Convenience-Faktoren beinhalten können. Auch heutzutage machen neue Warengruppen wie z. B. Möbel selbigen Fehler, sich wieder über den Preis zu differenzieren. Gleichzeitig achten die Hersteller nicht darauf, welche Händler die Produkte online distribuieren dürfen, wodurch kurzfristig immer ein Überangebot im Internet entsteht. Es gibt allerdings auch ein positives Gegenbeispiel: Zum Beispiel hat es der Kofferhersteller Rimowa geschafft, auch im Internet keine Preiserosionen zuzulassen.

[Frage 2] **Markus Fost:** Welche Methoden empfehlen Sie Markenherstellern, um Preiserosionen zu vermeiden?

[Antwort 2] **Marcus Diekmann:** Dies gestaltet sich in der Tat schwierig, da es aus meiner Sicht immer ein „schwarzes Schaf" seitens der Händler geben wird, das den Preis nach unten drückt. Auch hier sei darauf zu verweisen, dass ein Markenhersteller sich genau aussuchen sollte, mit welchen Händlern er in welchen Absatzkanälen zusammenarbeitet.

[These 3] **Markus Fost:** Pure-Player wie Amazon können für einen Hersteller Fluch und Segen zugleich sein. Derartige Marktplätze dominieren die E-Commerce-Landschaft zunehmend. Die Entscheidung, Amazon als Hersteller direkt zu beliefern, bietet wohl die höchsten Umsatzchancen im E-Commerce. Gleichermaßen begibt sich der Hersteller damit in ein gewisses Abhängigkeitsverhältnis und steuert damit auf den „point of no return" zu. So wurde Amazon für viele Markenhersteller aus dem Stand heraus der größte Kunde in Deutschland. Der Umgang mit Pure-Playern ist in Bezug auf die Online-Umsatzchancen eines Markenherstellers eines der wichtigsten Elemente einer E-Commerce-Strategie.

[Stellungnahme These 3] **Marcus Diekmann:** Richtig, hierzu möchte ich die Aussage von Jochen Krisch, die er auf der K5-Konferenz für E-Commerce in München gemacht hat, zitieren: „Es geht nicht mehr darum, was die Zukunft des Handels ist, sondern nur darum, was der Handel der Zukunft ist." Reuters.de hat beispielsweise gesagt, dass er den Großhandel im Sanitärbereich nicht benötigt und direkt beim Hersteller einkauft. Dadurch, dass auf diese Weise eine komplette Handelsstufe ausgeschaltet wird, kann Reuter.de attraktive Preise im Online-Handel anbieten und teilt sich die Marge mit den Herstellern. Der Handel der Zukunft folgt anderen Spielregeln, damit sind es auch andere, die im Handel das Geschäft machen. Dadurch wird sich der Markt der stationären Händler konsolidieren und damit wird sich auch die Preispolitik neu sortieren. Heute verfolgen viele Hersteller die Strategie, die Online-Umsätze mit ihren alten (stationären) Händlern zu machen, was nicht zum Erfolg führen wird. Daher ist die Bedeutung von Pure-Playern aus Herstellersicht immens hoch.

[Frage 3] **Markus Fost:** Welche Vorgehensweise empfehlen Sie Herstellern hinsichtlich einer Zusammenarbeit mit Amazon?

[Antwort 3] **Marcus Diekmann:** Amazon ist für mich die Spielwiese der Hersteller, auf der Händler nichts zu suchen haben. Schafft man es, die Händler von Amazon zu entfernen, stabilisieren sich auch die Preise. Amazon ist für mich eine Produktsuchmaschine, die dem Verbraucher die Möglichkeit bietet, alle Produkte mit einem exzellenten Service (Garantie- und Gewährleistungsansprüche, Umtauschrecht etc.), zu kaufen. Das heißt, Amazon bietet hervorragende erweiterte Services, die es nicht zwangsläufig notwendig machen, dort auch noch Preiserosionen zuzulassen. Es gibt keinen Hersteller, dem ich nicht empfehlen würde, aktiv mit Amazon eine Geschäftsbeziehung zu beginnen. Viele Hersteller haben bislang noch nicht verstanden, dass Verbraucher Amazon als „Google der Produkte" wahrnehmen und es daher eminent wichtig ist, als Hersteller dort vertreten zu sein. Gleichwohl ist davon auszugehen, dass sich Amazon weiter in Richtung Online-Übermacht entwickelt. Aktuell geht es Amazon darum, so viele Artikel wie möglich zu listen, um zunehmend relevanter für den Verbraucher zu werden. Preisverhandlungen mit Amazon fallen daher aktuell für den Hersteller positiv aus. Ich gehe allerdings davon aus, dass Amazon in der Zukunft in puncto Preisverhandlung die Daumenschrauben anziehen wird, wobei ich dies erst in einem Zeithorizont von vier bis fünf Jahren sehe. Voraussetzung hierfür ist eine weitere Konsolidierungswelle des Handels und die Entwicklung des Verbrauchers zu einem „noch online-affineren" Individuum. Gegenwärtig hat Amazon noch reichlich Potenzial, das Produktsortiment zu erweitern und weitere Länder-Rollouts vorzunehmen.

[Frage 4] **Markus Fost:** Halten Sie eBay bzw. einen eBay-Markenshop für einen geeigneten Marktplatz für Hersteller?

[Antwort 4] **Marcus Diekmann:** Ja. Ich denke, eBay wird ohnehin unterschätzt. Allerdings habe ich aus dem stationären Handel gelernt, dass hochwertige Produkte nicht bei einem „Allkauf"-Kanal angeboten werden sollten, da der Kunde das hochwertige Produkt, das neben einem günstigeren Produkt liegt, automatisch auch abwerten würde. Im Online-Handel gibt es diese Segmentierung jedoch noch nicht. Hier liegt auf eBay (und auch auf Amazon) alles nebeneinander. Dies führt mich zu der Grundüberlegung, ob nicht zukünftig auch das Markenumfeld eine stärkere Rolle spielen wird. Im ersten Schritt werden eBay (und auch Amazon) weiterhin als Produktsuchmaschine gesehen, aber in Schritt zwei wird man auf eBay nicht mehr zwangsläufig seine Produkte haben wollen, da die Zielgruppe, die auf eBay geht, doch Geld sparen möchte. Ich denke nicht, dass dies als Marke langfristig gewünscht ist. Ich könnte mir daher eher vorstellen, dass sich eBay zur „Outlet City" für Marken mit eigenen Markenshops als Factory Outlet Online-Shop entwickelt.

[These 4] **Markus Fost:** Die disruptiven Veränderungen der Konsumenten und Medienlandschaften führen dazu, dass die Beschaffung von Gebrauchs- und Konsumgütern zunehmend über das Internet erfolgt. Während viele Hersteller mit einer klassisch stationären Handelsstruktur diesen Trend zwar feststellen, fürchten sie gleichermaßen die Sanktionen des Handels. Hersteller, die keine Lösung dieser Problematik haben, werden unweigerlich Marktanteile verlieren.

[Stellungnahme These 4] **Marcus Diekmann:** Definitiv richtig. Marken sind doch deswegen erfolgreich geworden, weil sie einerseits ein exzellentes Produkt geschaffen haben, aber auch eine exzellente Vermarktungsstrategie und Positionierung für ihr Produkt gefunden haben. Was früher Printmedien erreicht haben, spielt sich heute im Internet ab. Dort stöbert, liest und informiert man sich über Produkte. Wenn sich also ein Hersteller entscheidet, dort nicht zu sein, dann haben plötzlich andere Hersteller die Chance, zur Marke zu werden, die heute noch nicht im Wettbewerbsfokus liegen. Alleine schon vor diesem Hintergrund werden stationäre Anbieter verlieren. Dies ist eine große Gefahr durch Markenbildung im Internet. Ein weiteres Dilemma ist die Tatsache, dass der Kunde je nach Warengruppe zehn bis 20 % im Internet kauft. Hat ein Hersteller keine gute Online-Sichtbarkeit, wird er zwangsläufig diesen Umsatzanteil verlieren. Darüber hinaus werden auch Händler, die nur stationär verkaufen und sich nicht auf neue Absatzkanäle einlassen, unweigerlich wegsterben. Das heißt, ein Hersteller würde nicht nur deshalb Probleme bekommen, weil er keine gute Online-Sichtbarkeit aufweist, sondern auch, weil seine stationären Händler nicht mehr existent sind.

[Frage 5] **Markus Fost:** Wie können Hersteller dem Dilemma der vorgenannten These entgegentreten?

[Antwort 5] **Marcus Diekmann:** Ich habe festgestellt, dass bedeutende Unternehmen sich erst in einer schwierigen Phase, beispielsweise in einer Sanierung, getraut haben, völlig neue Wege einzuschlagen. Davor ist festzustellen, dass sich die meisten Herstellerunternehmen schwer tun, auf diese disruptiven Veränderungen zu reagieren. Ich empfehle Herstellern daher, für zwölf Monate aktiv den Markt zu beobachten und Strategieszenarien zu entwickeln. Im Rahmen dieser Szenarien sollte bewertet werden, wie hoch das Risikopotenzial von Auslistungen tatsächlich ist. Dies hängt sicherlich von der Markenstärke ab. Meine Erfahrung zeigt jedoch, dass dieses Risiko teilweise zu vernachlässigen ist. Großkunden wie Ketten und Einkaufsorganisationen verwenden den „Online-Approach" eines Markenherstellers meist dazu, bessere Einkaufskonditionen zu verhandeln, haben jedoch kein Interesse, den Markenhersteller auszulisten.

7.4 Experteninterview mit Marcus Diekmann

[Frage 6] **Markus Fost:** Viele Hersteller formulieren eine „handelsverträgliche Wachstumsstrategie" als ihr Ziel im E-Commerce. Welchen Betriebstypen schlagen Sie einem Hersteller vor, um mit vertretbaren Kanalkonflikten bestmöglich am E-Commerce-Wachstum partizipieren zu können?

[Antwort 6] **Marcus Diekmann:** Ich glaube, dass die Betriebstypen übergreifend sind, und würde diese nicht so stark voneinander differenzieren. Auf der eigenen Online-Präsenz ist es das Pflichtprogramm für Hersteller, der Sortimentsexperte zu sein. Bei dem Hersteller muss man das gesamte Sortiment finden, auch die Ersatzteile für Artikel, die im Handel nicht mehr vertrieben sind. Darüber hinaus sollte ein Hersteller als Lösungsschaffer (Solution Provider) auftreten. Ein weiterer möglicher Betriebstyp sind Preisformate hinsichtlich Überbeständen und Restanten, die über entsprechende Kanäle verkauft werden können. Restanten sollten zu den gleichen Konditionen, wie sie z. B. in einem Markenoutlet auf eBay abverkauft werden, auch dem Handel angeboten werden. Aus meiner Erfahrung wird diese Vorgehensweise seitens des Handels akzeptiert, obwohl er selbst i. d. R. wenig Interesse am Erwerb von Restanten und Überbeständen zeigt. Ein weiterer Betriebstyp, der im Herstellerumfeld funktionieren kann, ist „Customizing". Dieser Ansatz kann handelsverträglich bestimmte (begrenzte) Services anbieten. Social Shopping ist für mich kein Betriebstyp, sondern eine reine Bewertungsfunktion. Facebook ist heute ein Mediakanal mit dem Ziel, in Zukunft ein Online-Shop zu werden, um die Medialeistung zielgerichtet auszusteuern. Als Betriebstyp hinsichtlich eines Absatzkanals hat dieser gegenwärtig für Hersteller jedoch keine Bedeutung.

[These 5] **Markus Fost:** E-Commerce senkt die Transaktionskosten des Abnehmers bzw. des Kunden. E-Commerce kann die Transaktionskosten des Herstellers senken. Voraussetzungen hierfür sind jedoch rationelle Prozesse sowie eine skalierbare, kosteneffiziente IT-Landschaft, die der Dynamik standhält. Die Systeme der IT-Landschaft sind für Hersteller daher ein kritischer Erfolgsfaktor im Hinblick auf deren E-Commerce-Strategie.

[Stellungnahme These 5] **Marcus Diekmann:** Richtig, da viele Dienstleister versuchen, viel zu teure Systemlandschaften zu verkaufen. Eine schlanke IT-Struktur bietet hinsichtlich der Funktionalität und der Darstellung heutzutage sämtliche Notwendigkeiten, die erforderlich sind. Auch effiziente Prozesse sind im Hintergrund enorm wichtig. Hier denken viele falsch und bauen diese zu komplex auf. Der eigene Online-Shop bringt eine sehr hohe Medienleistung (=Werbeleistung) und muss meiner Meinung nach daher kein Geld verdienen, da der Online-Shop unter dieser Betrachtung einen internen Werbekostenzuschuss bekommen müsste. Der eigene Online-Shop eines Herstellers kann heutzutage kein Profitcenter sein, da er zu viele Restriktionen hinsichtlich der Gewinnzielung hat, die ihn nicht wettbewerbsfähig machen.

[Frage 7] **Markus Fost:** Welche Optionen hinsichtlich der IT-Landschaft stehen Herstellern aus Ihrer Sicht zur Verfügung? Wo sehen Sie die jeweiligen Stärken und Schwächen der genannten Optionen?

[Antwort 7] **Marcus Diekmann:** Die Intelligenz liegt aus meiner Sicht heutzutage nicht in einem Online-Shopsystem, sondern in der Middleware. Auch hinsichtlich des Frontend-Designs bestehen heutzutage Freiheiten, die nicht mehr durch ein Shopsystem determiniert werden. Daher sollten in diesem Bereich nicht zu hohe Investitionen in Systemlandschaften wie beispielsweise Hybris und Intershop erfolgen, sondern der Hauptfokus tatsächlich auf die Middleware gelegt werden. Viele Hersteller beschäftigen sich aus meiner Sicht zu wenig mit den Anforderungen, die die Systemlandschaft bewerkstelligen muss. Daraus resultieren oftmals zu große Softwarelösungen, deren Komplexität und Kosten dazu führen, dass Hersteller nach zwei bis drei Jahren die Systemlandschaften austauschen, da die Folgekosten dazu führen, dass E-Commerce nicht kostendeckend dargestellt werden kann. Schlanke Systemlandschaften können heutzutage eine Amortisationszeit von unter 18 Monaten aufweisen, ohne dass an der Funktionalität oder dem Design Abstriche gemacht werden. Die Gefahr bei IT-Landschaften liegt primär bei den laufenden Kosten. Noch heute existieren zahlreiche Hersteller, die keine Kostendegressionseffekte bei Umsatzwachstum haben. Diese Hersteller haben nie eine Chance auf Rentabilität im E-Commerce. Bei vielen Outsourcingmodellen werden feste Pauschalen pro Transaktionen berechnet, die ohne Degressionseffekte zu enorm hohen Kosten führen. Wichtig ist, dass die Systemlandschaft möglichst optimal auf die Umsatzgröße passt. Die Brillanz sollte darin liegen, dass das Umsatzpotenzial und die Marketingziele richtig abgeschätzt werden und darauf basierend die Entscheidung hinsichtlich der IT-Systemlandschaft erfolgt.

[These 6] Markus Fost: Suchmaschinen determinieren den Nachfragerstrom im E-Commerce. Die Top-Platzierungen von Google stellen die 1a-Lage des stationären Handels im Internet dar. Demzufolge hat das Thema SEO und Contentqualität für Hersteller eine besonders hohe Relevanz im Hinblick auf die erfolgreiche Positionierung ihrer Marke im Internet. Dieses Ziel zu erreichen, wird zunehmend komplexer und kostspieliger.

[Stellungnahme These 6] Marcus Diekmann: Richtig. Die Möglichkeiten bzw. Potenziale, die bei Suchmaschinenmarketing bestehen, sind endlich. Suchmaschinenmarketing wird immer teurer, sodass sich die Rentabilität nur dann lohnt, wenn sich entsprechende Wiederkäuferraten erreichen lassen. Branchen, wie z. B. die Elektronikbranche, die bereits heute ca. 24 % des Umsatzes über das Internet erzielen, haben das Thema Suchmaschinenmarketing bereits aus Kostengründen aufgegeben und platzieren sich nur noch über Preissuchmaschinen. Die Differenzierung erfolgt hier nahezu ausschließlich über die Preispolitik. Daraus lässt sich schlussfolgern, dass, je stärker sich eine Branche online etabliert, d. h. umso mehr Wettbewerber diese zulässt, desto mehr verlieren Suchmaschinen wie Google an Bedeutung und desto relevanter werden Preissuchmaschinen als Marketingtool. Herstellerseiten werden allerdings von Suchmaschinen bevorzugt behandelt, sodass sich hier eine gute Contentqualität unter Berücksichtigung SEO-relevanter Kriterien jedenfalls auszahlt.

[Frage 8] Markus Fost: Welche Content-/SEO-Strategie empfehlen Sie produzierenden Unternehmen? Gibt es aus Ihrer Sicht Alternativen zu dieser Strategie?

[Antwort 8] Marcus Diekmann: Der wichtigste Hebel ist eine gute Contentqualität unter Berücksichtigung SEO-relevanter Kriterien. Darüber hinaus sollte der Content auf der Herstellerseite exklusiv verwendet werden. Für Händler sollte ein eigener Content aufgebaut werden, damit die Relevanz der Herstellerseite aufgrund der Verwendung des identischen Contents sowohl auf der Herstellerseite als auch bei den Händlern nicht abgewertet wird und zu schlechteren Suchergebnissen führt. Dies ist für mich die einzig sinnvolle Strategie hinsichtlich Content und SEO.

[These 7] Markus Fost: Stationär geprägten Herstellern fehlt häufig das Gespür für das E-Commerce-Geschäft. Für die Etablierung eines erfolgreichen E-Commerce-Absatzkanals im Unternehmen ist eine dafür eigens geschaffene E-Commerce-Organisationseinheit elementar.

[Stellungnahme These 7] Marcus Diekmann: Richtig, diese These würde ich 1:1 so unterstreichen. E-Commerce betrifft alle Bereiche in einem Unternehmen. Ein wichtiger Erfolgsfaktor ist, dass der E-Commerce-Leiter weder dem Marketing noch dem Vertrieb zugeordnet ist, sondern direkt der Geschäftsleitung unterstellt wird. Grund dafür ist, dass der E-Commerce-Leiter sowohl die Marketingziele als auch die Vertriebsziele miteinander vereint.

[Frage 9] Markus Fost: Im Rahmen welcher Organisationsform empfehlen Sie Herstellern die Eingliederung des Bereichs E-Commerce?

[Antwort 9] Marcus Diekmann: Dies ist schwierig pauschal für ein Unternehmen zu beantworten. Am wichtigsten ist es in der Tat, dass die E-Commerce-Leitung direkt der Geschäftsleitung bzw. dem Vorstand unterstellt wird und eine eigene Organisationseinheit darstellt, die weder dem Vertrieb noch dem Marketing zugeordnet wird.

[These 8] Markus Fost: Hinsichtlich der Distributionsstrategien führt die Omnipräsenz auf allen Kanälen zu einem erhöhten Preis- und Margendruck. Um diesen zu kompensieren, stehen Online-Offline-Pricing- sowie Produktportfolio-Strategien zur Verfügung. Marktplätze sorgen jedoch für weiter zunehmende Transparenz, sodass manchen Markenherstellern letztlich nur der Schritt in eine selektive Distribution bleibt.

[Stellungnahme These 8] Marcus Diekmann: Sehe ich genauso. Kurzfristig denke ich, dass für viele Hersteller eine Omnipräsenz die richtige Strategie sein dürfte, um eine hohe Durchdringung auf allen Kanälen zu erreichen. Langfristig denke ich, dass eine selektive Distribution die richtige Wahl im Hinblick auf die Sicherung der Deckungsbeiträge ist. Die Schwierigkeit liegt bei letzterer Strategie jedoch in der rechtlichen Ausgestaltung.

[Frage 10] Markus Fost: Einige Markenhersteller, wie z. B. adidas und Kettler, haben kürzlich ein selektives Vertriebssystem zur Markenpflege eingerichtet, insbesondere, um dem Preisverfall aus Marktplätzen wie Amazon entgegenzutreten. Das Bundeskartellamt prüft aktuell die Zulässigkeit des Selektivvertriebs von adidas. Dieser Präzedenzentscheidung wird von vielen Herstellern mit Spannung entgegengesehen. Mit welchem Ausgang rechnen Sie und welche Option schlagen Sie kleineren Herstellern vor, die temporäre Umsatzeinbrüche – das Risiko, dass die Einführung eines solchen Systems mit sich bringt – nicht eingehen können?

[Antwort 10] Marcus Diekmann: Die ersten Gerichtsurteile aus anderen Fällen lassen mich eher vermuten, dass die Einführung eines selektiven Vertriebssystems, das den Ausschluss von Marktplätzen beinhaltet, nicht zulässig sein wird. Was sich zuletzt immer wieder zeigte, ist, dass es eben schwierig ist, etwas zurückzufahren, was bereits erlaubt wurde. Im Falle adidas wurde bereits zu vielen Händlern erlaubt, online zu verkaufen, sodass ich davon ausgehe, dass es für adidas nicht möglich sein wird, das Marktplatzverbot für Händler durchzusetzen. Ich gehe eher davon aus, dass adidas hiermit einen Präzedenzfall mit der entsprechenden Aufmerksamkeit erreichen möchte. Ich denke aber, dass Unternehmen, die seit jeher nur selektive Absatzwege eingeschlagen haben, auch online bessere Chancen haben, bei ihren Produkten derartige Marktplatzverbote durchzusetzen, als die Marken, die auf allen Kanälen unterwegs waren. Hierbei denke ich gerade an die langfristige Tendenz. Das heißt, auch wenn der adidas-Präzedenzfall negativ ausgeht, gehe ich davon aus, dass sich langfristig selektive Vertriebsmodelle durchsetzen werden und an dieser Stelle auch juristisch nachgesteuert wird.

[These 9] **Markus Fost:** Kooperative E-Commerce-Geschäftsmodelle zwischen Handel und Hersteller stellen die einzige handelsverträgliche E-Commerce-Strategieoption für substituierbare, produzierende Unternehmen mit einer stationären Handelsstruktur dar, die nicht mit dem Risiko behaftet ist, temporär massiv Umsatz im stationären Handel zu verlieren.

[Stellungnahme These 9] **Marcus Diekmann:** Das glaube ich nicht. Hier muss innerhalb der Herstellertypen differenziert werden. Ich sehe kooperative E-Commerce-Geschäftsmodelle als temporäres Phänomen, das langfristig jedoch auch von Herstellern nicht gewünscht sein wird. Der mutigere Schritt für Hersteller wäre, bereits gegenwärtig einen Direktvertrieb aufzubauen. Ich denke, dass ein nicht-preisaggressiver Flagshipstore des Herstellers handelsseitig akzeptiert wird und nicht zu Umsatzeinbrüchen führen wird. Dies ist natürlich abhängig von der Markenposition des Herstellers. Ich denke, dass es bei einem solchen Schritt gleichzeitig auch erforderlich ist, in die Marke zu investieren und eine proaktive Kommunikationsstruktur mit dem Handel aufzubauen.

[Frage 11] **Markus Fost:** Welches E-Commerce-Geschäftsmodell schlagen Sie einem Hersteller aus einer Branche mit einem niedrigeren E-Commerce-Reifegrad vor, die von einer stationären Fachhandelslandschaft dominiert wird?

[Antwort 11] **Marcus Diekmann:** Ein solcher Hersteller sollte mit einem Produkt-Showroom auf seiner eigenen Webseite beginnen. Da ein solcher Hersteller bislang über keine E-Commerce-Strukturen verfügt, sollte er diesen Schritt nutzen, um Kompetenz hinsichtlich der Online-Produktlistung und Darstellung zu erlangen. Dies erfordert bereits eine Umstellung der Prozesse, da Anforderungen hinsichtlich der Contenterstellung, Fotografie der Produkte etc. entstehen. Darüber hinaus sollte ein solcher Hersteller beginnen, Highlight und Zubehörartikel sowie Restanten online zu veräußern. Dieses Stufenkonzept sieht in einem nächsten Schritt vor, die Produkte über Marktplätze zu verkaufen. Ein Geschäftsmodell, das den Online-Shop an den Handel auslagert, sehe ich als veraltet an, da dieses nicht zu nachhaltigem Erfolg führen kann und der Hersteller früher oder später beginnen muss, E-Commerce-Kompetenz im Unternehmen auszubauen.

[Frage 12] **Markus Fost:** Gibt es aus Ihrer Sicht neben kooperativen E-Commerce-Geschäftsmodellen weitere strategische Optionen, die ein Hersteller in Erwägung ziehen kann, ohne zugleich ein unkalkulierbares Risiko einzugehen, temporär massive Umsatzrückgänge durch stationäre Auslistungen hinzunehmen?

[**Antwort 12**] **Marcus Diekmann:** [*Siehe auch Antwort zu These 9:* Ich denke, dass ein nicht-preisaggressiver Flagshipstore des Herstellers handelsseitig akzeptiert wird und nicht zu Umsatzeinbrüchen führen wird. Dies ist natürlich abhängig von der Markenposition des Herstellers. Ich denke, dass es bei einem solchen Schritt gleichzeitig auch erforderlich ist, in die Marke zu investieren und eine proaktive Kommunikationsstruktur mit dem Handel aufzubauen.]

[**Frage 13**] **Markus Fost:** Wenn Sie ein zusammenfassendes Resümee ziehen, welche strategischen Handlungsoptionen haben sich bei Markenherstellern mit einer vorwiegend stationär ausgeprägten Handelslandschaft als besonders erfolgreiche E-Commerce-Strategie erwiesen?

[**Antwort 13**] **Marcus Diekmann:** Es sollte von Beginn an darauf geachtet werden, welche Händler die Produkte des Herstellers online verkaufen dürfen. Darüber hinaus sollten auch online – ähnlich wie im stationären POS – Auflagen geschaffen werden, die sicherstellen, dass die Produkte des Herstellers auch online richtig gut präsentiert werden. Diese Auflagen sollten durchaus hoch sein, sodass ggf. nur einige wenige Händler die Produkte online führen, sodass ermöglicht wird, dass online keine reine Preisdifferenzierung stattfindet. Zudem sollte der Hersteller mit einem Flagshipstore selbst in den Online-Vertrieb einsteigen. Hierbei muss aber sichergestellt werden, dass die Prozesse, die Produktdarstellung und Markeninszenierung auf eine hervorragende Art und Weise erfolgen. Bei einem herstellereigenen Flagshipstore sollte es nicht darum gehen, dass hohe Umsätze hierüber erzielt werden, sondern die Prozesslandschaft dahin gehend ausgerichtet wird, dass Marktplätze wie Amazon und eBay bespielt werden können. Über letztere Kanäle sollten dann auch die E-Commerce-Umsätze des Herstellers erzielt werden. Ein solches Setup stellt für mich heutzutage die „State of the Art"-Lösung hinsichtlich einer erfolgreichen E-Commerce-Strategie dar.

[**Frage 14**] **Markus Fost:** Mit welchen Risiken sehen Sie produzierende Markenhersteller hinsichtlich einer E-Commerce-Strategie konfrontiert und wie würden Sie diesen entgegentreten?

[**Antwort 14**] **Marcus Diekmann:** Risiken bestehen ganz klar in Konflikten mit dem bestehenden (stationären) Handel. Ein Hersteller hat allerdings in etwa ein Jahr Zeit von der Konzeptionsphase bis zur Implementierungsphase einer E-Commerce-Strategie, die er nutzen sollte, um ganz klar dem Handel zu kommunizieren, welche Schritte er wählen wird. Aus meiner Sicht ist dies auch die einzige Chance des Herstellers, die Risiken abzumildern, da es der Handel ohnehin feststellen wird. Darüber hinaus können die Händler auch in ein kooperatives E-Commerce-Geschäftsmodell integriert werden. Eine solche Partnerschaft sollte zwar mit hohen Auflagen versehen werden, stellt letztendlich jedoch eine faire Möglichkeit für den Handel dar, an der E-Commerce-Strategie des Herstellers zu partizipieren. Ein weiteres großes Risiko ist die Geschäftsführung, die oftmals bei entsprechendem Gegenwind des Handels zu schnell zurückrudert und dann die falschen Entscheidungen trifft. Wenn ein Hersteller mit einer solchen E-Commerce-Strategie beginnt, dann sollte es kein Zurück mehr geben. Ein solcher Rückzug kann konkludent auch dadurch erfolgen, dass für den Online-Auftritt des Herstellers keine Budgets mehr ausgegeben werden, worunter dann die Produktinszenierung leidet. Ein solches Vorgehen stellt für mich ein „Sterben auf Raten" dar, mit einem ähnlich negativen Endergebnis.

[**Frage 15**] **Markus Fost:** Welche Tipps und Empfehlungen können Sie produzierenden Unternehmen hinsichtlich derer E-Commerce-Strategie abschließend mit auf den Weg geben?

[**Antwort 15**] **Marcus Diekmann:** Es sollte beschlossen werden, dass ein Vorstands- oder Geschäftsleitungsmitglied verantwortlich für E-Commerce gemacht wird. Dieser muss sich mit der gleichen Leidenschaft um das Thema E-Commerce kümmern, wie er sich auch um die anderen Themen kümmert. Das ist die wichtigste Voraussetzung für den Erfolg. Für die Anfangsphase sollte zudem ein kompetenter Dienstleister gesucht werden, der die Landschaft aufsetzt. Die relevanten Bereiche sollten jedoch nicht langfristig outgesourct werden. Stattdessen sollte ein eigenes E-Commerce-Know-how aufgebaut werden, um diese Bereiche mit einer eigenen Organisationseinheit bestreiten zu können.

[**ENDE**] **Markus Fost:** Vielen herzlichen Dank, Herr Diekmann, für das ausführliche Interview!

Kritische Würdigung und Ausblick 8

> *Wer in der schnellsten Branche der Welt müde wird oder in Versuchung gerät, sich auf seinen Erfolgen auszuruhen, für den gehören Erfolge bald zur Vergangenheit. In diesem Markt gibt es nur zweierlei Manager: die schnellen und die toten.*
> (Erich J. Lejeune (1944), Unternehmer und Motivationstrainer)

Obwohl sich das Zitat von *Erich J. Lejeune* auf die Halbleiterindustrie bezieht, erscheint es ebenso treffend für die disruptiven Veränderungen der Handelslandschaften, die durch E-Commerce branchenübergreifend ausgelöst wurden und in ihrer Geschwindigkeit unaufhaltsam erscheinen. Die im Rahmen dieses Buches befragten E-Commerce-Experten sind sich einig, dass produzierende Unternehmen, welche die Fragen, die der globale E-Commerce-Trend auslöst, nicht ausreichend mit einer guten E-Commerce-Strategie beantworten können, unweigerlich Marktanteile verlieren werden. Wie schnell die Kanalverschiebung Offline zu Online weiter voranschreitet, bleibt ungewiss; sicher scheint nur, dass der Höhepunkt des Wachstums noch längst nicht erreicht ist.

Für produzierende Unternehmen gilt es daher, auf eine unsichere Zukunft hinsichtlich der Frage, was der Handel der Zukunft sein wird, vorbereitet zu sein. Sicher ist auch, dass ein produzierendes Unternehmen nicht von heute auf morgen in der Lage sein wird, von einer stationären Fachhandelslandschaft auf eine E-Commerce-Handelsstruktur umzuschalten, da hierzu eine umfassende technische und organisationale Vorbereitung eine zwingende Voraussetzung darstellt. Für eine Vielzahl produzierender Unternehmen stellt E-Commerce heute noch ein undurchsichtiges Labyrinth dar, das ohne E-Commerce-Agenturen und externe Berater nicht bewältigbar erscheint. Die Auswahl einer E-Commerce-Agentur in der Strategiephase birgt bereits das erste massive Risiko für produzierende Unternehmen, sich über mehrere Jahre an ein bestimmtes (Shop-)System zu binden, das nicht zu ihren Zielen und Rahmenbedingungen passt.

Da E-Commerce-Agenturen häufig bestimmte Shopsysteme präferieren, ist zu erwarten, dass die Empfehlungen sich nicht immer optimal an den Bedingungen und Möglichkeiten der Unternehmen orientieren. Für produzierende Unternehmen stellt es eine große Herausforderung dar, einen systemneutralen E-Commerce-Berater für die Strategiephase zu finden, der die interdisziplinären Zusammenhänge technischer und betriebswirtschaftlicher Natur vollumfänglich überblickt.

Das vorliegende Werk soll einen Beitrag dazu leisten, diesem Dilemma entgegenzutreten, indem es produzierenden Unternehmen einen Strategierahmen an die Hand gibt, innerhalb dessen sie sich die strategischen Optionen mittels einer Art Baukastensystem zusammenstellen, bewerten und analysieren können. Aufgrund der hohen Logout-Kosten wurde deshalb im Rahmen der Modellentwicklung ein besonderes Augenmerk auf die Möglichkeit der modularen Erweiterung gelegt. Dies ist vor allem für produzierende Unternehmen, bei denen E-Commerce nicht zum Kernprozess gehört und für die damit nur begrenzte Investitionen möglich sind, von immanenter Wichtigkeit. Das Strategiemodell soll produzierende Unternehmen bei der Strategiefindung unterstützen und ihnen ermöglichen, potenziellen E-Commerce-Dienstleistern hinsichtlich der Strategiefindung auf Augenhöhe zu begegnen, um möglichst weitreichend am E-Commerce-Wachstum partizipieren zu können.

Im Rahmen des vorliegenden Buches wurde neben einer eingehenden Literaturrecherche ein qualitativer Befragungsansatz mittels Experteninterviews gewählt, um ein E-Commerce-Strategiemodell für produzierende Unternehmen mit einer stationären Handelsstruktur zu entwickeln. Dieser theoretisch-qualitative Zugang wurde im Sinne der Gegenstandsangemessenheit verwendeter Methoden in Bezug auf den Forschungsgegenstand gewählt. Für die Untersuchung des bislang noch eher wenig strukturierten Felds von Strategien im E-Commerce eignete sich ein methodischer Zugang, der durch seine Offenheit eine Vielzahl an neuen Inhalten zu erheben erlaubt. In diesem Sinne war die Erweiterung der theoretischen Literaturrecherche durch Experteninterviews die Methode der Wahl.

Der offene Zugang qualitativer Methoden bringt jedoch methodische Einschränkungen im Bereich der Repräsentativität mit sich. Bei den fünf E-Commerce-Experten handelte es sich um äußerst renommierte Spezialisten auf dem Gebiet des E-Commerce aus dem deutschsprachigen Raum. Dennoch sind qualitative Daten immer auch subjektiv, was einerseits inhaltliche Tiefe und Nuancierungen zulässt, andererseits aber keine Interpretationen im Sinne der Repräsentativität erlaubt. Gleichzeitig geht (in Maßen) immer auch die Haltung des Auswerters in die Datenanalyse mit ein. Durch qualitative Auswertungsstandards und Gütekriterien kann dennoch die Qualität und Geltung der Ergebnisse gesichert werden (vgl. Steinke 2007, S. 319 ff.). Die Güte und Wissenschaftlichkeit qualitativer Methoden lässt sich nicht so einfach bestimmen wie die quantitativer Forschungsarbeiten, die den klassischen Kriterien der Objektivität, Reliabilität und Validität folgen. Folgende qualitative Gütekriterien kamen zum Tragen:

Für das bislang wenig strukturierte Forschungsfeld wurde eine *gegenstandsangemessene Methodik* verwendet. Die Experteninterviews waren standardisiert, ließen jedoch im Rahmen einer sinnvollen Struktur tiefgehende Antwortmöglichkeiten zu. Im Rahmen einer *kommunikativen Validierung* wurden die Ergebnisse detailliert mit den befragten Experten rückbesprochen. Zur breiteren und tieferen Erfassung des Untersuchungsgegenstands wurden die Ergebnisse aus den Literaturrecherchen und den Interviews im Sinne einer *Triangulation der Methoden* bei der Entwicklung des E-Commerce-Strategiemodells aufeinander bezogen und miteinander kombiniert. Durch sorgfältige Dokumentation des Forschungsprozesses und der Daten wurde das Kriterium der *Nachvollziehbarkeit des Forschungsprozesses* erfüllt. Alle Ergebnisse wurden systematisch aufbereitet und nachvollziehbar präsentiert. Eine empirische Überprüfung des Modells erfolgte nicht und ist einer weiterführenden Untersuchung vorbehalten. Die Tatsache, dass eine E-Commerce-Strategie einer Vielzahl an Einflussdeterminanten ausgesetzt ist, lässt zudem Raum für eine empirische Untersuchung ihrer Erfolgsfaktoren für produzierende Unternehmen mit einer stationären Handelsstruktur. Aufgrund der gegenwärtigen Disintermediationstendenzen im stationären Handel dürfte dieses Thema auch in Zukunft von großer Wichtigkeit sein. Abschließen möchte ich das Buch mit einem Zitat des griechischen Philosophen *Aristoteles* (384 bis 322 vor Christus), das produzierende Unternehmen, die sich bislang für noch keine E-Commerce-Strategie entschieden haben, bestärken soll, sich nicht wegen der Komplexität des Themas davon abhalten zu lassen:

Der Anfang ist die Hälfte des Ganzen.

Literatur

Steinke, I. (2007). *Gütekriterien qualitativer Forschung*. Reinbek bei Hamburg: Rowohlt.

Printed by Printforce, the Netherlands